U0358132

HUMAN

WIN FRIENDS, INFLUENCE PEOPLE, AND LEAVE THEM BETTER OFF FOR HAVING MET YOU

[美]瑟斯·舒曼 著
Seth Schulman
[美]克里斯托弗·海德纳吉
Christopher Hadnagy

社交黑客

钱屏匀 译

正向沟通术

HACKING

中国出版集团
中 译 出 版 社

图书在版编目（CIP）数据

社交黑客：正向沟通术 /（美）克里斯托弗·海德纳吉，（美）瑟斯·舒曼著；钱屏匀译．-- 北京：中译出版社，2023.1

书名原文：HUMAN HACKING：WIN FRIENDS, INFLUENCE PEOPLE, AND LEAVE THEM BETTER OFF FOR HAVING MET YOU

ISBN 978-7-5001-7200-0

Ⅰ．①社… Ⅱ．①克… ②瑟… ③钱… Ⅲ．①社交礼仪 Ⅳ．① C912.3

中国版本图书馆 CIP 数据核字 (2022) 第 194902 号

北京市版权局著作权合同登记号
图字：01-2022-2787

出版发行：中译出版社
地　　址：北京市西城区新街口外大街 28 号普天德胜大厦主楼 4 层
电　　话：010-68359719
邮　　编：100088
电子邮箱：book@ctph.com.cn
网　　址：www.ctph.com.cn

策划编辑：刘香玲
责任编辑：张　旭
文字编辑：张莞嘉
营销编辑：毕竞方　刘子嘉
版权支持：马燕琦　王立萌　王少甫
特约编辑：汪若雁

封面设计：刘　哲
排　　版：冯　兴
印　　刷：北京中科印刷有限公司
经　　销：新华书店
规　　格：710mm × 1000mm　1/16
印　　张：18.75
字　　数：240 千字
版　　次：2023 年 1 月第 1 版
印　　次：2023 年 1 月第 1 次

ISBN 978-7-5001-7200-0　　定价：78.00 元

献给我一生的挚爱，爱丽莎。你是我最知心的朋友，是我遇到最美好的人之一。

献给科林，一路看着你长大成人给予我无限希望，以你为荣！

献给阿玛娅，任何文字都无法形容我对你的爱有多深。你的美、你的才华令我深深震撼。

目录

第三章　锁定方法

第四章　让别人乐意帮你

第五章　激发他人倾诉欲

第六章　防患于未然

第七章　让身体开口说话

第八章　提升整体表现

第九章　学习融会贯通

引 言

全新超能力

凌晨一点，我俩开着一辆租来的黑色雪佛兰，关上车灯，沿着越野道缓缓穿越荒漠灌木林。月光下，我眯起眼睛，驾着车小心翼翼地绕过巨石、灌木丛和偶尔出现的小树。同伴雷恩用手紧紧抓着副驾驶座，指关节都发了白。每隔几分钟，他便探头朝后张望，看看是否有人在跟踪我们。为了保持镇定，我不时深呼吸几下。一路上我俩都不说话，只有在车子颠簸难行或险些撞上大石头的时候，才骂上两句。

我们保持着每小时几英里[①]的车速，终于离那几座看上去四四方方、普普通通的大楼越来越近。在强力泛光灯和四处分散的工业灯的照射下，大楼灯火通明。说得更准确些，我们前行的目标是横亘在大楼和我们之间的那一排10英尺[②]高、上面装着尖利铁丝网的安全栅栏。

往前开了约莫5英里。突然，一头草原狼窜到了路上，逼得我猛踩刹车。我心想，真不该来。

在离栅栏大约四分之一英里的地方，我看见一条又深又大的沟，直嵌入土地延伸到我的左侧。“就那儿，怎么样？”我问。

① 1英里约为1.6千米。译者注。

② 1英尺约为0.3米。译者注。

“行。”雷恩答道。

沟渠的两边是茂密的枯灌木丛。我小心翼翼地避开枯木的刮擦，把车开向沟里，并尽量往里驶进，以免被看到——保安和建筑工人正在这片尘土飞扬的荒地上进进出出、巡逻放哨。把车停好后，我们就该步行了。“有人吗？”我边问边熄了火。

“应该没有。”雷恩说。

“开工。”

下车后，我们轻轻合上了车门。这一带响尾蛇和蝎子横行，我俩只好踮起脚走路，留心着周围的风吹草动。走到车后部，我们打开后备厢，取出一把铝梯和几根长短不一的绳子。一路上，我们脚步轻快，就是拿着这把梯子不太方便——天知道会不会因为这玩意儿被人追赶。“行了，”我指着靠左手边的一段栅栏说，“就那儿，那块黑的地方。好像灯熄了，风水宝地无疑了。”

我俩架着梯子往前走。四周静得可怕，只有大楼里传来一阵低沉的嗡嗡声和梯子偶尔叮当作响的声音。此刻，我俩离最近的城镇都有50英里远。手无寸铁，又是不请自来，万一有个三长两短，没人会知道。这种可能性不是没有，我以前被抓过，还被枪抵过脑袋。

但比起手头这单，之前的都算小菜一碟。

至于这是什么地方，远在何方，我可不能说。我能透露的只有这条信息：倒钩铁丝网后面有个势力强大的组织正在看管一件宝贝。这宝贝价值连城，为此组织耗资数千万美元[①]给这个地方规划布局，配备安保设施。就像之前听说的那样，此处是“铜墙铁壁”，是地球上最安全的地方之一。除了带刺的铁丝网，场地上还有几十个训练有素

① 1美元约为7.26元人民币（2022年10月24日）。译者注。

的守卫，他们身上都配备了全自动武器，轮流换班，整夜巡视。此外，高台上也有守卫站岗。强力聚光灯定时开启，照亮围栏，数百个摄像头监控着此处地面上的一切活动和周边情况。场地上还安装了一排价格不菲的精密设备，具体是什么我不方便透露。如此大费周章，目的只有一个：严防我和雷恩这种人进入。

为了这次行动，我们花了好几周做准备——利用网络钓鱼电话远程采集到了大量详细信息。正是在看似无关痛痒的通话中，此处和其他分部的工作人员泄露了该组织的工作计划、具体日程安排甚至员工和管理人员的名字——这些细碎的信息足以帮助我们将该组织的管理层级和体系拼凑出个七七八八来。

最近几天，我们边收集信息边踩点，成功获知该组织计划在附近再建一所机构，这周就办动工仪式。虽然网上找不到新机构的位置信息，但这可不是什么难事。我们注意到当地有一名记者撰写了该工程的报道，于是制订了一个计划，伪装成这名记者和他的同事。为了套出地址，我的女同事黛博拉假扮记者助理打电话给该机构的总办公室。“你好！”黛博拉语调轻快，“我是 WXTT 电视台（不是真名）的萨曼莎，是皮特·罗比肖的秘书。周六上午十点半他会来报道剪彩仪式。有几个问题我想咨询一下。”

“请稍等，”电话那头的男人顿了顿，可能在查皮特（也是假名）是否在宾客名单上，“请说。”

“好的，第一个问题，参加仪式要带什么证件？是带照片的那种官方证件，是吧？”

“没错。驾照、护照都行。”

“好的。下一个问题，罗比肖先生要自带摄像设备，可以吗？有什么不能带的东西吗？”

“可以，”那人说，“不过，入场时要搜身。”

“那是自然。”我们的人回道。“最后一个问题……嗯，我想确认下。那个，罗比肖先生的请帖不慎遗失了，我想确认下活动地点。”

“好的。”那人答道。他给出了地址，这正是我们需要的信息。

电话那头的人估计不会料到：这通只维持了 30 秒的通话，看似无足轻重，背后却暗藏玄机。黛博拉只想知道——机构的地址，但首先她抛出了两个“预热”问题，引诱对方给出基础信息。而我们清楚地知道，回答这种问题对电话那头的人而言毫无困难。我们这一行管这招叫作“以退为进”，它能让人放松警惕，默认准备回答接下来的问题。一旦他的大脑接受了前两个问题，第三个就顺理成章了，只要问题不离谱，不让人起疑心就行。黛博拉甚至替那人抛出了第一问的答案，这样就向对方传递出一条讯息：这种事她熟门熟路，之前就做过，一切合规合法。

不仅如此，黛博拉也采用了其他“战术”。提出第三问时，她称自己是为了“确认一下”已经知道的信息。这种以清晰逻辑铺设的问题，当事人问起来合情合理。而此前她问“有什么不能带的吗”，则是在装傻，暗示电话那头的男人教她。如此提问既满足了男人的自尊心，又认可了他的权威地位，最终使他放下戒备自愿上钩——正是利用了两人之间的性别差异，事情进展得顺利多了。

多亏了类似这样的对话，我们才得以提前一天抵达目的地，而且差点儿就混进去了。当时保安起了疑，临时将我们扣了下来。还好，此前我们已了解到大量关于安保措施的细节——人员的受训过程、随身携带的武器、警惕防御的对象、此处使用的摄像头类型等。

此刻，我和雷恩得再想法儿进去，但是走非正规途径必定危险得多。三更半夜，两个从头到脚黑衣装束的陌生人鬼鬼祟祟爬围栏，要是遇上个警惕性高的守卫，二话不说，先来一枪，然后再慢慢拷问。而且，我身高一米九多，可不是个小目标。现在说这些都没用了，一路上，我努力甩开这些杂念，可似乎无济于事。这会儿我脑子里老是回想起之前给妻儿打的那通电话，电话里我对她们说：我爱你们。每说一个字，我的脉搏就跳得更厉害，禁不住倒吸一口冷气。真不该干这种事，我又一次告诉自己。

我们走到围栏暗处，环顾左右——没有异常。我把梯子搭在铁网上，用绳子把尖刺铁丝拽弯。雷恩负责用手机摄像，我负责撬开铁丝网。我看看四周，还好，没暴露。

大约一个小时内，我和雷恩勘查了场地，又潜入好几栋大楼和机要重地，拍了照片和视频。一次都没被保安发现。显然，他们不知道我们的存在。即便如此，每待一秒，便多一分太阳穴狂跳、肾上腺素飙升的煎熬。

眼看信息收集得差不多了，我们掉头上车，溜之大吉，此次任务圆满完成。接下来的几天里，我们会另寻他路，改用低技术含量的方法和心理学技巧搞破坏。就算保安会对我们大喊大叫，拿枪抵着我们的脑袋，但那个时候，我们早就在大楼四周逛了好几个小时，而且进入了此处最紧要、戒备最森严的区域了。

“无懈可击的安保措施”？不见得。

我们是谁？干什么的？

你可能会猜我们是政府间谍、高智商罪犯，或者为了涨上百万粉丝到处猎奇探险不要命的油管博主？告诉你，猜错啦，都不是。

我们是黑客。

说起黑客，大多数人想到的就是那些利用电脑技术犯罪的年轻人。他们一边猛灌激浪（一款百事可乐饮料），一边敲敲键盘就能偷走数据、黑掉网站、群发广告。其实黑客也有好坏之分，前者指的是政府和企业聘请的顶级安全专家，保护雇主不受后者侵扰。而在这些“好”黑客中，极少数顶尖黑客的主业并非攻坚计算机技术，而是攻克复杂的人心。这个小群体能绕过最严格的安保措施，靠的不是编写让电脑崩溃的代码，而是麻痹人心。他们靠着三寸不烂之舌说服那些没有戒心的人，任他们进入云上控制端和戒备森严的物理空间。最妙的是，这群人当中的佼佼者不仅能获得自己想要的东西，还能让他们的目标客户发出“有你真好”的感叹。

我和雷恩便是上文所说的社交黑客。别担心，我们是好人。但我们会用坏人的思维方式思考，应用先进的心理学理论和技巧攻入服务器和物理站点。如果入侵成功（多数时候都能成功），我们会帮助客户正视并修复他们的缺陷，以保障民众安全，提高社会治安水平。那天晚上我们去荒漠干的就是这个——深入调查这一据称“严丝合缝、万无一失”的机构，并找出安全隐患。这样，我们的客户就能赶在坏人入侵、大搞破坏之前修复这些漏洞。让陌生人任我差遣，这就是社交黑客的谋生之道。

这门手艺我已练了十多年，专门用它来侵入世界上最安全的设施和计算机网络，以至于有个报道安保行业的记者公开质疑我是“全美头号危险人物”[1]。我当然不是。但我们的确会向世界各地的间谍、军事人员和安保专家传授方法，帮助他们能够在真正的危险分子采取行动前抢先一步。在本书中，我会教你如何在家中和工作场合使用这些秘密技巧。你将学到：如何通过肢体语言有效解读他人；如何通过精准措辞迅速赢得他人支持；如何提要求才能更容易让别人应允；如何识别并阻挠企图操控你的人；如何从头到尾全面策划一场重要谈话，增加成功的概率等。无论你是想职场升迁、免费获取利益、让人吐露心迹，还是想通过学习沟通技巧改善人际关系，我们的方法都将成为你的秘密杀手锏。你会发现“黑”入人心可以帮助任何人结交朋友、影响他人、实现目标。它，真的能帮到你。

新型黑客

黑进电脑，司空见惯；“黑”入人心，听起来就怪怪的了。还有这种说法？我以前是不知道的。1991 年，进入大学才两个月的我因为干了件小小的蠢事被退学了。其实，也不能算小事——我瞎搞安装在校园里的初始调制解调器，弄到最后切断了全市（美国佛罗里达州萨拉索塔市）的电话系统，导致系统瘫痪了整整一天。

此后，我当了一段时间“咸鱼”。我知道自己有个奇特的本事，善于说服别人把本来没我份的东西要到手，我便利用这种能力得到了自己感兴趣的工作。退学约一年后，我干着一份送文件的活儿。那天，我走进一栋有 25 个单元的公寓楼，和房东攀谈起来。我与他素不相识，但短短几分钟后，他便向我袒露了内心深处最阴暗的秘密。

后来，他说自己有些私事要出州一趟。两个小时后，毫无相关经验的我成了他的二房东，负责出租公寓和管理大楼，报酬不菲。那一年，我才 17 岁。

干了一段时间，我觉得无趣，就离开了。那时我又有了一个新想法：当大厨挺酷的。于是，在没有任何烹饪经验的情况下，我走进一家高档餐厅求职。两个小时后，我拿下了这份工作，听上去不可思议吧。

不久，厨师我也当厌了。靠着伶牙俐齿，我又换了份新工作，依旧是零基础上岗。就这样，工作换了一份又一份。到快 30 岁的时候，我在一家生产不锈钢工业品的公司从事国际商务谈判，一边环游世界，一边做生意赚大钱。但那时我已有了妻子，并且生了孩子。我想多多陪伴家人，于是决定离职另谋出路。

想起我大学被退学的缘由，我灵机一动——本人可能擅长当黑客。于是，我在网上找了一门课程学习。这门课由一家安保公司提供，专教人如何黑入电脑系统。结果我一黑就黑进了这家公司最难攻破的服务器，可谓史无前例。老板当场给了我一份工作，工作内容是帮他们用技术手段物理入侵计算机网络。

不过有一个问题：虽然上过课，但我不是技术流，我靠的是我那点儿处世智慧和嘴皮子功夫。后来，事实证明这就足够了。接下来的几年里，我总能用出人意料的法子帮助团队解围。一次，为了找到系统的软硬件漏洞以便入侵，我的同事一遍遍地修改代码。然而，30 个小时过去了，40 个小时过去了，50 个小时了……仍然一无所获。最后，我插话道："要不我直接打这人电话，问问他密码？"

他们耸耸肩，说："随你，试试也无妨。"

十分钟不到，我们已经成功进入对方系统。

同样的情景上演了一次又一次。有时我会借与对方通话来获取信息，有时会发钓鱼邮件，或者干脆像没事人一样大摇大摆地走进对方领地，说服他们让我访问服务器。我没有什么经验借鉴，跟人打交道全凭交际本能和处世智慧，但这些法子屡试不爽。为此，我建议老板开一门课程专教这些技巧。出乎意料的是，老板要我先编一课，还让我放手干。“不行，”我说，“我不会编课，我大学都没上过。”

“很简单，”他说，“你就把和心理学理论或研究沾边的书全弄到手，结合你自己每天的工作经验，先写下来，然后用简单的框架组织起来，你就能教人了。”

他的建议不无道理，于是我接过了这个活。2009年，经过近一年的学习与思考，我的课程框架完工了。我把它发到网上，后来就忘了这回事。几个月后，一家出版社冷不丁给我打了个电话，称他们看了我的课程框架，问我愿不愿意为从事安保行业的人群写一本技术手册。一开始我拒绝了，说自己只是个滑头的小黑客，没人会读我写的东西。后来我把出版社约稿一事告诉了老板，以为他会和我一样觉得此事很搞笑。结果，他差点从座位上跳起来：“你疯了？写啊！给他们打电话！”

我再一次接受了他的建议，于是，《社会工程：安全体系中的人性漏洞》一书便于2010年问世。这是首本教授如何攻克人心的指导手册，销量超10万册。这个数字对这种一板一眼的技术教程来说着实惊人。在书中，我借用了“社会工程”这一术语界定我的工作，这个词产生于19世纪后期，但直到21世纪初期，才因著名黑客凯文·米特尼克为大众知晓。在书中我解释道，“社会工程”是一种左右他人采取某种行动的行为。但是，我们的目标对象所采取的行动可能符合其自身最大利益，也可能不符合。[2] 自此我改变了凯文·米特尼克的定义，将按照自身意愿影响他人行事思考的行为同操控他人的行为区分开来，因为后者是强迫、胁迫他人的阴险之术。好的黑客行事自有其道德约束（稍后讨论），像我这样的社会工程师所做的绝大部分工作是去影响他人。我们会不动声色地从他们口中套出敏感信息，几乎不会强迫他们。

无论是在现实中偶遇，还是在电话那头，抑或在云端同我们交流，你都会觉得这场邂逅虽只是个小插曲，却令人身心愉悦。你能感受到一种小确幸，感叹“认识他 / 她真好”。其实这场对话是为你度身定制的。我们边使用一定话术，边密切关注你的反应。毫无疑问，在这一过程中你会给出我们需要的信息，比如密码、社保号或别的什么。实际上，一个训练有素的社会工程师根本不需要用到“操控”，有“影响力”就已绰绰有余。

还记得昨天打电话劝你做慈善、与你热心攀谈的慈祥老太太吗？还有那个问路时不忘点评你的员工，跟你打趣，并一脸天真询问你工作情况的和善快递员呢？我不是故意吓你，但前者可能是假热心，后者可能是在装傻。这些陌生人可能是阴险狡诈的黑客，意图榨取你的信息。当然也很有可能并不是——你先别激动——但真有这种人。这些犯罪分子以假面示人，看似真挚的对话其实是他们借机下手蛊惑人心的方式，数百万人因此深受其害。许多受害者只有在发现有人以自己的名义借了笔小型商贷、遭对方索要解锁计算机的赎金之时，才意识到自己上当了。

《社会工程》这本书罗列了黑客攻克人心的基本原则和技巧。阅读本书，安保专家便可以其人之道还治其人之身，阻击黑客，保障安全。回想起来，这本书也不算什么，毕竟说服力不够强，但也确实推动了“社会工程学”走进大众视野。对我个人而言，这本书是我人生中的一个转折点。安保领域的从业者对此书青睐有加，令我大受鼓舞，于是我便辞去工作，创办了自己的公司。公司的主要业务包括开展“渗透测试”来评估企业的安全隐患（如上文所述案例），以及培训安保行业人员如何有效“黑”入人心。

公司开展业务的十年间，我们利用社会工程学原理发送了 1 400 万封钓鱼邮件，拨打了 4.5 万余个语音钓鱼电话，入侵了数百台服务器，并对世界上几十个戒备最为森严的企业和政府部门实施了物理攻击，对象包括银行、公司总部、制造工厂、仓库和国防基地等。倘若我们真是小偷，恐怕早已手握国家最高机密，劫走巨额资金，或是盗取人们的身份信息、泄露其最隐秘的消息，害人无数了。在这一行我们干得风生水起，连美国联邦调查局最近都邀请我给他们行为分析部门的新人培训。我还建立了非营利组织“无辜生命基金会”，巧用“黑”术协助执法部门抓捕网上的恋童癖者。

我和我的团队一致认为，“黑”入人心是一种超能力，一种心理武术。有了这种能力，就可以令周遭的人为我所用，而且这个过程会让他们对自己、对我们都充满好感。某种意义上说，这种行为带有欺骗的成分。但从根本上看，是在运用修炼成熟的同理心和社会洞察力，让双方都获益。凭借对人心的洞察力，我们能在第一时间领会他人的想法和感受，并利用这些已知信息逐步引导他们按要求行事。如果运用得当，社会工程学好处多多，被“黑”者反而会更快乐、更平静、更坚强，得到助人为乐的满足感。从我们这儿，他们收获了一份小小的情感“礼物”，因此也会自然而然地回报我们，给予我们想要的东西。如此交易，只需几分钟愉快的谈话即可达成。

日常生活中的“黑”入人心

不管是在私人生活还是职场生涯中，你都能用到这些技能。前不久，我和妻女在伦敦希思罗机场候机。我拖着手推车，上面的行李堆得满满当当。快到值机柜台的时候，车经过路面上的隆起处颠了一下，几件行李掉了下来。我突然想到伦敦有条主干道叫M5，就开了个玩笑：“呀！ M5出了场美国大事故。”柜台后的女士听到后笑了起来，我心想：不错不错，起码她心情很好。

我妻子和这位女士闲聊了几句。“我该进去啦，不过想告诉你，”我妻子说，“你的妆真好看，和你的围巾很配。我也想买一条。请问你是在哪儿买的？”

听到这样的恭维，那位女士很开心。要知道，值机员大多数时间可能都在接待登机前焦虑不安、满腹怨言的乘客。接着她又和我妻子聊了一会儿围巾和化妆，整个人明显轻松起来，脸上露出微笑，额头舒展开来，肩膀也放松了。我的妻子不是在拍马屁，也没有夸大其词，她是真心喜欢这个人的妆容，只想与她分享自己的喜爱之情。那位女士也感受到了她的真诚。

而我，则嗅到了机会的味道。我靠着值机台，搂住妻子，脸上带着微笑，头微微倾斜着说：“女士，既然是您帮我们办值机，我在想……不过估计钱不够。请问，您能告诉我们经济舱升舱要多少钱吗？就豪华经济舱什么的，是不是可以？”

她看了看我的妻子，没有看我，低声道：“别告诉别人哦，”接着迅速地在键盘上敲了些字，“我把你们三人都升到头等舱。”

“啊！谢谢你！”我们答道，“太棒啦。”

好了，现在让我们分步来看这件事。初次与人会面的时候，我们脑海中总会浮现四个最基本的问题：

1. 这人是谁？
2. 他／她想要什么？
3. 这次会面要多久？
4. 他／她是否会对我造成威胁？

回想一下你最近一次和人会面的经历，这些问题都不可或缺，即使有时它们只存在于你的潜意识中。要想让头回见面的人帮你做事，你就得迅速巧妙地替他们回答这四个问题，这样他们才会放下戒备、不受拘束。不然的话你就惨了，到时不管你怎么说，他们都会提防着你，不愿配合你。

当我站在行李柜台前的那一刻，在值机员心中，这四个问题里的三个立马有了答案。只需了解社交场合，看看我的样子就行了。我的手推车里装满了行李，想必是乘客，而且肯定是想办登机手续。通常，类似这种办理值机的只要几分钟。唯一悬而未决的是第四个问题——我是否会造成威胁？我自然不是，但值机员没法百分百确定。我可能喝了酒，如果要不到靠过道的座位就会朝她大声嚷嚷、粗暴相向；也可能没喝酒，但是爱挑事，专找航司的麻烦；又或许感染了新冠病毒，咳嗽起来喷她一身，害她得病。

我的小笑话解决了她的最后一问，也给她留了个好印象。这一行为其实就是“语言垒球”。值机员和近距离的其他乘客都能听见这个玩笑，但我不知道谁会回应我，接住我的“球”。但不论是谁，都将成为我的“目标”，在本书中我称其为“兴趣对象”。值机员的回应是一个积极的信号，因为她有我想要的东西。一个笑话为我与她后面的友好互动打下了基础。她笑了，我俩之间有了眼神交流。对她来说，我不再是具有潜在威胁的陌生人了，而是一个风趣幽默、喜欢自嘲的美国人。我们开了个好头。

接下来就得感谢我妻子的善心了，她做了件特别棒的事：出于欣赏，她自发地赞美了那位女士。这种称赞既非处心积虑的算计，也不会假得令人作呕。它启动了所谓的“喜好原则”，即：就心理影响而言，我们喜欢那些喜欢我们的人。所以，通过目睹和推断，值机员现在可以判定我和我的家人都不是危险人物，她喜欢我们，至少喜欢我的妻子。我妻子还与这位女士达成了一种共识——她俩通过化妆品和围巾建立了人际关系。与此同时，几句美言对值机员来说是一种化学刺激，能够使大脑释放后叶催产素和多巴胺。这些化学物质可以分别令人产生信任和愉悦感。

两种物质混合作用，让这场小小的化学风暴充满了亲昵、幸福和愉悦。我立刻领会到，此时只要提出的请求不离谱，对方很容易答应你。当时的情况就是：值机员满足我要求的可能性会提升。事实的确如此，她甚至将其推进了一大步——给我们免费升舱。我们送了她一份“礼物”，她也回赠了我们一份。

我和我的学生们经常会使用上述以及其他一些社会工程学技巧。这些窍门在获得升舱、租车升级、预订抢手餐厅和其他各种福利活动中屡试不爽。我们还将之用于修复家庭关系、谋得升职、对付难处的同事、结交新朋友、从容应对鸡尾酒会和其他社交场合等。当然，我们也借它来保护自己，以免受到其他人的操控，做出损害我们自身利益的事。社会工程学具有普适性，掌握它，就是掌握了结交朋友、影响他人、实现目标的秘籍——你只需做个更友善、更富同理心、更愿付出的人即可。

尤其是同理心，它是攻克人心的基础。流行文化通常将同理心说成是“人性本善”。该观点得到西蒙·巴伦-科恩等一众心理学家的支持。巴伦-科恩的理论指出：邪恶的诱因之一是缺乏同理心[3]。但其他学者则将同理心与残忍、小团体主义等一系列负面印象联系在一起[4]。我认为，同理心是个价值中立的概念，其定义为：以想象的方式融入他人情感体验的行为。作奸犯科的黑客和骗子往往善于换位思考——这恰恰是同理心的核心——只不过他们却利用这些点子作恶，为自己牟利。这些人对别人的想法往往非常敏感，知道自己该迎合他人说什么、做什么，进而达到操控他人的目的。

他们可以利用同理心，我们也一样可以。只不过我们用到的是积极正向的一面：运用同理心影响别人，进而帮助我们，而不是通过操控，强迫别人帮助自己。你会发现，不论想获取何种目标，与人共情能大大提升得偿所愿的概率。在向他人展示同理心的过程中，我们可以同时照顾对方的需求，让他们的生活因我们的出现变得更加美好。

“黑”入人心的基本原则

如果要对他人施加影响，使之有助于我们自己，请先培养同理心。你得学会走出自我，换位思考，揣摩对方的心意。和人交往时，尊重和照顾对方的需求、信仰和情绪。

本书中学到的任何窍门都是你培养同理心的一部分。每个人都有共情力，只是强弱程度不同而已。每个人也都可以通过训练来培养这种能力。在接下来的章节中，大家将跟着我一起去探索形形色色的手段。它们共同构成了训练、引导以及表现共情的不同方式。掌握了这些方法，你就能成为共情大师。对你而言，共情将成为一种生存方式，并潜移默化成为你闯荡世界的首选策略。到那时，你必定感叹：成功如此简单！拥有同理心如此快乐！

如果我告诉你，要实施黑客非法入侵这种恶意行为，关键同样在于拥有同理心（再加上满满的善意、尊重和慷慨），你可能会大吃一惊。毕竟，同理心这个词听上去是那么仁慈善良。这就是事实。你越善解人意、善于沟通、善待他人，就越能心想事成。你可以把社会工程学看成是一门艺术。它教会人们如何礼貌提问、圆滑处事、读懂他人、尊重他人需求以及如何遵循社交礼仪。所有这些都汇聚成一股强大的力量，供你自由驱使以达到任何目的。

关于本书

我第一次意识到要写这本书是在几年前。当时我注意到，尽管社会工程学这门课的定位对象明显是业内人士，但许多外行人却不惜花费几千美元来听课。他们中有想利用课上技巧拓宽产品销路的推销员，有来学习如何改善人际关系的尊巴舞教练，有想学习如何与学生更有效互动的高中老师，还有一位母亲则是希望与人交往更有自信、和孩子们相处得更好。这些人都是从朋友那里听说这门课程的。自此，社会工程学与他们的生活产生了密切联系。

出于好奇，课程结束后我对这些学员进行了跟进调研。结果发现，学习社会工程技巧给他们的生活带来了巨变，甚至改变了他们的人生。如今他们的事业蒸蒸日上，感情生活逐渐稳定，育儿也更得心应手，生活的方方面面都得到了改善。这些学员里有很多人性格内向，第一次上课的时候非常害羞。课程开始一周后，我让他们全城活动，并向陌生人提各种大胆问题。接下来的几个月里，这些人交上了新朋友，和同事建立起联系，以一种自己从未想过的方式与世界为友。

艰难时期，生活不易。科技使我们比以往任何时候都要封闭，人际交往空前棘手（新冠肺炎疫情更是火上浇油）。我们蜗居在各自的社交泡沫里，不愿亲近哪怕咫尺之遥的人。小团体主义的盛行更加剧了这种情况：行事风格大相径庭的众多小团体各自为政，老死不相往来。与此同时，人们长期遵循的社会行为准则遭到瓦解。如何与同事、社交生人、异性和自己的孩子交流成了未知数。

这些变化可能会让我们在与他人交流时感到疲软无力、焦虑不安，但一旦学会如何攻克人心，便能从中汲取新的能量。我们可以学着解读人性和他人的情绪，以便更聪明地跟他们打交道；可以巧妙处理人际冲突，甚至第一时间将其消解于萌芽中；可以以一种看上去更自然、更合理的方式提出需求，而不引人反感；不放过任何一个机会，积极扩大战果（就像我在英国希思罗机场做的那样）；还可以学会保护自己免遭恶意黑客和骗子的侵犯，任何情况下都能保持冷静自信。最重要的是，我们可以大大提升自己的敏感度，及时调整自己的沟通方式。即便在社交时犯错——就算是最老练的黑客也会出错（见后文详述）——也可以吸取教训，东山再起。

本书中的章节将带你了解高段位社交黑客熟谙并精通的技能。我们会从一种特别厉害的手段讲起，你可以用它更好地了解自己和他人的沟通模式。要知道，如果你能预估对方的回应，就可以相应调整自己的沟通方式、提高效率。后续章节将教会你以下技能：

- 与人建立融洽关系；
- 制造机会打开对话；
- 影响他人为你助力；
- 让人透露原本不愿分享的信息；
- 保护自己免受黑客的操控和骚扰；
- 精心引导对话，提高成功概率；
- 使用对自己有利的肢体语言；
- 综合运用本书各项策略，提前排布重要人际互动。

请逐一阅读这些章节，运用书中列出的小任务或练习部分来操练技能。只要辛勤付出，短短几周就能见效。你会发现自己作为沟通者和影响者的能力得到了提高。希望你能像练习武术或者乐器一样坚持训练、不断提升。也希望你明白，没有最好，只有更好。

此外，本书还能指导你为生活中的某些“重大”对话做准备（例如工作面试、商务谈判、和同事/爱人的一场艰难谈话等）。不用担心冷场，因为你有一整套方案可用，有周密的计划，还有强大的知识背景和娴熟技能所赋予的自信心作后盾。阅读每一章时，要勤于思考如何将学到的技能运用到自己下一次即将面临的人际交往中，如何应对这一具体的攻克人心的挑战。到了本书末章，请你着手制订详细的计划。如果你此前就为“重大”对话有所准备，那么阅读本书将会引领你更从容、更自信地走向全新的高度。

我只有一个要求：不要作恶。能做到吗？在你一边阅读一边操练书中技巧时，你很快会发现，自己正在学的这种能力潜力无限。不过，和其他能力一样，它既能用来行善，也能用来作恶。一旦用于后者，对个人和社会的影响可能是毁灭性的。为了避免酿成恶果，我和我的团队一直严格遵循道德准则。当然，这其中有很多细则，但重点就是，我们不会为了入侵服务器或获取对方地址而去干犯法的事，也不会将发现的安全漏洞公之于众。我们不会威胁他人或使用任何操控手段迫害他们。每一次与人交往，我们都会让对方感受到“有你真好”。

在我的课上，我要求学生进入正式学习前自愿遵守这一准则。因此，在将这些秘诀传授于你之前，我也同样要求你阅读本书开头的承诺书，并签字立据。人无完人，但我相信绝大多数读者在读完本书并学以致用时，会给对方留下好印象。世界公民将因此变得更友善、更体贴、更富共情心、更受欢迎。读者中如果有一个人动机不纯，便会另有一千个人将这本书用于正途，从而获得成功和幸福。他们善待他人，也被他人善待。

努力成为那千分之一吧。不管你正处于拼搏奋斗阶段，还是想在现有的成功上再接再厉，这就是你期待已久的书。学习技能，磨炼技能，掌握技能。帮你自己，也帮助他人[1]。

---

① 从技术上来说，擅闯大楼、发送钓鱼邮件等属于违法行为。但是，我们的客户在合同上写明允许我们如此行动，如企业授权我们进入其办公楼。我们绝不会采取合同授意以外的违法行为。

第一章

知己，才能知彼

如何与你的“兴趣对象”一拍即合？你得学着点儿。

要想掌握“侵入”他人内心的艺术与技术，你得先深入剖析你自己。换句话说，你必须了解自己的沟通模式，这样才能对潜在的不利情况做出相应调整。你对自己了解得越透彻，就越善于通过顾及他人的性格以及他们喜欢的沟通方式，让自己的沟通水平更上一层楼。如果你对每一位特定的“兴趣对象”——不管是你的老板、配偶、孩子、偶遇的陌生人，或是其他任何人——都能拿出量身定制的对话策略，那么无论要达到何种目标，成功的概率都会更大。

2018 年，一个骗子说服加拿大渥太华市一位名叫玛丽安·希姆利克的政府财务主管，给一个冒牌供应商电汇了约 10 万美元。当时这个骗子用的是网络钓鱼攻击手法，他伪装成希姆利克的上级史蒂夫·凯恩拉科斯（也是该市领导）发出一封邮件，要求她汇出这笔钱。事实上，这是典型的钓鱼诈骗，专门针对某个机构内部的重要人物下手，我们也称之为“鲸钓攻击”（明白吗？诈骗对象都是大鱼）。以下是那封电子邮件的内容：

是这样，希望你能亲自帮我做这件事。这段时间我一直在秘密谈判收购一事，刚刚得到消息，有一家新的国际销售商接受了我们的报价。根据双方协议条款，我们应支付总金额的 30% 作为定金，也就是 97 797.20 美元。收购声明正在起草，一旦成交，下周就会公示，但现在我不便告知更多细节。在正式公布收购计划之前，我也不希望你将此事透露给办公室里的其他人。有任何问题请与我邮件联系。另外你能否确认今天早上可以完成这笔国际电汇？[1]

换作是你，会不会也落入这个陷阱？这封邮件经过精心策划，使用了一套具有说服力的诈骗技巧，这些将在本书后文讨论。在此之前，我们不妨思考一下，这封邮件在将目标锁定为希姆利克后，所设的套路有多么狡猾。想想看，你可能觉得一位手握全城财政大权、掌管数百万美元税收的主管，必定是勤勤恳恳、一丝不苟、为人寡言少语、守己自律、行事有条有理——这是财政主管给人的一种刻板印象，大部分刻板印象都离不开某个核心概念。如果你是诈骗犯，需要的也是这个核心。

在这起案件中，诈骗犯通过邮件向一个勤勉认真的人提出诉求。他所使用的语言精确到位，将一笔伪造交易中具有关联性和可信度的“事实”信息传递了出去。其语调严肃，商务腔十足，完全没有嘻哈闲聊的感觉。这场骗局的托词，是凯恩拉科斯“秘密”洽谈的一笔敏感交易。对于一个精细内敛、注重隐私的人来说，她很快就“接收”到了这条信息。邮件开门见山，希望希姆利克“亲自帮助他完成（汇款）”，暗示她此事极其敏感，需要严格保密和审慎判断。冒牌的凯恩拉科斯发出这一指令实则是在告诉她：相比其他团队成员，他更相信这位财务主管以及她的判断力。后面的邮件内容还提到，骗子要求希姆利克保守秘密，不要与“办公室里的任何人”谈论此事。骗子很清楚她做事勤勉认真，并充分利用了这一点。尽管这个打着“凯恩拉科斯”名号的骗子告诉希姆利克可以尽管发邮件沟通，但是他又表明自己“不便告知更多细节”——这正彰显了他自己的形象——一样的认真、负责、细致，富于职业精神。

也许骗子并不知道这位财务主管是否确实是个特别认真的人，而且他俩很可能素未谋面，没有过任何交流互动。美国联邦调查局最终抓获了这个骗子，他其实住在距离加拿大渥太华千里之外的美国佛罗里达州[2]。这家伙很可能之前遇到过财务负责人之类的专员，就对这位市财务主管的性格特点做了一番推测。如果猜错了，她并非那么认真细致、保守勤勉，那么这封电邮很可能无果，也有可能被她识破。但结果是，骗子成功了，她中了招。

想想吧，这种攻击威力有多大！在这个岗位上，希姆利克可不是菜鸟，而是一位拥有 28 年工作经验的“老江湖”。正如一篇新闻报道中所描述的那样，是一位“广受尊敬的资深财务经理”。而且，在希姆利克收到这封邮件之前，还曾收到过一封自称是该市图书馆馆长要求拨款的诈骗邮件，但被识破了。然而这一次希姆利克还是中了圈套。而这个骗局之所以很快被拆穿，是因为骗子太贪心。在希姆利克汇款之后仅仅几天，她又收到另一封索要更多钱款的邮件。正是这封紧随而至的邮件促使她与真正的市领导进行了沟通，结果发现自己上当了。

我们所有人都能从这个案例中吸取很重要的教训。首先，也是最明显的一点，当收到别人要求汇款的邮件时，千万别不假思索地将钱汇出，务必同收款人一对一确认；其次，当你向他人提出要求时，一定要考虑到他们的沟通风格与偏好，并以此量身定制与其沟通的话术。

如何拥有自知之明

事实上，如果你能洞悉当时那个诈骗犯脑子里在想什么，那么还有第三层收获：了解你自己，不要让自己的性格妨碍你实现交流目的。

有一次，我的公司正准备针对安保行业举办一场全新的会议——

这可是件大事。虽然有好几个月的筹备时间，但我需要的是所有下属都全情投入，特别是我的助理沙伊娜。我这个人，天生心直口快，喜欢发号施令，说话风格像个操练士兵的教官。由于我习惯说话直来直去，不考虑周围人的想法，因此大家都说我性格强势、自以为是、口无遮拦——这话其实说得很客气了，我还听到过有人背地里用诸如“混蛋”之类的词骂我。照这么来说，我很可能会直接走到沙伊娜的办公桌前说：“听着，这场会议只许成功，你得和其他人一样玩命儿干活。让你加班就得来，周末也得干活。就这样，行吧？别让我失望！”

其实，对于大多数员工来说，这样下指令并不能大幅度提高他们的工作积极性。恰恰相反，还会让他们产生厌恶情绪。还好，我没有这样和沙伊娜说话。十年前我就已经很清楚自己的个性和沟通风格，不管是好的，坏的，还是丑陋的一面。那时候是我头一回做社会工程学的培训，为期一周。和平时一样，我上课俨然是个军营教官——对学员大喊大叫、发号施令、显示权威。我自己累得够呛，学生们可能也很恼火。

当时我的朋友罗宾·德里克同我一起授课，他是一位畅销书作家，也是美国联邦调查局的前行为分析专家。一段时间后他把我拉到一边说：“哥们儿，你得改改策略，不能总是没头没脑地大吼大叫，发号施令。”一开始我并不认可他的观点。但是因为我很尊重他，后来还是采纳了他的意见，不再大嗓门命令学员。没想到事情发生了翻天覆地的变化！上课时学生们居然带着笑容，课堂参与度高了，而且求知欲更旺盛。这变化也太惊人了！

慢慢地，我不断调整自己的沟通风格，摒弃了教官式的人设，变得更开朗、更具亲和力、更加平易近人。同时，对于自己每一刻所说的内容、讲述的方式、传递的效果，我都有了更加清晰的感悟。我开始关注如何读懂他人的个性，并相应地设计自己的沟通技巧。你想问我，是不是就这样成了一个高段位的社交黑客？没错，就是如此！

那一次，我并没有勒令沙伊娜拼尽全力，而是仔细分析了她的性格，并琢磨出一套可能对她有效的沟通方式，就好像那名渥太华诈骗犯搞定他的钓鱼对象一样。我的优势在于，我非常了解沙伊娜，所以我不需要费太大劲去猜。我很清楚她做事一丝不苟、有条有理、注重隐私，与那个骗子的假想目标很像。她边界感很强，不喜欢出风头。所以，相比于在大庭广众之下对她大肆夸奖一番，再让她铆足力气干活，还不如以我个人名义悄悄地对她有所表示，后者肯定管用得多。

于是我去她爱逛的一家店里买了张礼品卡，附上了便签，感谢她兢兢业业的职业精神，并且告诉她，她的杰出表现对公司意义非凡。接着再提一嘴马上要召开的会议，告诉她我需要她这个得力助手的协助。

沙伊娜非常开心！我的这个举动让她特别感动，也激励着她继续努力工作。看上去，哪怕我给她一张百万美元支票，都未必能让她如此动力十足。这一切都是因为我很清楚，自己如果采取下意识的处理方式会带来最糟糕的结果，于是决心改弦易辙，根据沟通对象的个性特点，量身定制了这样的沟通方式。

要成为一名高水准的社交黑客，你得至少对自己的沟通倾向有所了解——优势何在，劣势何在——并且养成习惯，不断揣摩你所要影响对象的个性特点。设想，如果要闯入一家大公司的总部，若是用我那如同军营教官般直截了当的策略（比如假装自己是另外一家公司的高管，即便身上并没有相应的工牌，却命令保安让我进去），也许会震慑住某些安保人员，做出有利于我的反应。但几乎可以肯定的是，这种方法会让更多其他的保安将我拒之门外。所以，我这么做等于瞬间将成功的希望降至50%（甚至更低）。另外，如果我总这么鲁莽行事，那我永远都不会琢磨如何设计出对自己有利的沟通方式，也不会使用本书后文将要分享的交流技巧，那我做蠢事的概率也会大大提高。

生活中，如果我们疏于关注自己平日的沟通方式，那后果往往不堪设想。我们公司之前有个名为卡米拉的员工，我们共事了好几年。大部分时间里，我俩都很难和睦相处，我也不清楚具体原因。实际上，我们的沟通方式大相径庭。因为我对人总是直言不讳，所以卡米拉把我看作是个十足的笨蛋。她更喜欢小心翼翼地与人沟通，开口之前总要好好思考一番。正因为她对我所说的话总是不能及时做出迅速而又果断的反应，我常常觉得她对工作和公司业务漠不关心。

日复一日，我们之间的沟通总是鸡同鸭讲。有一次，我们要为公司员工挑选医疗保障方案。我之前做了一些调研，很清楚自己想要哪一套方案，就给她发了一封简单的电邮，列出了我选择的道理，并咨询她的意见。几分钟后，我给她打电话询问是否收到这封电邮。“收到了，”她说，“我正在看。”

“那么你的想法是？”

沉默。

“好，”我说，“那就这样办，行吗？”

“我觉得你可以……（沉默）……如果你不嫌蠢。”

“太好了，谢谢，这就是我要的答案。”

啪的一声，电话挂了。

后来，我得知她对我很恼火，可是我也不明白为什么，我明明征求了她的意见，她也说了“可以”。但当我问她的时候，她却说我没有给她足够的时间阅读邮件，没让她仔细考虑后再做决定。“我说的是：你可以这么做，如果你不嫌蠢。”

我说：“可我并没有听到你说‘如果你不嫌蠢’这句话。”

“你永远也听不到这一句。”

她说的没错，我没有听到。我也没有意识到，她其实很关心公司的事情，也希望做出正确的决定——只不过她需要更多时间思考，才会最终开口说出自己的意见。

生活中，当你面对配偶、同事、朋友或其他人时，也许你原本带着最大的善意，也许你竭尽全力想要和对方好好沟通，好好对话，但是到头来却发现效果不佳，对方很可能听不明白，或是你的话让他们产生不快。当然，这或许是因为沟通对象当时心情不佳，而你的话更是“火上浇油”；又或许是你对当时他们所处的环境或经历的事情缺乏了解，不经意间冒犯了他们；也有可能是因为你的沟通方式与他们的期待难以契合。很多时候，沟通中的这种格格不入会给人与人之间的相处增加困难，带来无穷无尽的焦虑和痛苦。

不了解自己的沟通倾向还容易让自己被别人牵着鼻子走，稍不留神就成了倒霉蛋。15 岁那年，我家从美国纽约州北部搬到宾夕法尼亚，接着再一路南下来到佛罗里达。当时我的皮肤白得像个灯泡，但还是像其他十几岁的男孩一样，迫切希望引起女孩子的注意。还记得那是一月的一天，天气寒冷，我与一群姑娘一起躺在沙滩上的篝火旁边，男孩们都在水里冲浪。“啊，”我心想，“这可真是人间天堂哪，能与这么多姑娘待在一起！”不过没过多久，一个家伙就走过来对我说：“嘿，克里斯，你打算像个娘们儿一样一直坐在这里，还是和我们一起到水里玩耍？”

那一天的海水绝不仅是冷冰冰，而且汹涌湍急，一个浪头就有 6 到 8 英尺高。我可从来没有玩过冲浪，一点儿也不会。但是如果我服软的话，无异于坐等对方羞辱。“下次吧，”我说，“今天没带泳衣。”

“你不是穿了内裤吗？”那个男孩说。

“是啊。”

“那就够了，走吧。”

我只好转身离开那些姑娘，脱得只剩一条内裤下了水。我抓着一块冲浪板，把板绳绑在脚踝上，试了试水。海水冰冷刺骨，风大浪急。一排排海浪朝我席卷而来，把我拍翻在水里，连离岸边 30 英尺的水域都到不了。我有种感觉：自己就要被这段浅海吞没，死在这里了。这下完了，我这么笨手笨脚，今天算是在姑娘们面前把脸给丢尽了。最后还是一个男孩游了过来，把我拖出水面。但他的这个举动却让我更尴尬了。

远处，一排排比房子还高的巨浪正翻滚而来。此地不宜久留，但是在其他男孩的怂恿下，我又划向海浪，费力地在冲浪板上站起来。但短短一秒钟之后，我就又失去了平衡。翻滚的海水砸向我，把我重重地拍倒在一片沙洲上。等我好不容易浮上来，大口喘气时，却发现自己的内裤不翼而飞了——海浪与沙洲的联合作用力将它扯走了。我四下张望找冲浪板，却发现它已经被海浪撕得粉碎。想想吧，那一刻我只能迈着难堪的步伐，一丝不挂，浑身打战，像一团白面饼一样从那群姑娘们面前走过，而她们正是我一度努力想要打动的对象。

那一次真是惨不忍睹——不仅因为我颜面扫地，而且还因为泡在冰冷的海水里患上了肺炎。我之所以回忆这段伤心往事，有两个原因。首先，当年我还是个激素分泌旺盛的大男孩，没什么朋友，所以渴望交友；糟糕的第二点是，我对自己的沟通倾向一无所知。作为一个喜欢统治型和攻击型沟通方式的人，谁挑战我，我都会接招。若是有人怂恿我去做什么，我会立刻上钩接受挑战。那个说服我跳进水里的家伙就是这样激我的——他暗示我“够胆”吗？是不是个“窝囊废”？要是他用比较平和的方式问我，我很可能不会下水。但是，就算他提出挑战，我若是能充分了解自己的脾气，知道自己很容易受到这种刺激的影响，我也可能不会下水。我会更机灵点儿，想法子拒绝邀请。然而，正因为我极度缺乏自我认识，所以这个家伙诱使我上了当，让我付出了代价。

四种类型的沟通者

在进行安保专家培训的时候，我给学员们介绍了一种经典的心理剖析工具，叫作 DISC 人格测试，它可以用于分析自己的沟通行为，也同样可以用于聊天之前和聊天期间，以便快速评估对方喜欢的沟通方式。尽管 DISC 人格测试的支持者和批评者兼而有之，但很多公司在招聘员工和组建团队的时候都会使用它。例如，牙科等专业领域的专家也在提倡对其加以使用。[3] 理由很充分：研究表明 DISC 人格测试可靠性强，很有帮助，它可以提高人们的工作表现，使职场内人与人的互动更顺畅。[4] 我和学员们深以为然。尽管它可能存在这样那样的缺点或局限，但无论是在职场还是日常生活中要想“黑”入人心，DISC 人格测试的力量都不可小觑，甚至具有变革性的意义。

DISC 人格测试起源于心理学家威廉・莫尔顿・马斯顿的开创性研究成果。他在 20 世纪 20 年代曾提出一个观点，即我们可以根据表达情感的方式将人类分为四种不同的“类型”。[5] 此后，好几代心理学家根据马斯顿的模型开发了各种测试方法，并将其投放市场，人们可以采用这些测试来确定哪种类型能够最好地描述自己。我的团队购买了其中一款测试，并将其纳入我们所教授的社会工程学课程，这样学员就能获得一种科学有效的方式来评估自身的沟通模式。我告诉学员，DISC 人格测试与更著名的迈尔斯 - 布里格斯评估体系不同，它并非一种性格测试。但是，它能够帮助我们了解自己的沟通倾向，从而反映出我们个性中的某些要素。（毕竟，人的性格不仅通过自我表达来界定，还涵盖了人的各种其他行为，以及我们理解这个世界的方式。）

我不能在这本书中提供我们所使用的测试方法（因为可能会面临供应商的起诉），但是我可以基于自身知识储备来向你讲述 DISC 人格测试的核心要义，相信这足以帮助你更深刻地理解自己的沟通方式，以及如何更好地与他人互动。让我们来认真了解一下这四种类型，这样你就可以明白自己和周围人如何被划分到这些类型中。但事先声明，DISC 人格模型具有价值中立的属性。也就是说，这四种类型没有孰优孰劣的差别，你不会因为沟通模式属于某种特定类型，就一定比别人更聪明伶俐、技高一筹或是具有一套特定的价值观。你只是用一种特定的方式进行交流而已。每个人格类型优点和缺点并存，这取决于社交语境和与你互动的对象。

第一种是支配型（D）人格——这类人比较自信，关注最终成果；第二种是影响型人格（I）——这类人热情大方、乐观向上，擅长与人共事并影响他人；第三种为稳定型人格（S）——这类人真诚、冷静，能帮助别人。最后一种是谨慎型人格（C），类似于我的助理沙伊娜，大家都知道她做事条理清晰、实事求是。D型和I型人格更倾向直截了当的沟通方式，而S型和C型则喜欢拐弯抹角。I型和S型更关注如何与其他人多交流、多联系，而D型和C型则倾向于在沟通中解决问题。

为了让学员们更好地理解这四种人格类型，我将名人与之对应，这种方法非常有效。首先是吃货们非常熟悉的戈登·拉姆齐，他既是明星大厨，也是电视红人。很明显，这家伙绝对属于支配型人格：直率、尖锐、气势逼人、目标明确——其实这么说已经相当委婉了（天哪，我爱死这家伙了！）。属于支配型人格的人有时似乎并不在意他人感受，但事情也不总是如此，他们也可能对某件事很上心。只不过与人沟通时，他们会更关注结果，而其他事情则都弱化成“背景”。因此，他们给人的印象常常是过于严苛较真、态度生硬、咄咄逼人、统治欲极强，特别在重压之下更是如此。其他具有明显支配型人格的大腕，包括电视真人秀《美国偶像》中的西蒙·考威尔、CNBC名嘴吉姆·克莱默和前通用电气首席执行官杰克·韦尔什。在职场上，支配型人格的人往往被委以重任，承担领导和管理角色，这些都是可以掌控他人的工作。

美国前总统比尔·克林顿或许是影响型人格的典型代表。他天生会和人打交道——善于表达，热情洋溢——影响型人格就是这样，他们乐于成为众人关注的焦点。如果他的笑话没有让你发笑，让你开心，那就不对头了。影响型人格也很喜欢谈论自己，喜欢变着法儿让自己受到关注（如提高嗓门或手舞足蹈等）。其他属于影响型人格的名人包括艾伦·德詹尼斯（还有其他许多电视主持人）、蒂娜·菲（以及其他喜剧演员）和我曾遇到过的很多销售人员。许多极具煽动性的演说家、教师和律师也都是天生的影响型人格。但是，这种类型的人有时候也会与某些特定人群难以沟通。影响型人格有时过于热情开放，因此显得虚假浮夸，操控欲太强，乃至傲慢自大。在非影响型人格看来，这一类型的人容易冲动，表现过度，自说自话，信息或情感宣泄太过奔放。正因为他们总是乐呵呵的，影响型人格还常常显得乐观过了头。

而汤姆·汉克斯或休·杰克曼这样的演员则属于稳定型人格。与影响型人格一样，他们也都是以“人”为中心，但他们表现得更低调，倾向于站在聚光灯外充当副手或配角。别人出风头也会让他们感到高兴，他们也更愿意谈论生活中的其他人。很多从事辅助性职业的人（护士、药剂师、教师、顾问等）往往都是稳定型人格。他们给人的印象都是平易近人、为人可靠、乐于助人，在团队中属于愿意为你两肋插刀的人。他们的目标是人人都能获得成功，以团队荣誉为乐，以团队成就为荣，而非只为自己。由于他们总是甘居幕后，稳定性人格也会表现得冷淡疏离、反应迟缓。他们不喜欢充当出头鸟，因此有时显得顽固不化、安于现状。同时，他们也会过度采用消极对抗的态度。你明明知道他们已经感觉到不对头，但他们就是闷头憋着不说出来。

DISC 人格模型中的最后一种就是谨慎型人格。这种人往往很保守，同时也更注重细节。例如，女演员梅格·瑞恩，她非常注重隐私，并公开表示不喜欢被曝光，因此很可能属于谨慎型人格。另外，像著名的归隐作家 J.D. 塞林格和哈珀·李，也很可能都是这种类型。谨慎型人格总是不露声色，与人沟通的时候也往往显得有条不紊。谨慎型人格天生适合从事会计、研究人员、医生或飞行员职业，因为那些关注细节并始终坚定不移地完成手头任务的人，往往会在这些岗位上取得成绩。缺点在于，谨慎型人格可能会给人以呆板、冷漠、笨拙、疏远或难以了解的印象。如果你问他们一个问题，但偏巧你不关注细节，那么你会觉得，他们给你的答案冗长繁复，信息远超所需，简直让人不胜其烦。这类人就是太沉迷于发掘细节。在变化迅速且要求信息不断自我迭代的场合中，或是需要与他人开放合作、协同并进时，他们的处境往往就显得特别被动艰难。

在描述这些人格类型时，我只是对不同人及其沟通方式做了笼统划分。但实际上，在我们所有人身上，都同时存在全部四种不同的沟通方式，只是程度不同而已。当我说自己是支配型人格时，我指的是支配型特征在我身上表现得最为明显，但同时我也有影响型和谨慎型特征，只是不那么明显而已，而稳定型特征在我身上则非常弱，但也不是一丁点儿都没有。此外，根据所处环境的不同，我们表现出的各种特性也或多或少会有差别。打个比方，在譬如鸡尾酒会那样的公众场合，某人可能表现出极为明显的外向影响型人格。但是当他和家人在一起时，显现更多的可能是其他行为特征，尽管整体而言，其沟通模式依然是典型的影响型人格。

测测你的 DISC 人格

在进行 DISC 人格测试的教学时，学员们常常迫不及待地要把它用在周围配偶、老板或是其他人身上。“喂喂，冷静，”我对他们说，“我们还是先用它测试一下自己吧，这样才能让你在日常社交场合更加得心应手。”

现在我邀请你完成以下练习：

花点时间思考一下自己的沟通偏好，使用本书背面的 DISC 速查表（详见附录）。你是更喜欢与人交往，还是更关注某项任务，希望获得某种成果？你喜欢用较直接的沟通方式，还是喜欢绕圈子？回答这两个问题能帮助你大致确定自己在类型谱系中所处的位置。一旦确定好你的主要人格类型，想想其优缺点。你的行为是否能够很好地帮助自己，或是妨碍自己，在各种场合中应对不同的人（比如与家人相处，与同事共事，或是与朋友们共度周末）？

了解到自己的主导沟通风格之优劣后，不妨特别注意一下缺点。什么时候你的沟通风格可能会有疏远他人的风险，而本来你其实希望吸引别人或套个近乎？这里有另一个小练习可以试一试：

接下来几天内，注意一下你与别人合作共同完成任务的次数，也记录一下与别人发生冲突的次数。同时（在完成这次练习之后），考虑你的沟通倾向在这些成功和冲突中所起到的作用。如果你和我的学员一样，那就一定会发现自己有了一些小小的顿悟。你会心想，“哦，难怪那次谈话不欢而散”或者“原来邮件没有得到预期回应是因为这个原因”。

熟悉了自己的社交方式后，接下来就需要管控自己的行为。既然知道了为什么自己的沟通倾向会把别人惹毛，你便可以通过努力，磨平那些引发矛盾的棱角。作为支配型人格，我知道自己对人总是过于直白、过于生硬。从前要是收到一封让我恼火的邮件，我总会选择立刻回击，告诉发件人我的真实想法。这种回应方式会让别人炸毛，导致他们不愿意答应我的要求，在情感上也会疏远我。现在每当收到让我不爽的邮件，我都逼迫自己喘口气，“克里斯，”我告诉自己，“站起来走一走。”不过这个方法并不管用，我还是会为那封邮件而烦恼。所以，我开始尝试用别的方法。收到挑衅邮件时，我允许自己在怒火中烧之时写完回复，但是我会让自己在点击“发送”前冷静片刻。这个法子倒很管用。我的火气渐渐消了，没有以支配型方式回复邮件。少许休息后，我重读了原本要发送的邮件，重新措辞，改了其中90%的内容。

对于其他沟通倾向的人，我也有类似的建议：找到一种方法来摆脱你内心突然升起的任何情绪反应，避免你基于本能反应产生的低层次沟通行为。拿影响型人格来说，你很可能因为在对话中对自己大谈特谈（如你的感受、想法、反应）从而让别人厌而远之。要打磨这些粗糙突兀的性格棱角，须记得退一步海阔天空。耐着性子让别人多说几句，练习一下如何主动聆听。克制自己的冲动，别老想着自己要说什么，而是集中注意力（反复）听别人在说什么。如果你不是在和对方发短信或是发邮件，而是面对面或电话交谈，那么光是“站起来走一走”还不够。你得跟对方解释一下，自己需要一点时间冷静下来，休息一下，之后才能更加愉快地继续交谈。

如果你属于稳定型人格，那么消极对抗式的反应很可能会带来问题。如果下次你和别人发生了矛盾，不妨退后一步，像影响型人格那样练习一下主动聆听。你的重点应当是理解对方的观点，而不是在争论中占据上风。稳定型人格十分关注他人的反应，因此一旦有人惹事，会让他们非常不舒服，也很难不做出防御性的回击，因此，他们往往无法站在别人的角度理解问题。所以，不妨抛开你的主观情绪反应，把自己放在别人所处的位置，去真正“理解”他们的想法。

谨慎型人格如果与别人发生矛盾，会想出一百万零一个理由去指责对方，为什么把事情搞砸了？他们会想当然地认为：如果把所有问题摆在台面上，自己只需凭强大的逻辑就能赢得争论。所以，对于谨慎型人格而言，要是与他人直接面对面或是电话沟通，那么不妨挑战一下自己，休息几分钟，跳出这种情绪模式。当你再次回到对话中时，别只顾着说，而应集中注意力主动聆听。如果你发现自己在对话中总是反复强调一连串的事实，那么停下来，深吸一口气，然后再次专注于聆听。同样，如果你发现自己在电子邮件或短信中总是滔滔不绝地讲述事实，不妨也试着这样做。

想一想在哪三种特定、常见的社交场合（如，与他人对话、收到某类电子邮件或短信等）中，你的支配型行为模式会踩中别人的雷区。那么就根据每一个场合，制订一个具体的策略，对自己无效沟通的部分拾遗补缺。在接下来的几天里，运用这些策略，看看会发生什么。

此处关键是养成一种习惯，经常思考个人支配型沟通方式中的缺陷，这样就可以时不时修补问题。要想在社交场合表现得周到得体，并且希望达到一种自然而然的状态，需要时间和练习。这就像学习一门外语：你必须连续数周，甚至长年累月地集中精力学习。如果要成为大师级的社交黑客，就要花费更多的时间和精力，反复练习。

DISC 人格测试进阶版

一旦你对自己的沟通倾向有了更好的把握，就可以将 DISC 人格模型应用于他人身上，并调整自己的沟通方法，从而更好地满足他们的需求，进一步提升自己的行为效率。在开始重要谈话，或给某人写电子或纸质要函前，请预先判断对方的 DISC 人格。我们公司每位员工入职时都接受了一次正式的 DISC 评估，且评估结果所有人可见。在与某位员工会谈前，我会查阅其个人评估资料，并制订相应的谈话策略。在生活中，你也可以针对身边重要的人物做类似的操作。不论是你的配偶、孩子、团队成员还是你的房东，你都可以根据前文提供的 DISC 人格描述和本书末尾提供的 DISC 表，在开始重要对话之前坐下来，思考一下对方的沟通倾向。认真思考一下上述四种人格类型，你是否能大概判断对方属于哪一类？

一旦这样做了，不妨使用 DISC 速查表来深入思考这个沟通对象，以及他 / 她的交流倾向和需求。比如，你肯定不会用与稳定型人格沟通的方式去应对支配型人格，因为支配型人格希望开门见山，直奔主题。而稳定型人格则希望沟通时能友好相处，方式更轻松随和。既然已经提前做好了功课，你就可以根据两类人的差别构思自己想要说的话。如果你正准备和一个稳定型人格的对象谈话，记住要言之有据（当然前提是要真实），说清楚为什么你认为这些内容很重要。对话也要徐徐展开，别急着直奔主题，也别过于兴奋或过于激动地阐述观点。仔细聆听他们说什么，并且推断其真实性。DISC 速查表从以下方面为你提供了建议：每种人格类型的人希望从社交互动中获得什么，他们倾向于如何沟通，如何取得最佳沟通效果，以及如何让他们更好地与你沟通。

其实要分析 DISC 人格类型，不一定非要等一场重要对话。2013 年，我的学生布兰侬开始学习课程时，从来都没有听说过何为 DISC。但是当他读完自己的分析报告之后，浑身起了一层鸡皮疙瘩。正如他自己回忆的那样，“我完全震惊了，从来没想过要认可这些特点，但很多事实就摆在那儿。”环顾教室四周，他看到“每一排每一个学员对测试结果的反应都和我一样。简直大为震撼，太不可思议了。”报告上写着他有明显的支配型和影响型倾向，他才恍然大悟，无怪乎自己这辈子一直是个莽撞的冒失鬼。

当时，布兰侬的婚姻亮起了红灯。他和妻子总是没完没了地争吵，动辄就对彼此火冒三丈。在学习 DISC 人格类型后，他终于明白妻子和他属于完全不同的人格类型。她是非常明显的稳定型。两人一番交谈后意识到，原来不同的沟通风格正是造成彼此冲突不断的重要根源。作为稳定型人格，他的妻子倾向于避免针锋相对，而这却是布兰侬喜欢的方式。问题出现时，她只希望和平解决，而他却偏要辩出个子丑寅卯，直到双方达成某种共识才肯罢休。了解妻子的沟通方式后，布兰侬知道了什么时候该任由妻子把话茬放下，而不是没完没了地争个不休。这对夫妻最终还是离婚了，但是了解对方人格特点之后，他们在共同抚养孩子的过程中倒是相处得不错。布兰侬说：“以往那些她看不顺眼我或是我看不顺眼她的事情，现在我们都可以更客观地讨论了，其实也没那么复杂。”

运用 DISC 人格测试还可以帮助你更好地与不熟悉的人或初次邂逅的陌生人相处。你可能会发现某些行为“看起来像一个谨慎型人会做的事情”，或者“他 / 她是典型的影响型人格”。这些看法并非严谨的科学分析，而只是比较浅层次的结论。虽然肤浅的结论很容易出错，但有时却是对的。当你和不熟悉的人相处时，有一点浅表的结论总好过对其一无所知。哪怕你中途因为加深了对对方及其沟通倾向的了解，而不得不调整自己的沟通行为，这样一点浅层的了解也至少能让你初步推进对话。附录的 DISC 速查表可供你快速参考四种不同类型的人格，以便你随时能甄别对方的 DISC 人格。

结合练习，你可以熟练地快速分类你遇到的人，并相应调整自己的言行。想要习惯成自然，就从谈话后立即记笔记开始吧。那么，如何根据沟通对象的言行举止做最精准的分类呢？可以从以下问题入手：他们说了很多细节问题吗？说话方式是直来直去的吗？是不是总爱谈论自己？还是喜欢将注意力集中于他人，而非自身？诸如此类等。再次强调——此处敲黑板——主动聆听太重要了。在你初次涉猎 DISC 人格模型时，别指望立刻能在对话中将别人分类。尽可能专心地听，全神贯注地听，真正沉浸到每一字每一句中。对话一结束，趁着言犹在耳，花几分钟时间回忆和分析。久而久之，你会发现自己不再需要这额外几分钟的思考，谈话结束之后，你就能自然而然地在脑海中做出分析。随着日后练习量的加大，你会发现自己在谈话过程中就会下意识地这样做，就算当时正在听他人讲话也不影响。

想象一下，如果你在和人打交道之初，就能立刻知道谈论什么更有可能与他 / 她产生共鸣，哪些则不可能，那该有多棒！当然，这种快速分析不一定对，但即使你在整个谈话过程进行到20%或30%时能实现正确评估，情况就完全不一样。我已经练就了这样的本领，在与人接触短短十几秒之后，就能判定对方的沟通特征，而且能做到八九不离十。在我迈向一家公司总部的前台并试图混进去时，我会根据接待人员打招呼的方式、桌上摆放的照片和他们的身体语言等制订出相应的行动方案和话术。这真的很神奇。而且，如果我提前上网浏览了接待人员的社交平台，我的判断将会更加准确。说到这儿，向你推荐以下练习：

浏览一下你最喜欢的三位名人的社交账户，仔仔细细地查看他们所发布的内容。你是否能从中判断出他们的沟通风格？比如，比尔·克林顿发布的内容指向典型的影响型人格。他不断在用第一人称谈论自己，而且重点强调那些他喜欢的人。总体来说，他发布的帖子活力充沛、热情洋溢、“调门”很足。好了，现在让我来出一道加分题：除了本章节列举的名人之外，你能否找到其他分别符合DISC四种类型的五位名人？

下面这道测验题你也可以试试看：

为了锻炼你快速分析DISC人格的能力，请找一处人流量很大的公共场所，用一个小时观察过往的行人，看你是否能把这些人一一分类。

开启社交黑客之旅

中国古代哲学家、道家学派创始人老子曾经说过：知人者智，自知者明。[6]本章讲述的正是智、明之道，如何让你更有自知之明，也对你的兴趣对象有更深刻的了解。我相信大家会发现，一旦你对沟通模式的剖析技巧熟稔于心，就会产生巨大威力，成为你“黑”入人心的重要基石。尽管大多数反派黑客很可能不懂DISC人格模型，但是他们也有自己的方法来选择猎物、实施侵害。例如，恐怖分子的网络系统会深挖推特或脸书等社交媒体平台，专门寻找对西方政府怀有敌意的人，特别是那些有某种幻灭感和挫败感的人以及可能怀有特定情感倾向的人。为了诱惑这些人加入，极端主义者们会精心编排语言文字和讲述方式。年轻人往往很容易上钩，因为他们根本不知道眼前这些看上去富有同情心的人，实际上有多么阴险狡诈。

当然，你可以利用DISC人格分类做好事，改善自己与他人的关系和相处模式。从根本上说，人格分类之所以有效，是因为无论是对自己还是他人分类，我们其实是将社交场合中的注意力从我们自己、自我需求和自我欲望转移到了应该获得关注之处，即他人和他人的需求。这也许是我们有生以来头一回试着为他人考虑：他们有什么样的沟通方法，在谈话中的感受如何？为了与他人更好地沟通，我们努力培养自己的同理心。这不光是出于自身目的，更是站在别人立场上的选择。

对于社交黑客来说，同理心确实至关重要，但是我们即将会看到，它远远超出了人格分析范畴。骗子、安全专家和其他专业黑客从一开始就运用同理心来构建对话，以此让受害者或对象更容易乖乖听话。举个例子，如果你正在办公桌旁忙碌，一个陌生人突然打电话给你说：“你不认识我，但我要你给下面这个银行账户汇500美元。”你绝对不会付款。但是如果打电话的人自称是电力公司的业务代表，称你们公司的电表已经欠费，如果一个小时之内不支付 500 美元，电源将被切断。在这种情况下，你很可能就照办了（如果你看了一眼来电显示，发现确实挺像电力公司的号码，那就更容易上当了）。这种诈骗手段非常常见[7]，之所以能得逞，就是因为很多人一想到停电就会心生焦虑。骗子们很清楚这一点，他们在利用人类同理心的过程中又升级了手段，为了让对话收到预期的效果，他们将对人心的洞悉转化成一个极具说服力的“托辞”，很难让人怀疑。反之，如果你没能掌握我们所说的这种“入门技能”，那么你就很难结交朋友、影响他人继而达到目的。接下来，让我们进一步探讨如何有意地开启对话，有效唤起人们的积极情绪反应，并让他们心甘情愿地与你深入交流。

第二章 做更好的自己

为社交活动创造语境或“托辞”，胜算更大。

“诚实，”喜剧演员理查德·杰尼说，“是维持一段关系的关键。但如果你能假装诚实，这段关系就稳妥了。”[1]就凭这么一句话，他真的应该改行去做一名社会工程师。为了能影响他人，得到想要的结果，你得设计一个看似合理又令人信服的“托辞”，在其中与他人进行对话、提出请求、滴水不漏地扮演你所设定的“角色”，这将给你带来天大的好处。换句话说，要让自己以看上去“人畜无害”甚至讨人喜欢以开启你与社交对象的沟通，一开始就要制订好计划。

有一家大型零售企业——我不能明确说它是哪一家——如今的安保措施做得更为安全到位了，这都要归功于一位废品管理集团（WM）销售代表的造访。没错，当时穿着WM工服的就是本人。在这项任务中，我的挑战是能否潜入一座戒备森严的仓库。我先要给几个缺乏防范的入口拍摄视频和照片，接下来就要想办法从其中一个防备薄弱的入口进去，偷走储存在里面的贵重商品。

刚才说过，这些仓库戒备森严，要进去实在太难了，难度和擅闯最高安全等级的监狱差不多。你得走近那些有色防弹玻璃制成的大门，按下门铃，接着有人会通过监视器屏幕看到你，让你出示证件。等你通过这层关卡，就会进入下一个安全屏障，那是一个上至天花板下至地面的金属安检门，就像地铁安检时乘客们进进出出的装置一样。当你进入这个金属安检门，安保人员必须使用一张工卡解锁，你才能通过旋转门来到另一边，接着还有金属探测器的检查等着你。最后来到安检柜台，你得出示政府颁发的身份证明，他们才会给你发一张访客证。

那么我到底是怎样通过层层关卡的呢？答案就是——垃圾！通过谷歌地图的街景图片，我们发现这个仓库后面有一台硕大的WM公司的垃圾粉碎机。在将这台垃圾粉碎机的图片与WM公司网站上的另一台机器比对之后，我们最终确定了这座仓库所安装的垃圾粉碎机的确切型号。我下载了所有相关图纸，做了大量功课，直到把自己变成垃圾粉碎机专家。接着我穿上一件WM的制服，带上与之配套的公司标识、帽子、工作证和大写字夹板，齐活了！

我来到仓库大门外，自报家门是WM公司派来和仓库经理洽谈有关垃圾粉碎机业务的负责人。于是保安按了电钮开门放我进去。我走进金属安检门后，保安问我具体要讨论什么问题。我告诉他，我们公司生产的垃圾粉碎机中，有一些机器里的电机可能需要召回。我得查看一下他们这台电机上的序列号，以确定是否要召回。这名保安半信半疑，于是我说其实他自己也可以进去查看序列号，这也没什么问题。他回答说自己不清楚电机具体安装在粉碎机上的什么位置。于是我告诉他，要么我给他口头描述一番，要么我自己进去查看，只需五分钟即可。结果他刷了下卡，让我通过了金属安检门。

随后我又通过了金属探测器的检查，径直来到安检柜台前。我早就知道需要准备一张政府颁发的身份证明，但我不想用自己的证件，因为上面有我的真实姓名和地址。当被要求出示证件时，我表现出极度失望的样子，说把钱包忘在车里了。“那玩意儿有这么大，就像乔治·康斯坦扎[①]用的那种，厚得要命，揣着它，我后背都疼。”

保安嗤笑了一声，但态度依然很坚决：“没有身份证，我可没法放你进去。”

我故意装出一副局促为难的样子，跟他们说，检查一次垃圾粉碎机仅耗时5分钟，我可不想为了这事，折返回去再做一次这么复杂的

① 美国电视情景喜剧《宋飞传》中的虚构人物。译者注。

安检。随后，我假装灵机一动想出一个绝妙主意："你看，这张 WM 公司的工牌，上面有我的照片和出生日期，所有的个人信息都在上面，能不能用这个代替身份证？"

他点了点头说："可以，看上去还挺像驾照，就用它吧。"接下来的十分钟里，我在仓库里四处闲逛。那些无人看守的入口，我都拍了视频和照片，还记录下了可以从哪里潜入偷走商品的路径。做完这一切，我返回安检站，微笑着说："你们这台机器没问题，序列号并不在我的清单里，所以没事了，不需要召回。"就这样，我这个不速之客反倒让他们心存感激。因为在他们看来，自己尽职尽责，帮助公司排除了一场潜在事故的隐患。"麻烦你跑了一趟，"他们对我说，"非常感谢！"

我就是靠着这个法子，成功潜入了这家零售商的七座仓库。之所以能成，正是由于我编造了一个要求进入仓库的绝佳借口，一个逻辑上无懈可击的理由：我来自 WM 公司，有一项紧急任务需要完成，而这项任务对他们公司有益而无害。我身上所有穿的、戴的还有口中说的，都明白无误地指向 WM 公司。他们还有什么理由拒绝我呢？

情境营造与犯罪心理

情境营造是一种为谈话创造环境或场合的艺术，能帮助你更好地实现目标。当你营造情境时，其实是在为某次社交创设一个合理的理由、解释或"借口"，同时也在交往中给自己分配了一个角色。情境营造之所以奏效，就在于它能够让对方产生积极或消极的情绪。在

《陌生人效应》一书中，作者马尔科姆·格拉德威尔向大众传播“默认真话理论”，即“在实践中，我们通常假设自己打交道的对象是诚实可靠的。”[2] 营造一个良好的情境会保证这种假设不受影响，从而缓解你的兴趣对象可能产生的焦虑或担忧，甚至还能激发他们的积极情绪，如爱、快乐或幸福感等。当基本的信任感建立之后，他人会更愿意，甚至更乐于满足你的要求。与此相反，糟糕的情境营造则会引发负面情绪，比如恐惧、愤怒，乃至激发出对方的批判性思维能力。他们不再“随大流”表达自己的积极情绪和配合态度，而是变得多疑，萌生不应该“言听计从”的念头，并对你施加压力，让你去证明他们的怀疑只是空穴来风。正如格拉德威尔所强调的：“人与人交往中，当一方心中充斥着怀疑和焦虑，甚而到了无法驱散的程度时，便会拒绝再相信另一方。”[3] 没错，糟糕的情境营造往往会“触发”我们不再愿意相信他人的情绪。

全世界的骗子、坏蛋和黑客们都知道情境营造起效的原理——这也是他们的惯用伎俩。在美国西部大学得克萨斯社区，一名男子按响了居民的门铃，自称是该市水务局的工作人员。于是屋主便与他交谈起来。当二人相谈甚欢之时（这个话题下一章节再讨论），另一名歹徒悄悄潜入，把屋内翻了个遍，顺走了不少东西。[4] 这就是营造情境的实际案例。“热心助人的水务局职工”这个角色，就是歹徒诱骗屋主的人设，可以令对方做出他所希望的一切举动：打开房门，和他进行几分钟看似无伤大雅的对话。

哪怕是网上也可以实现情境营造。事实上，这种形式在目前盛行的网络欺诈中屡见不鲜。在中国香港，一帮黑客侵入一名男子的姐姐的 WhatsApp① 账户，然后假扮她的身份，说服该男子购买网络游戏中的“积点”，谎称他之后能以更高价格卖出，轻松赚钱。这个案例中赚得盆满钵满的不是别人，正是这些黑客，他们短短几个小时就轻松进账 55 000 美元。[5] 与此类似，几个骗子给圣劳伦斯学院学生的父母发邮件，自称是校方工作人员，并向他们提出，如果提前支付学费的话，可以享受折扣。结果有些父母上了当，钱打了水漂。在第一个案例中，罪犯摇身一变，化身为一名乐于助人、爱心满满，很想帮弟弟（受害者）改善经济状况的大姐形象。第二个案例中，歹徒冒充的是热心助人的大学行政人员，他们发送的邮件假装提供极具吸引力的折扣。[6] 这两起冒名顶替案件之所以得逞，就是因为歹徒构建好了情境基础，让这些缺乏戒心的受害人落入了他们的圈套，结果被骗了钱财。

要说到有史以来最成功的冒名顶替诈骗犯，或许非维克多·卢斯蒂格莫属。此人名号甚多，例如“美国头号大骗子”和“两次卖掉埃菲尔铁塔的人”。至少大家认为他的名字是维克多·卢斯蒂格，但其实没有人知道真相究竟如何——这家伙有不下 47 个不同身份。20 世纪 20 年代中期，卢斯蒂格冒充一名法国政府官员，向该国废旧金属行业的多位头面人物声称政府正计划拆除埃菲尔铁塔，并准备就此工程进行招标。披上政府官员的光鲜外衣，再爆出一条有关废旧金属行业交易的内部猛料，这对于听者来说，真是既合情合理，又让人垂涎三尺。就这样，这些行业大佬们心动了，纷纷提交标书，其中一人最终为了拿到拆塔业务支付了 7 万美元。骗局最终曝光之后，有一名受害人“因为被骗后羞愧得无地自容而不愿去警局”。此次得手让卢

① 一款全球流行的手机社交软件。译者注。

斯蒂格信心倍增，他竟然故伎重施，再度行骗，却依然没有被绳之以法。[7]

仔细研究一下这场骗局，不难发现情境营造的一大关键：不光看你说了什么，还得看你做了什么。事实上，情境营造包括你的举止，是冷静还是慌张，愉悦还是忧伤，还包括你选择的谈话地点，甚至还需要一些物品或“道具”来加成，让你扮演的角色或身份更加真实可信。在埃菲尔铁塔大骗局中，卢斯蒂格所做的，绝不仅仅是给受害者挨个打电话，把自己是谁、要干什么吹得天花乱坠。他还伪造了全套的办公文具，上面都印有他的名字，以及“法国政府官方印章”的字样。他把废旧钢铁行业的老板们都召集到一家豪奢的法国酒店开会——对于一个门路众多的政府官员来说，这恐怕是常规操作。据说为了伪装得更加逼真，他还特意字斟句酌，言语中故意暴露出作为政府官员对此事无比熟络的迹象：“因为工程失误、维修成本高昂以及我不能透露的政治因素，拆除埃菲尔铁塔已经箭在弦上。”[8]请特别注意这句措辞——“我不能透露”。这句话带有明显的慎重意味，正是一名行事谨慎的知情官员在讨论敏感问题时可能会采用的话术。卢斯蒂格的伪装包含了所有这些元素，与前文讲述的我自己经历中的那些要点没有差别——工作服、工牌，以及与仓库保安对话中听起来有根有据的解释，本质上如出一辙。

情境营造还可以完全由行为和道具组成，无须语言描述。1935年，美国特勤局逮捕了卢斯蒂格，将他关押在曼哈顿号称“让人插翅难逃”的联邦看守所。然而，“插翅难逃”只是相对其他囚犯而言。你猜怎么着？卢斯蒂格把床单接起来，绑成一条长绳，钻出牢房窗户，然后从楼上爬下来。地面上的人都盯着他看，只见他用随身携带的破布擦起窗户来，冒充清洁工。擦窗户的破布，还有他悬在大楼半空中的位置，这些都在旁观者的脑海中形成了一个情境（这个情境的营造不是为了对话，而是给自己为何出现在大楼这一边提供合理解释）。卢斯蒂格到达地面后，一猫腰就逃走了。执法人员又花了一个月的时间才再次抓住他。之后，他被押往一座专门羁押重刑犯人的监狱——鹈鹕岛（恶魔岛）①。

日常生活中的伪装

虽说卢斯蒂格骗术精湛，但遵纪守法的寻常百姓似乎与伪装行骗这门行当扯不上什么关系。毕竟你不会像我那样，改头换面精心制作一个全新的假身份，只为了让某个家庭成员、同事或是邻居听你使唤。你也不会（但愿如此）搬出一堆胡编乱造的理由，扮演虚假的角色，就为了从你身边的人那里顺走你想要的东西。法学专家已经对律师和警察依靠伪装获取案件信息持怀疑态度，认为这种做法具有欺骗性而且不道德。在一篇题为《伪装术：达到必要目标的必要手段？》的文章中，一位学者抨击了这种做法，认为“为了收集信息而采用不诚实或欺骗性的手段，其后果是司法体系和法律行业所无法承担的。”[9] 美国联邦贸易委员会也将伪装定义为本质上不诚实的犯罪行为：“伪装是以虚假名义为个人获取信息的行为。冒名顶替者会将你

① 位于美国加利福尼亚州旧金山湾内的一座小岛，四面峭壁深水，联外交通不易，因而被美国政府选为监狱建地，关押过不少著名重刑犯，于1963年废弃。译者注。

的信息出售给他人，而这些人以此假借你的名义获取信用、窃取你的资产、甚至发起对你的调查或起诉。因此，伪装是一种违法行为。”[10]

我不会像有些法律人士那样，以“只要目标正确就可以不择手段”为借口，为伪装辩护。但我也想说一句，在日常生活的各种场合中，伪装并不一定是谎话连篇、掩人耳目或演戏骗人。我假扮 WM 员工时，确实是在明明白白地说谎。但当时我正在执行一项特殊任务，在此过程中，我和我的客户都预设了一个前提（我们经常这样做），即某种形式的谎言对双方而言可以接受。但在平常生活中，我永远不可能像这样欺骗别人，我也不需要这样做。日常生活中的伪装实际上是一种情境营造，需要“有选择地陈述部分事实”，以便为谈话创造有利的氛围，与对方快速建立融洽的关系。举个例子，如果你是一家冰激凌店的老板，而你所在的社区里又开了另一家颇受顾客欢迎的新店，那么你可以假扮成一个饶有兴致的顾客前去打探一下这个竞争对手的底，情境营造就是这么简单。再比如说，假设你考虑搬到另一个城镇去，在此之前你很想了解当地居民对于附近学校的“真实”评价，那么你可以打电话给某个房产中介，说：“嗨，我们想搬到这儿住，有几个问题想咨询一下。”

让我们来看看这两处情境营造的合理性吧。第一，冰激凌店老板走进同社区的另一家新店，并不是纯粹为了买甜筒，她是想打探竞争对手的情况。但是，既然她付钱买了一个甜筒，她的身份也随之变成了顾客；第二，你可能不会下周就预订某处房产，但是先问一问“如果”之类的问题，确实是买房流程的一部分。因此，伪装或情境营造算不上彻头彻尾的谎言，而是一种基于真相的现实表现而已。至于伪装到什么程度才合适，如果你心里没底的话，那么不妨记住：你得让那些遇到你的人获取好处。若你的伪装与事实相去甚远，无论出于何种原因，你都无法让他人受益，那就别去动这个心思。

其实，我们时时刻刻都在伪装自己，扮演着各种“角色”以适应各种具体情况，只是往往意识不到而已。心理学中一直有个争论，人类行为的决定性因素究竟是性格还是特定的社会环境？两者似乎兼而有之：每个人性格中的稳定特征会显现于一举一动中，但有些只在合适的场合充分释放，我们甚至期待自己能融入那种环境中，尽情绽放自我的某些方面，如交际能力或求异思维。[11] 正如美国柯尔比学院的克里斯托弗·索托所写的那样：“在任何场合中，一个人的行为都会受到其个性和环境的双重影响。此外还有一些因素也会起作用，如当下的想法、感觉和目标等。”[12]

在为谈话设计情境时，我们会凸显自身个性的某一特定角度以适应当下之需。如果我女儿犯了错，我会让她坐下来，表现出一副“态度坚决、家教严明”的父亲形象，好好对她说教一番。但若是我与手下一位成年雇员之间有些不快，想同妻子或最好的朋友解决矛盾，那就绝不能像个老爸一样摆谱，因为这样会让对方感到侮辱和贬损。所以，我可能化身为对员工境遇感同身受的老板、虽有怨气但依然体贴备至的丈夫、时刻为对方考虑的最佳密友。在以上所有场合中，我还是我，但却展现了不同面的我，以便实现目标。

我们本能地接受这些不同的角色，因为我们知道，选择的特定人设决定了自己是否能从社交互动中得偿所愿。比方说，你那年迈的母亲身体健康每况愈下，你必须要和自己那个并不怎么亲近的姐姐艰难谈判，凑足将母亲送进养老院的费用。如果你把谈话的基调设定为“我找你，是希望你在月底前付给我一万美元”，或者你把谈话地点安排在拥挤嘈杂的酒吧，谈话时间设定在一整天的漫长工作后你姐姐倍感压力和疲惫时，那么这次谈话恐怕不会顺利。当她听到你说“你得在月底前付给我一万美元”这句话时，各种负面情绪都会涌上她的心头，比如恐惧（“我怎么可能凑足那么多钱，而且要得这么急？”）、愤恨（“你算老几，找我要那么多钱？”）、厌倦（“怎么又来一件糟心事，我已经心力交瘁了！”），抑或是沮丧（“为什么老有人找我要钱？”）。当你姐姐想出各种理由，不能、不该、不允许自己凑这笔钱的时候，她的批判意识就会急速增强甚至失控。但是，如果你这样给她打电话：“我知道最近我们走动不多，但我真的很担心老妈，咱们得一起商量商量，看看怎么照料她才最好。”要是你提议周末找个安静的地方（比如你姐姐喜欢的餐厅）约个午饭，边吃边聊，那么就更不会触发她的这些负面情绪，批判性思维也不会在她的头脑中立即上线。这样一来，你就更可能得偿所愿，让姐姐掏出一万美元来。

我在引言中曾经提到，每个人在刚与他人相处时都会问这四个问题：这人是谁？他 / 她想要什么？这次会面要多久？他 / 她是否对我造成威胁？情境营造可以不露声色地回答（或不回答）这四个主要问题，从而唤起社交对象的不同情绪。根据不同情境，某些问题可能不言自明。如在上述案例中，你姐姐自然知道你是谁，也知道你不会对她构成威胁。但她很可能并不知道另外两个问题的答案。如果你营造的情境无法回答这些问题，那么由此产生的不确定性就可能引发她内心的恐惧或怀疑。同样，如果因为情境营造不佳而给出无法让人满意的答案，也会引发这些情绪。比如直截了当地开口找你姐姐要一万美元，你就很可能把自己变成她生活中的某种威胁——因为你在向她索取钱财。如果你曾与姐姐在钱的事上谈不拢，那么此次直接要钱很可能会让她担心旧事重演。但若是摆出一个有责任心的家庭成员姿态，只想为母亲找到最好的照顾方式，那么这样处理事情，你就不会被视为一种威胁。姐姐非但不会感到害怕，还可能会感受到亲情、感激或是某种认同。

我们大多数人都不太在意如何去营造情境。虽然我们可能会在不同的环境中表现出自己的不同面，但并不会为了满足需要而有策略地这样做。因此，哪怕某个情境毫无用处，我们也很可能习惯性地沉浸其中。在家里，我们常常要扮演严父严母，在工作或与朋友交往中也常常以长辈身份自居；在学校里，我们和朋友嬉笑打闹，却在和老板或其他上级人物谈话时，忘记了不该嘻嘻哈哈没个正经。当习惯的情境、相关角色或身份不起作用时，我们经常会甩锅给别人。在前文的案例中，如果没能拿到一万美元而悻悻离开的话，我们很可能会抱怨姐姐“不讲道理”，或者她“拎不清”，再或者“她是个十足的混蛋”。也许这个姐姐真的为人差劲，但也可能是因为我们并没有营造出一个有益而恰当的对话情境。如果情境不合适也不做任何调整，在遭遇失败时，我们就会双手一摊，说一句：“对不起，我就是这样的人，本性如此。”但其实，你不是这样的人，这只是你个性中的一部分。只要愿意尝试，你完全可以培养能力，在不同场合展现不同的个性，从战略上打造你的不同人设，从而影响他人并得到你想要的结果。那些黑客们为达目的不择手段，而你为什么不能也用这种方法做点好事呢？

就在今晚，入睡之前，请你回想以下过去这一两天自己所有的社交互动。你总共扮演了多少种不同的角色？你是不是关爱孩子的父母、幽默风趣的朋友、严厉无情的老板？是不是一个热心肠的邻居、快乐有爱的伴侣、好奇心迸发的学生？不妨在脑海中列举所有这些角色，思考一下它们在你身上发挥了多大积极作用。你是否曾无意识地将适合某一情境的角色带入到其他情境中，却发现不合适？

回想一下最近有没有人向你索要东西，而你给了？再想想另一个被你拒绝的场景。他们分别营造了什么样的情境？为什么有的有效，有的无果？

或许你不认可。你认为用策略去营造情境尽管算不上彻头彻尾的撒谎，却也是很恶劣的行为，因为这意味着要在与他人的互动中算计和设局。但是，我可没有让你对家人和朋友虚情假意。要知道，经过深思熟虑之后再说话和胡编乱造完全是两码事。实际上，你仍然在展现“你”自己，只不过是更加谨慎地决定展现哪一部分的你。如果你是有德之人，就一定不会操控他人。在我看来，操控这种行为无异于欺骗或强迫他人遵从你的愿望，并因此损害他们的利益（详见第六章）。但你不是，你也给予了别人他们想要的东西，所以会让他们更乐意主动遵从你的意愿。很多人一开口就不过脑子，让周围所有人都不开心，把气氛搞砸。所以，稍微讲究一下策略，让我们的互动更愉悦、更高效，岂非明智之举？

打个比方，你的上级主管在走廊里碰到你，板着一张脸说：“明天下午三点过来找我。”当你询问具体何事时，她却拒绝透露有关会面的内容以及为何如此紧急的原因。除非她是想引起你的恐慌，将你玩弄于股掌之中，否则这种情境营造实在是太糟糕了。因为她这么说会让人有不好的预感，员工会在接下来的 24 小时里一直担心自己是否做了错事，会不会很快被炒鱿鱼？但如果你的老板说：“嘿，上周的客户会议上有几个小地方要修改，问题不是很大，我想明天下午三点和你讨论一下怎么样？”这样岂不是更轻松、更友好？若是换成这样的情境，员工就不会那么焦虑，而会做好更充分的准备来处理明天实际要谈的内容。这样一来，有可能不管老板说什么，员工都能做出积极回应，给予她想要的结果。

开始谈话前，先营造情境是一种更为他人着想也更具成效的方式，因为它需要做一些通常情况下压根就不会去想的、非同一般的事情——花一些时间去思考对方的情感需求。在上一章中曾经提到，大多数人在对话中直入主题，只管自己想要得到什么。但是，为了营造一个到位的情境，你必须要跨出一大步，与对方产生共鸣，换位思考，并相应地调整情境。比方说，作为老板，你不能只留下一句晦涩难懂的“明天下午三点过来见我”。因为你明明知道你和员工之间存在职权差异，而且你也能料到这样语焉不详会给你的下属带去恐慌。另外，你若是寻求姐姐帮助，共同照顾年迈的母亲，就应该以最友善、最不具威胁性也最尊重对方的方式提出诉求。因为你应该知道，让姐姐拿出一万美元恐怕很难。希望更多人在开口说话之前，能充分考虑别人的感受、需求和愿望，如此世界将变得更和谐，每个人也都更有可能得偿所愿。

营造情境的七步法则

现在你对情境营造及其作用已经比较熟悉了，那么就来谈谈如何实操。我这一辈子，天生就是个伪装高手。早在孩提时代，我就能无师自通设计对话，同时对即将打交道的人的需求、愿望和心理状态做一番功课。这种方法慢慢习惯成自然，以至于每当和别人打交道时，我每时每刻都会不假思索地作出研判。看上去像是即兴发挥，说到哪儿算哪儿，但事实上，我会在脑子里暗暗地设计和构建对话的走向。正好赶上最近我在传授别人如何营造情境的技巧，我才总结归纳出一套更具分析性的策略。为了成功与他人交谈，我仔细推敲了自己的思维过程，制订了以下七步法则：

七步筹备法则

1. 问题：确定你要解决的问题

2. 结果：明确你希望实现的目标

3. 情绪状态：确定你想在沟通对象身上看到的情绪

4. 激发：预测你需要投射或表现出的情绪，以便在沟通对象身上激发你所希望看到的情绪

5. 激活：营造一个清晰的情境

6. 呈现：确定在何处、何时以及如何最好地传递或呈现情境的相关细节

7. 评估：在心里评估你构建的情境，确保其主要以事实为基础，令他人因遇见你而获益

在发起对话前，应该首先想明白需要解决什么问题，达到怎样的结果（第 1 步和第 2 步）。举个例子，你听说自己十几岁的女儿娜塔莉一直在和名叫大卫的大学生偷偷发短信聊天，尽管你已经明确要求她断绝与其任何形式的接触，但娜塔莉不为所动。问题虽然很明显，

但其实你还需关注更多细节——这个大卫最近刚刚因为涉嫌与违禁药品相关的指控而被捕，而娜塔莉却与他短信聊天，不仅故意违反家规，而且还在你面前公然撒谎（你早就问过她是否和大卫有联系，她对此矢口否认）。

明确这些细节问题，能帮你更好地了解对话中的成败关键。碰到这种情况，许多家长可能会不分青红皂白，直接冲上去惩罚孩子。但是你还可以这么做：在质问娜塔莉为什么发短信时，你可以直接告诉她，她撒谎以及她的朋友大卫可能沾染上了违禁药品，这两件事都令你不安。这么一来，你的目标就不仅仅是让她对自己的行为负责，而是让她公开、诚实地交代自己的所作所为及其背后的原因。你得知道自己的孩子到底发生了什么事，她为什么觉得自己可以暗地里违反家规？如果你能够抓住问题根源，和女儿一同努力解决问题，那么就是在为一段彼此信任的关系打基础，今后你也能看到她更诚实、更优秀的表现。

明确目标之后，来到了第 3 步。如果让孩子产生愤怒、胆怯或羞耻的情绪，那么在这个问题上她很可能就不会和你说真话。而如果你能让她产生一丝难过，对你的担忧和恐慌萌生恻隐之心，那很可能会事半功倍。那好，既然你的目标是让她稍许难过一下，你就应该考虑在交谈中需要传递怎样的情感来唤起这种情绪（第 4 步）。通常，你可以通过表达自己的情绪来激发他人同样的情绪。如果娜塔莉看到你对她心存怜惜，同时又有点伤心，那么她也可能产生同样的感觉。洞悉到这一点，能让你更清楚该如何营造情境（第 5 步）。你不能一开口就斥责她干了坏事，所以非得要跟她讲道理，这样只会让她害怕。相反，你应该扮演一个“和蔼可亲、体贴入微”的家长角色，用一种更平静、更富有同情心的方式来构建对话。比如你可以跟她说，想跟她谈谈，因为家里出了一件大事，要听听她的意见。在表现态度时（第6步），你得保持冷静、平和、富于同情心。你可以走到她身边，拍拍她的肩膀，说："嘿，宝贝，我们能谈谈吗？时候不早了，你学了一晚上估计也很累。但我最近有些烦心事，想要跟你聊一聊。"

现在你已经设定好了情境，也想好了具体执行的方法，此时你得问问自己：这样做合乎道德准则吗？想象得到，答案应该是一个明明白白的"是"。你也许本身就是一位"和蔼可亲、体贴入微"的家长，所以你并没有说谎。同时，情境营造及其实施都会让娜塔莉从这次交心面谈中受益——如果这样能赢得她的信任，帮助她向你敞开心扉，长远来看，你们二人都会享受更融洽的父女关系。而从短期来看，她会感到自己置身于父母的关爱、尊重和照顾之中。而其他营造情境的方式很可能就过不了道德测试这一关。举个例子，假设你编造了一段痛苦不堪的往事：当年你也曾沾染违禁药品，差点锒铛入狱，因此你十分了解其中危害。短时间来看，这故事也许能达到预期效果，说服娜塔莉远离她的朋友大卫。但一旦她发现这个故事根本就是无中生有，她会很受伤，会产生被背叛的感觉。这反而对她有害而无益，也许还会永久破坏你们的关系。

还有一点请注意。随着谈话的逐步展开，你可能会发现有必要在沟通过程中营造一个新的情境。如果你在与娜塔莉的交谈中得知，她一直给大卫发短信是因为他俩准备一起私奔，那么此时你最好丢掉"善良体贴父母"的人设，摆出"严父严母"的形象。若是你得知她发短信的对象并非那个有不良嗜好的大卫，而是社会学课上另一个也叫"大卫"的同龄男孩，是个好孩子。那么你就要摇身一变，化身

“坚强后盾式家长”，为怀疑她而道歉，夸奖她诚实本分，并告诉她你为她感到骄傲。日常生活中人与人之间的互动很复杂，由于出现意想不到的曲折和转变，我们常常会（也应该）在各种角色中来回切换。当然，最重要的还是最初营造的那个情境，因为它决定了一场对话是否能有效展开。如果你女儿一开始就感到生气或恐惧，很可能她就无法对你说的话做出合乎逻辑的反应，也无法对你的立场产生共鸣。果真如此，你们的谈话恐怕难以推进。

我在这里只是举了一个为人父母的例子，但实际上你可以在任何环境中使用前文中的“七步筹备法则”，让对话一开始就达到良好的效果。在一次大型行业会议期间，我们公司要举办一场活动。为了这项活动能圆满成功，团队成员们个个东奔西走，忙得不亦乐乎。然而其中一个二十多岁、聪明伶俐的小伙子文斯[13]却在现场不见踪影，而且没人知道他身在何处。我给他打电话、发短信，都毫无回音。我火了，我们需要他的时候，这家伙到底躲到哪儿去了？

一个半小时后，文斯从一张桌子底下爬了出来，把所有人都吓了一跳。之前的 90 分钟里，他一直躺在那里美滋滋地小睡。我的第一反应就是当场炒了他的鱿鱼。但是冷静下来之后，我在脑海中回顾了“七步筹备法则”中的各个步骤，接下来和他开始了一段不寻常的对话。我走到他面前，摆出“善解人意”的老板人设。我的目的是要搞清楚，他这番举动背后究竟是何原因，这样我才能确定是否要惩罚他。

“嘿，”我说，“为了找你，大家都急坏了。我们不是早都分工好了吗，每个人的职责都很重要。你不在的这段时间，我们都很担心，不知道你是死是活。能不能解释一下，你为什么消失了足足一个半小时？”文斯的脸涨得通红，他说原因很尴尬，不想再提此事。“尴尬？好吧，”我说，“但我得知道你是不是真的没事。”文斯接着告诉我，他扭伤了背部，非常疼，于是吃了点处方药，在地上坐了一会儿，但不知怎么最后爬到桌子底下睡着了。他说，确实太疼了，简直寸步难移。

要是文斯给我另外一套说辞，告诉我他之所以睡着，是因为自己是个酒鬼，前一天晚上喝得酩酊大醉，那么我很可能会放弃那个“善解人意的老板”人设，变身为“严厉苛责的老板”，告诫他必须振作起来，他不仅耽误了自己的工作，更影响了我们整个团队的工作效率。不过既然他已经解释清楚，我也觉得理由还说得过去，那么就维持“善解人意”的形象吧。“行，”我说，“我知道确实有点尴尬，之前我也有类似受伤的经历。下次再发作的话，记得一定告诉我。如果需要的话，我可以让你休息一小时，要是干活的时候疼痛难忍，那就直接回家休息吧。”文斯对我表示感谢，在接下来的会议期间表现非常出色。从那以后，每次背痛发作，他都会跟我打招呼，我们也会相应做些调整。后来，我对此事温和理性的处理方式在员工间传开了，公司别的团队成员也主动来和我汇报可能影响工作的身体疾病。多亏了情境营造的魔力，我才避免了与员工之间的误会，彼此之间也更加信任。如果我当时被愤怒冲昏头脑，对文斯大发雷霆，将他解雇，那么我就不会知道之前究竟发生了什么。他会失业，而我还得费劲招继任者。那样的话，两败俱伤。

有备，才能无患

没错，在重要谈话前，尝试使用一下“七步筹备法则”吧。头几回为了熟悉步骤，你可以在纸上写下具体步骤。这么做大概要五到十分钟，但别担心，经过几天或几周的练习之后，你会发现营造情境对你而言就顺手多了，甚至可以不用纸笔，就能在短短几秒钟内凭空想出一个情境。往大了说，你会在对话开始之前养成运筹帷幄的习惯，包括你想从对话中得到什么、对方的心态怎样以及如何最高效地构建对话得到想要的情感反应。你还能培养另外一种非常重要的习惯，那就是在人际互动中忽略小我情绪，不管发生什么，恢复镇静，以更冷静的姿态与他人交往。所有这些都会让你对自己的社交活动更添自信，也会让你更敏锐地觉察到别人在与你交往的过程中，使用了何种情境。

不管你是想要唤起别人的某种情感，还是要释放自己的某种情绪（第 3 步和第 4 步），切记要避免负面情绪。再强调一遍，你的终极目标是让自己得偿所愿，同时对方也能受益。如果你在对方身上唤起的是负面情绪，比如恐惧或愤怒，那么他们根本不可能获益。在“七步筹备法则”中，每一步都是为了让对方获得更好的体验，抑或与这个目标保持一致。否则，你很可能走入操控他人的歧途。你成了赢家，但对方却蒙受了损失，所以千万别这样做。

同时，你也要保证所选择的人设与自己的形象和个性相匹配。拿我来说，要混入一栋大楼当然很难，但不管怎么样，我决不会假扮成一名25岁的女大学生——这种事绝不可能发生。就算在某种特定条件下，这种伪装或许很完美，但我不会这么干，我必须想别的法子。再比如，在个人生活中，我的形象绝不可能是个“狂放不羁的单身汉朋友”——我压根儿不是这种人，这么说我的小伙伴们也不会买账。

有些人设在其他场合看着挺合适，但是你一用就会把事情搞砸，因为它和你在对方心目中的形象不符。比如，你想让姐姐帮你分担着照顾年迈母亲，但是你没有选择她最喜欢的那家餐厅，而是周末带她去SPA馆。要知道，你此前从来没有这般献过殷勤，那么只要你一开口，她就很有可能觉察到你在要花招，觉察到这场对话经过了精心算计，一切都是虚情假意，因为你的所作所为与你的本性明显格格不入。但是，如果你们经常周末一起去做SPA，那么这恰恰是你应该营造的情境。

你可能会想，伪装自己总要有点能屈能伸的精神才能和对方更好地相处吧。例如，你很讨厌打高尔夫，但如果你知道有个潜在的生意伙伴很喜欢这项运动，为了后面的买卖能谈得顺利些，应不应该勉强一下自己，投其所好，安排一场球赛呢？告诉你，千万别这么想。因为你不喜欢高尔夫，打得也很烂，所以整场比赛你都会充满挫败感，不仅无法带动自己表露情绪，也无法按照计划激发你这位潜在合作伙伴的情绪。要是对方一眼看穿你不喜欢高尔夫，那么这个潜在的金主就会觉察出你组球局的动机不纯。所以，不要因为你全神贯注于对方和他们的情绪，而将自己置之度外。出行安排需要合理地匹配双方的性格和品味，这样彼此都能放松心情，玩得开心。

有一点必须要说明：如果你姐姐喜欢高尔夫，而你却很讨厌，假设你准备与其见一面，希望她能在母亲的养老问题上出一份力，那么安排一场高尔夫球赛也未尝不可。届时你可以设计这样的话术："哎，明年可能为了见客户，我就不得不打打高尔夫。要不下周咱俩一起上场打上三四个洞，你教教我吧。你可比我会多了，我不想在客户面前出洋相。"称自己不想明年在客户面前打高尔夫出丑，就成了你和姐姐展开对话的绝佳借口。到时候，她身处高尔夫球场，心情愉悦，你也能得到她在高尔夫方面的指点，这正是你所需要的。同时，你在无形之中把姐姐捧上了天，让她感到自己有权威、受尊重、很重要，这些积极的情绪都会促使她乐于接受有关照料母亲的要求。

在你设计情境时，务必记住，无论做什么，说什么，都要与人设保持一致，否则情境就站不住脚。比如，你正准备参加学校的家长会，你的人设就应该是"负责任的家长"。所以，千万别带着一身烟臭味过来，身上的T恤还印着大麻叶子的图案；若是你自称对朋友"耐心周到"，那就别每隔三秒就自顾自刷一次手机；假如你要努力做一个"善解人意的老爸"，可别动不动就大发雷霆，对孩子嚷嚷："见鬼，你搞啥呢？"

千万要记住，别一发现出师不利就立刻抛弃你营造的情境。想象一下，为了照顾年迈的母亲，你向姐姐寻求帮助。如果一听到她说"不行"就立马暴跳如雷，脱口而出："我早知道，你就是一头自私自利的猪！这就是你的为人！"，这就立马暴露了你的虚情假意。最好能立住人设，换一种回答方式，比如："我知道，这么大笔钱对你来说不容易，我又何尝不是呢。如果我俩都不能承担的话，你觉得还有什么别的法子吗？"至少这样的回答不会把天"聊死"，还可以对她的态度表示肯定，继续请她帮忙。也许你没法百分之百得偿所愿，但至少不会空手而归。没准你姐姐的回答是："你看，我刚刚给家里的车做完大修，我也不想把房子再抵押出去筹钱。眼下我只能拿出两三千美元，不过接下来的八九个月里，我会尽我所能多出一点。这样可以吗？”相反，如果你打破原来设定的情境，大吼大叫，她很可能就不会如此表态了。

为人父母者，对于此情此景一定不陌生——你正坐在沙发上，五岁的漂亮宝贝女儿悄悄爬到你身边，温柔地拥抱你，亲了亲你的脸颊，说：“爸爸，我爱你。”正当你的内心爱意升腾、幸福满溢的时候，她又说：“我在网上看中的玩具，你帮我买下来好不好？求求你了。”你看了看她，说：“抱歉哦，宝贝，现在可不行。”她的脸随即涨得通红：“你这个小气鬼！”她刚刚撒娇营造的情境也随之崩塌。

我倒是有个恰恰相反的案例。一次，我带着我女儿阿玛娅在外面开会。跟她说了好几次不要到处乱跑、大喊大叫。我说：“你要是再这样，我就把你拖到一边揍屁股了。”你猜怎么着？她还是我行我素。

于是我站起身，告诉她跟我走，和天底下的老爸一样凶巴巴地对她说：“你给我等着。”走进里屋后，我说：“阿玛娅，我跟你说了五次不要吵，你知道不听话是什么结果吗？现在我要给你点颜色看看了。”

她仰头看着我，抓住我的双手，说：“爸爸，我错了。你警告过我，我活该屁股挨揍，但在动手之前，能不能坐下来让我抱抱你，向你道个歉？”

“你是不是觉得这样就能逃脱惩罚？”我问道。

“爸爸，我不是这个意思，”她说，“我知道自己肯定逃不了一顿打，你警告过我了。我真的知道错了。”她一边说，一边张开双臂，紧紧地抱住我，还亲了下我的脸颊，接着说：“好了，我准备好挨揍了。”

最后她没挨揍，而且这辈子我都没有再打过她。所以你看，能维持情境不动摇实在太重要了。

同样，把情境及其实施过程简单化也很重要，但不必事无巨细地设计好一切。比如，我的员工文斯在工作时因为背痛突然失踪，若我想当个“善解人意的老板”，根本不需要为了表示同情，详细讲述我此前是如何因为一场严重受伤事件而影响了工作表现等类似经历，只需几个精心挑选的细节就足够打动人心。如果说得太多，很可能会让对方感到无聊。更甚之，他还会觉得我为了强行与他建立情感联系“用力过猛”，他会怀疑我的说辞都经过了精心编排，而且别有用心，因此认定我是虚情假意，以后都不太愿意信任我了。

在展开情境时，可以运用我们在上一章中提到的 DISC 人格分析来提升沟通水平。假如你是个公司老板，要提醒那些业绩不好的员工哪里做得不对，并激励他们更加努力，争取做得更好，那你得“看人下菜碟”。如果你要提醒的这名员工是“影响型人格”，性格外向、活泼开朗，言谈表达中感情丰沛，那么你最好先与之进行书面沟通，向他传递你的意思，接着通过电话或面对面交谈再沟通一轮。要是一开始就直接对话，向他提出意见，那么他很可能立刻筑起防线，逐字逐句跟你狡辩个没完，最终结果只能是一场争吵，达不到预期的效果。但是，书面反馈却会给予对方充足的时间，克服自己的情绪障碍，慢慢消化你所反映的问题。

相反，如果你的员工是“谨慎型人格”，那么通过电话或面对面沟通会是更好的方法。谨慎型人格的员工更希望详细了解你的反馈。而且，直接对话也能让你更完整地表达自己的意见，同时对他所澄清的问题及时处理。电话或当面谈话的方式也适用于“支配型人格”的员工。这类人并不关心太多细节——他们希望你直截了当，迅速切入要点。若是给他们发送大段的电子邮件，不论内容如何，是否真实，他们先要抓狂了。

更具普适性的一点在于做好功课。你得事先收集兴趣对象的信息，就像我在潜入那座仓库之前所做的那样。你掌握的信息越多，就越清楚哪些伪装有效，哪些白搭。在我准备一场颇有难度的对话时，我会先查阅对方最近在社交媒体上发了什么帖子，看看能不能从中发现对方生活近况的线索，这些线索与我们需要解决的问题有没有关联等。这听起来有些毛骨悚然，但有时候，这些线索可以让我更加明确这次谈话的目标，或者构建一个看上去与其关联度更高也更有趣的情境。提前做好功课还能让我避免说出或做出容易让他们拂袖而去的事情。举个极端的例子：如果我正准备找个朋友帮忙，但通过社交媒体得知他刚刚失去了心爱的宠物，那么显而易见我的开场白绝不可能是询问他的狗狗近来怎样。相反，我可以对它的离世表示哀悼。

有备无患的同时，你不能“用力过猛”。如果你的故事太过完美，或如前文所述，包含了太多无关紧要的细节，就会在对方脑海中敲响警钟。我们的目标是要在“真情流露”和“充足准备”之间达到平衡，这样就能让对话更增一份真实。我告诉学员们，实际上“真情流露”技巧是可以通过练习得到提高的，尽管这听起来可能很矛盾。试试看，挑战一下自己，去某个公共场所，在没有准备好说什么的情况下，与完全陌生的人聊聊天，从他们口中套一条信息，比如他们的全名或出生日期，多简单都行。先不要营造情境，只需要找到对象并且开始对话就行。可以尝试不同的开场白，看看会有什么不同效果，成败皆有可能。这样的聊天聊多了，你会发现自己能够不断地即兴发挥，创作出更多新的开场白，或是在之前的台词话术或对话风格的基础上做出即兴微调。此后，你会更善于与陌生人打交道，而且更加得心应手、泰然处之。

良好开端，成功近半

正如这一章所言，情境营造是一种设置对话情境以便让其他人更愿意参与其中的艺术。要是不这么做，在同样的情况下，由于受到理性或传统观念的制约，对方很可能会毫不留情地拒绝你。但如果你营造了一个特别棒的情境，在对方身上激发了预想中的情绪，缩短了他们的批判性思维过程，那么就能暂且让对方把心门打开一条缝，心甘情愿地给你一个机会，即便是看似不可能的事都有了可能。

在引言中，我提到过自己曾经在零经验的情况下，成功地说服一家豪华餐厅的老板雇佣我。这一切都要归功于本人当场营造了一个让人无法抗拒的情境。记得那时我厌烦了刚找着的工作，正迫不及待地想要跳槽。一天，我在路边看到一则广告，上面写着：招聘厨师。于是我就走进店内，想和厨师长聊一聊。出于本能，我摆出一副“超级自信但并不骄傲”的求职者人设，握着对方的手说：“您好，我是克里斯，贵餐厅即将到任的新厨师。”之所以这么说，就是希望他能够感受到我的信心，相信我能够胜任这个岗位。为了激发他对我的信任，我决定先向他展现自信，而且还带了点轻松与幽默。

“可以，”他说，“你有简历吗？有没有什么证书？”

"我没有任何证书，"我答道，"我也不需要，要不您尝尝我的手艺，我做的菜就是最好的简历。"

"很好。"他边说边用手指了指身后那台工业大冰柜和灶台，"烧个菜给我尝尝。"

我走到冰柜旁，拿了点肉、蔬菜、椰奶和调味品，给他做了道泰国菜（这要多亏我的泰裔妻子，从她那儿我学会了好几道很美味的咖喱菜式）。他一边看着我烧菜，一边说："这是我有生以来最不讲规矩的工作面试了。"

我点了点头，"没错，我们当然可以一轮一轮地走完整个面试流程。我坐在那里，滔滔不绝地说个不停，但最终要是不亮一手绝活，你们也不会聘用我。既然如此，那还不如直入主题呢。"

菜做完了，我把其中少许装盘，端到他的面前，他仔细端详着我的作品，闻了闻，尝了一口，眼睛亮了："你被录用了。"

当然，既然我已经被录用了，那之后就得拿出点真本事来。事实上我缺乏经验，所以做起来并不容易，但我最终做到了。刚入职时，新老板让我给他做点其他风味的菜式加进菜单里。然而我会的也不多，所以就在家里花了好几天时间研究菜谱，苦练如何烹饪出其他风味的菜肴。接下来的几个月里，我就这么在学习中"瞒天过海"。一边在餐厅厨房里忙碌着每天的活计，一边跟着厨师长还有其他同事学习基本的烹饪技术。他们竟然从未怀疑我其实是个门外汉，甚至连蔬菜切丝都不会。新老板吩咐我切丝时，我就说："其实吧，每个人的切丝方法都不一样。要不你给我露一手，让我也学一下怎样才是最完美的刀工？"他照办了，我也依样画葫芦学会了。多亏了我的好学精神，还有遇到麻烦时随机应变的能力，我很快就得到了老板的赏识，在这里一干就是两年。直到后来厌倦了，才决定离开去尝试别的工作。

情境营造为我开启了一扇大门，让零经验的我得到了一份高级岗位的工作，但这只是开始而已。其实道理都是相似的，我的方法在其他交流中也同样适用。一旦打开了这扇大门，就一定要时时进步，否则就难以成功。黑客们在自己和“兴趣目标”之间创造了一个非常特殊的共识空间，从而有效营造起情境。对他们来说，这种本事只消几秒钟的工夫，甚至是信手拈来，而他们的“兴趣目标”甚至压根儿就没反应过来。一旦共识空间得以构建，那么无论他们设定什么计划，距离实现就不远了。如果共识空间构建失败，成功的概率则会大大降低（除非他们脱离道德轨道开始操控对象，然而我不愿意这么干）。专业人士将这种创造共识的行为称为“构建和谐”，有朝一日你也会发现，几乎所有的社交活动都离不开它。不管是在鸡尾酒会上结识陌生人，与一位多年老友再度联络，或是向配偶倾诉心头烦恼，尽皆如此。接下来，让我们看看怎样才是“和谐”的关系，如何才能运用超越想象的方法“构建和谐”。

第三章

锁定方法

如果不管见到谁，都能迅速套上近乎，何愁他们不会心甘情愿地满足你的需求？

社会交往的情境一经建立，你就得想办法让局势对你最有利。接下来我会传授一套教程，无论是参加鸡尾酒会、出席专业会议、逛商场或是在其他任何场合，都能在短时间内让他人相信你安全可靠、值得信任，和他们是一路人。不论遇到的是朋友、熟人甚至八竿子打不着的陌生人，只要你会说话，那么他们一定会喜欢上你，也更乐意助你一臂之力。

我从不吸烟，也很讨厌烟味，不过我心知肚明，瘾君子和同类人更容易彼此亲近，尤其在当下全社会对吸烟口诛笔伐之时，他们就更爱抱团了。不久前，正是这一条基本常识帮助我成功混入了一家大型医疗服务供应商的行政总部。

当时一个客户给了我一项考验，看看我是否能够混进该公司的高管楼层，在办公室里找到敏感材料。经过一番调查，我们发现这家公司所在地段正在施工，致使附近建筑里出现了大量小蜘蛛。于是，我换上病虫害管理员的行头，带上一罐货真价实的喷雾杀虫剂，径直走进大楼的公共入口，把这本书里众多推介的招数都使了个遍，结果都不管用。安保人员对我说："你瞧，访客名单上没有你的名字，我没法放你进去。"我又试着从另外一个入口进去，结果也吃了闭门羹。看来这次挑战我要铩羽而归了。

虽然感觉有些沮丧，但这家客户的保安如此斩钉截铁地拒绝了我，我倒是为他们的警觉性感到欣慰。不过我还得想个法子再试一试，他们花钱雇我不就是这个目的吗？我走出大楼，在周围溜达了一圈。正苦于无计可施之际，忽然看到有五六个员工在一道边门旁坐着抽烟，顿时心生一计。我背着杀虫剂罐子，走到他们跟前说："嘿，介不介意我在这里站一会儿，吸两口你们新鲜出炉的二手烟？"人群中爆发出一阵嗤笑，有人好奇地看了看我。“哥们儿，”我说，“我刚刚戒烟，这一回差不多是第十次了。”

“兄弟，我理解你的苦衷，”其中一个雇员说，“我自己也戒了不下15次。”

另一个人说：“我就不打算戒了，破罐子破摔得了。”

第三个人拿出一盒香烟：“来一根吧？”

我摆了摆手：“还是别了，我这次戒烟可是认真的。不过我就想站在这里，闻着二手烟也能解解馋。”

“好吧，”他们说，“没问题，你就在这里和我们一起待着好了。”

就这样，不到60秒的工夫，我就融入了他们的小团体，接着又和他们一起待了五六分钟。他们抽完烟，一起返回那个入口，我也跟在后头。那个边门只能由内部员工持员工卡出入，他们刷了卡打开门进入大楼，想也没想就让我也混了进去。成功啦！短短几分钟后，我就到了管理楼层，各种机密资料一览无余。

在这个案例中，我即兴发挥，给自己披上了一层可信度极高的伪装，那就是一个苦于戒烟的老烟枪形象。不过这一步只是让我找到了对话的开场白而已。要实现目标，我必须为他们解答人们在初次遇见陌生人时第一时间或下意识就会想到的那四个问题（这人是谁？想干什么？这次沟通要多久？这人有没有威胁？）通过与这些毫无戒心的烟鬼们迅速套上近乎，我成功地作了回答——只不过用了一点点精心策划的小伎俩，我就向这些陌生人证明了自己毫无威胁，而且也是他们吸烟大军中的一分子，完全无害，友好和善，我们是一个快乐的烟鬼大家庭。所以，当工作时间到了的时候，他们不假思索就让我进入大楼。在他们眼里，我就是大家庭中的一员。

滑冰小子和后叶催产素

建立“融洽关系”这种事，乍一看或许没那么复杂，其实再想想也不怎么难。当今时代，人手一部智能手机，高楼大厦鳞次栉比。但我们大脑的构造却依然如故，和部落群居时代在森林里漫游、四处寻找食物果腹的原始人没什么两样。我们更乐意帮助那些和自己有着某种共同联系的人，这种联系基于同样的社会阶层、职业、种族、信仰、生命所处的阶段、喜好或者经验。[1] 如果想让某人初次见面就能顺你的意，那么首先就要与其建立某种共同的联系，让他/她感觉正在与团队内的自己人交流，这样成功的概率就会大大增加。

在我的课程中，为了介绍“融洽关系”这个概念，我便让班里这些未来的社交黑客回忆当年在高中食堂吃午餐的场景。如果你我就读的高中类似，就会发现学生们总是会以小团体的形式分开就座，如运动健将、班上学霸、小混混、滑冰爱好者等三五成群。每个人都很清楚自己的归属，通过内部行话、言谈举止和穿着打扮亮明自己所属的群体（如我是滑冰一族，那么我平常就会穿着宽松的裤子，挎一个链条小钱包）。这样做，好歹能让初来乍到的学生跟别人打好关系。如果一个新生打扮得像是滑冰一族，然后晃悠到学霸面前，问了一个无关痛痒的问题，如问学校即将举办的舞会。此时前文提到的四个基本问题将会构成沟通障碍，因为这些学霸压根儿就不认识这个新生。他们或许会想：你为什么出现在这里？你想干什么？你要占用我多少宝贵的时间？你会不会是一个威胁？但如果他走到滑冰一族的餐桌前，故意表现出一副无所事事而又冷冷淡淡的样子，此时当他问出同样的问题时，大部分甚至所有问题的答案都会出现在滑冰一族成员的脑海中，因为就凭这身打扮，就足以让他们接受这位新生成为团队一员。

如今研究人员已经知道，这些看似让人抓狂的中学生社交规矩背后，其实都有人类生物学的根源。人与人之间的融洽关系一经建立，就会触发人体分泌出一种叫作“后叶催产素”的强大荷尔蒙。研究人员经过一系列研究发现，大脑中后叶催产素的存在与产生信任和行事慷慨这二者密切相关。同时他们还发现，人类的同理心一旦得到激发，后叶催产素的分泌水平就会随之上升，进而促使其行事更慷慨大方。在一项研究中，研究人员给参加测试的人播放了一段视频，视频中一个孩子因患癌症而生命垂危，结果测试对象体内的后叶催产素水平明显升高，也相应预示着“制作这一视频的慈善机构将会得到更大数量的捐款”。研究还发现，后叶催产素与其他“积极的社会行为”有关，例如眼神交流或识别他人的情绪等。[2]

一旦我们与他人建立了融洽关系，无论是在中学食堂、家里或是工作单位，这种联系感都会引起对方体内后叶催产素水平骤升，激发他们对我们的信任、亲近以及宽容。这是一种强大的力量，精明的人会充分利用这种力量诱使那些原本并不情愿的潜在“目标”听从指挥。狡猾的销售人员在汽车经销店看到你，并不会直接走到你跟前，让你掏空腰包购买一辆售价过高的车。其实他们知道你一下子负担不起，所以不会这么简单粗暴，而是会主动和你闲聊，了解你的方方面面，为你端上咖啡。要是知道你们都曾在同一所高中求学或是喜爱同一支足球队，他们一准会表现得特别开心。同样，老奸巨猾的政客不会赤裸裸地要求你给他们投票，而是会满脸堆上难得一见的笑容，与你握手，抱抱你的孩子，或是套个近乎，暗示自己对你家乡的风土人情很熟悉——所有这些都会让人感觉，就算你们不是关系亲密的私人朋友，也算得上同类人。当然，骗子能屡屡得手也往往有赖于此，这种融洽的关系让毫无戒心的受害者自愿交出金钱、信息或其他贵重物品。

在常见的骗局中，骗子们假装来自微软或苹果等公司，四处打电话撒网，声称可以提供解决电脑软件问题的服务。受害人若是提供了某些信息，或是点击了看上去安全的链接，就会在不经意间把银行账户信息、密码或其他重要个人信息都泄露给了骗子。诈骗犯甚至还会黑掉受害人的电脑，并以此勒索赎金。[3] 为了套近乎，他们会表现得友好而礼貌，和受害人畅聊轻松的话题。在美国，诈骗犯通常会调整口音和语调，佯装成印度女性。因为一般来说，大伙儿都不会认为女性有什么威胁，而美国人又往往把印度人和客服工作联系在一起，受到蒙骗时他们不假思索地完全照办骗子们要自己做的事。他们天真地以为，电话那头的陌生人也和他们一样，有着最起码的道德底线，根本没有必要多想。就这样，在巧妙开启了双方共同话题后，骗子们成功激发受害者大脑中的后叶催产素。融洽的关系激发后叶催产素，后叶催产素又激发信任感，而这种信任感就是一张直通受害者银行账户的头等舱机票。

不出几秒钟，社交黑客中的高手就能通过精心设计的对话与目标对象套上近乎。因为人类不限于和同族群的人互动，也会根据思维定势，对遇到的人做速判。判断的依据大多是跟语言无关的关键性要素，例如衣着、发型、肤色等。要与对方熟络起来，就必须快速打量他 / 她一番，对于诸如他 / 她是谁、可能属于怎样的特定人群等问题要有粗浅的了解，接着再想法子私下沟通一番。记住，你并不需要与其建立深厚持久的友谊，只要别让对方提高警觉，开始质疑你的动机，这样的交情就够了。

和情境营造一样，你也可以使用肢体语言或口头表达来构建双方共同点。畅销书作家、美国联邦调查局前行为问题专家乔·纳瓦罗曾告诉我，他有一次难忘的经历。有一回他必须从另一名特工手中接手一名线人（或者用美国联邦调查局的行话来说，一份“人力资产”）。这可是一项细活：线人冒着生命危险与美国联邦调查局合作，提供罪犯的违法证据，因此他们非常依赖与接线特工的高度信任关系。这种关系一旦遭到破坏，线人很可能因为担心自身安全而选择人间蒸发或停止合作。纳瓦罗当时必须与这个线人建立牢固的合作关系。前任探员与其达成的信任基础，无论如何都要保持，甚至予以强化。

线人——姑且叫他鲍里斯——是一位说俄语的八十多岁的老头，此前与他接头的美国联邦调查局探员颇为资深，55—60 岁左右的年纪，这就给纳瓦罗带来了更大的挑战，因为他自己当时不过 25 岁，是个刚刚加入局里的菜鸟，怎么可能与一个文化和语言背景如此迥异、年龄可以当他爷爷的人找到共同点？“我早就想好了一套跟他套近乎的方案”，纳瓦罗边说边回忆起他们的第一次碰面，“但当我踏入会面室，跟他打了照面后，我推翻了之前的方案。”通常情况下，特工与线人的标准沟通方式应该是——展现自己的专业权威，用非常正式的口吻与其交谈，并承诺保证他的人身安全。然而在上下打量了鲍里斯一番之后，纳瓦罗意识到这一套根本行不通。“这家伙显然是个老江湖，”纳瓦罗说，“他的祖国曾被苏联占领，这样的人一眼就能看穿哪句是套话，哪句是心里话。他知道一个 25 岁的毛头小子能有多少能耐。所以，就像大家常说的那句话一样：永远不要欺骗一个骗子。对那套标准流程，我选择弃之不用。”

纳瓦罗还注意到鲍里斯仍保有旧派的想法，非常看重尊卑有序。因此，他非但没有表现出特工的权威架势，反而在与鲍里斯第一次握手时微微低下了头，避开了四目相对，并找了个角度隔着鲍里斯坐下。这些举动都表明了他对鲍里斯心怀敬意，而没有丝毫居高临下、掌控他人的想法。哪怕自己更喜欢咖啡，纳瓦罗还是和鲍里斯一样点了杯茶。在两人的对话中，纳瓦罗并没有像一般特工那样避谈个人私事，而是坦率地讲述了家族的辛酸过往——自己的亲戚如何惊险逃离菲德尔·卡斯特罗统治的古巴，自己的父亲又是如何遭到逮捕、饱受折磨。“我可以看出他的面部表情开始放松，直到那时候我才转到那张沙发上与他坐在一起。”纳瓦罗说。一两分钟的交谈后，两人就建立了融洽关系。“我在他面前表现得毕恭毕敬。接着要让他相信，他对我而言是位德高望重的人。”而正是这一切，开启了两人之间一段长达三年的成功合作。

融洽相处，不等于牺牲灵魂

读到上面的这则故事，或是了解到我如何跟那群烟民交上朋友，也许会让你对“构建融洽关系”这件事产生些许忧虑，就像之前对于伪装的担忧一样。试想，纳瓦罗颇有心计地面对鲍里斯，这是不是一种“虚情假意”？要知道，在正常情况下，他不可能对线人如此毕恭毕敬，甚至在更想点咖啡的情况下选择了喝茶。而我呢，则是编造了一个彻头彻尾的谎言，假装是个正在戒烟的老烟枪。在这两个案例中，我俩似乎都为了与对方建立融洽的关系不惜运用诡计和欺骗，而这些并不是我们大多数人在日常交往中想要做的事情。

在此，我要声明，我并非鼓励大家要用说谎的方式寻找与沟通对象的共同点——只有在职业领域需要的情况下，我才会这样做，因为在特殊环境中允许使用这种小计谋。但是，在日常生活中想与他人建立融洽关系，不管说什么、做什么都至少应该建立在真实的基础上，也要让他人因与你的相遇而受益。一个冒充客服代表的骗子与你闲聊，明显违反了道德准则（更不用说法律底线），也正如一个不择手段的汽车销售为了卖车，明明讨厌足球却假装是你最喜欢球队的忠实粉丝。这两种情况下他们说了谎，但并没有让他们的目标受益。对你我这样心地善良、遵纪守法的公民而言，这种行为正是需要力避的。

与此相反，虽说乔·纳瓦罗平时可能不会对线人表现得如此低眉顺眼，但他在生活中其他场合确实对长辈恭敬有加，因此，这样做与他真实的自我之间并不存在内在矛盾。此外，就算他喜欢喝咖啡胜过喝茶，但那也不代表他讨厌喝茶。当时选择喝茶对他来说是个小小的善意表达，意图很简单，就是要让鲍里斯感到自己获得了足够的尊重。或许纳瓦罗稍微迈出了舒适区，但并没有走太远。他的一举一动都让鲍里斯感到很舒服，也因此更心甘情愿地满足其意愿。当后叶催产素在鲍里斯的大脑内释放时，他比见面之前更开心，更愿意与人建立联系，两人日后才有可能相处得更加融洽。

与营造情境一样，建立融洽关系有时也需要运用策略和装装样子。但其中的策略，一定得是不可避免且善意的行为。大多数人都会在日常生活中自然而然地尝试与他人建立关系，比如和隔壁邻居开个善意的玩笑、会议开始前与业务同事有一搭没一搭地闲聊、在超市店员称熟肉时微笑着打个招呼等。一旦我们更熟练地掌握套近乎的技巧，就能更从容不迫、更频繁地与他人在情感上建立联系。也许我们的出发点是谋私，但我们依然能让那些与我们产生交集的人得到好处，不管与他们是素昧平生，还是相识已久。

现代人的生活往往各不相关，也不在意他人的需求。我们时常目不转睛地玩着手机，走进电梯时也不曾与同乘之人打个招呼。我们沉浸在各种媒介营造的虚幻肥皂泡中太久，哪怕发现彼此在社会、文化和政治方面的差异大到令人望而生畏，也不想做任何调和。但是，如果能熟练地与别人建立融洽关系，我们就可以训练自己为他人着想，自然而然地跨越沟通的障碍，与对方建立联系，甚至巩固彼此之间的交情。我们还可以养成习惯，发掘与沟通对象之间的共同点，而不是忽视他们，或者把自己的观念拼命灌输给那些并不赞同的人。在这个极端分化的社会中，需要的是构建更融洽的人际关系，而不是彼此疏离。你终将发现，只需要在社会交往的细节方面做出一点小小的改进，就能获益长远，让他人更乐于满足我们的需求。

每当我们想要讨好某人，似乎总是很难搞清如何把握好分寸。我在职场上扮演社交黑客，与他人建立融洽关系时，有些目标对象会强迫我赞同一些令人反感的观点，或是做有违我宗教信仰的事情。对一名安保领域专家来说，这是职业带来的害处。如果我逆来顺受，强迫自己按照目标对象期待的那样做，结果自然对我很有利，但我还是会婉言谢绝，转而寻找其他可以建立共同点的方法。有一次，我假扮某个公司的员工，打算混到其他雇员中间，从他们那里打探消息。谁知道还没聊起来，我就听到他们对公司一位名叫凯茜的女高管抱怨不已，用“蠢母狗”和更难听的词咒骂她。我在介绍完自己后，他们非但没有停止对这位老板的贬损，还邀请我加入，跟他们一起痛斥位高权重的女领导。“你真该感谢上帝，凯茜不是你的老板，”他们说，“她真是个……（后面的恶毒之词请自行脑补）”

我当然可以立马加入，附和这群愤怒的男人，痛骂我从前的女老板，这一点儿也不难，但我却不允许自己这样做。社会的道德标准，还有我自己的个人信仰禁止我发表任何“与性别、性取向、种族、宗教或残疾人有关的攻击性言论（不论是口头、书面或其他形式）”。[4] 我之前也曾遇到过类似的情况，我很清楚如何继续与他们打成一片，同时也不会违反自己的做人原则。于是我说，“没错，我也有过这样的老板，就是上一份工作的顶头上司，那个男人真是太差劲了。就是因为他，我才跳槽到这里。”就这样，我并没有在“厌女症”这个问题上与他们臭味相投，而是基于对无能老板的失望，找到了和他们的共同之处。这与性别没有任何关系。

假设你正在尝试和别人建立和谐关系，却发现自己面临着两难局面。比如你想和更衣室里的一群汉子搭讪，却不愿跟他们一起开涉及性别歧视的玩笑；再比如你和家人团聚一堂，但是他们中大多数人在政治、宗教或其他话题上与你观点相左，直言不讳。那么，此时你要如何另辟蹊径与他们建立融洽关系呢？

在社交中，要违背他人的意愿往往很难，与一群人交往时更是如此。若是“不跟风”，我们就会担心自己被排挤，所以常常会牺牲自己的信念随波逐流。但是通过练习，就可以训练自己在关键时刻快速找到一条与他人建立共同点的新途径。你还可以在难度较大的社交场合开始之前做好预案，通盘考虑应该如何应对。

有一次，我应客户要求进入一栋大楼，在大堂里遇见一群员工正在激烈地争论是否应该允许教师在校园内携带枪支。我本来准备和他们套近乎，加入他们的讨论。但我旋即意识到，无论站哪一边都都不会讨好。倒不是因为我对于控枪问题有什么高见，我觉得正反双方都有理，而我感觉不管自己说什么，无论支持还是反对，都可能得罪另一半人。就在此时，有人冲我开火了（我并没有一语双关的意思，此处的“开火”和控枪问题无关）。他问我什么看法，我沉默了几秒钟，思索着应对之策，随后说道：“你知道我怎么看待这个问题吗？我觉得我们的关注点应该是——孩子在学校里死去是这个国家最不幸的事。家长既要把孩子送去读书，同时还要担心他们的安危，这样的校园，未免太可怕了。”此言一出，所有人都沉默了。虽然他们在这件事上分歧很大，但毕竟还是有共同的落脚点——现在这个落脚点被我挖了出来。

很可能你身边有个亲戚、邻居或是生意伙伴支持某种让你深恶痛绝的观点，也有可能他 / 她和你是截然不同的两路人。其实你大可不必对他 / 她避而远之，倒是可以学着主动交好，同时也不牺牲自己的核心价值观。既然你了解这类人，那么不管对他们是否有明确的诉求，都可以应用建立融洽关系的技巧，提升彼此（之前相对较低的）和谐程度。同样，在社交场合中如果感到害羞或是恐惧，只要运用技巧，你就会变得更加自信开朗。想想看，为什么要等待别人帮你释放自我呢？那还不如学会如何让别人对你敞开心扉呢。你越是磨炼与他人建立融洽关系的技能，就越是能理解人与人之间所谓的“鸿沟”并非不可逾越。你还会意识到，在跟别人建立联系或加深了解的过程中，制造障碍的不一定是他人，有时恰恰就是我们自己。

想一想，你有没有跟谁关系闹得很僵？或许你们早已疏远，或许还保持着联系，但长期互相心怀不满使你们的关系很压抑。那么不妨在不影响个人信仰和价值的前提下，为你们的下一次交往设计三个建立共识的方法。

如何构建融洽关系

下面给你一项挑战：你需要走进一家星巴克，找一个陌生人搭讪，不管是已经落座的还是正在排队的人均可。不要找与你年龄相仿的，也不要找看上去和你来自同种族或拥有同样社会经济背景的人。随机找一个人，并努力成为他 / 她所在群体中的一员。是不是觉得毫无头绪？那就用我的方法，拿你的智能手机作为突破口吧。假设你用的是安卓手机，那就找一个手里有苹果手机的人，告诉对方：“嘿，我正在考虑把手机从安卓换成苹果，你觉得你的手机好用吗？”以我的经验，苹果手机用户会在你耳边大肆吹嘘为何他们的手机会比安卓机好用一百万倍。如果你追问原因，并表现出对他/她的观点的兴趣，即便只是这么一点细节，也算是认可了对方的价值。这样你们也找到了彼此的共同之处。诚然，你俩并非同为苹果手机用户，但却同属于一类人，都热衷于探讨苹果手机的优点。

面对这样的挑战，学员们经常想从我这里获取一些简单易行的规则或实操指南。不管是偶然邂逅还是预约碰头，最好都能派上用场，方便他们在社交场合与他人建立融洽关系。他们希望我能总结规律，比如“在和异性聊天的时候，要做到以下五点”或是“和千禧一代沟通，要说这些话”等。但是很遗憾，天下没有放之四海而皆准的规律。每一种场合都迥然相异，你必须现场实操，在与他人建立融洽关系的过程中制订自己的策略。听起来有点难度，但其实并不复杂。我把自己所遵循的思维过程归纳为以下六小步，简称“融入”（ENGAGE）六步法：

融入（ENGAGE）

1. 确定（Establish）兴趣对象：锁定你想与之建立融洽关系的人（如果你已提前设计好对话，并营造好了情境，那么其实你已经完成了这一步骤）。

2. 记录（Note）：在短时间内，快速形成人物侧写，把他 / 她外在的品味、社会经济背景、可能的信仰、种族、性别等信息记录下来（如果你较为了解此人，那就尽快在大脑中回忆一下他 / 她的大致情况）。

3. 制订（Generate）：根据人物侧写，制订几种可行方案，与其建立共识。

4. 选定（Arrive at a decision）：选择一种方案进行尝试，一旦发觉无法奏效，那就改弦易辙，采用另一种方案。

5. 尝试（Give it a try）：执行最终选定的方案。

6. 评估（Evaluate）：执行过程中，留心观察你的兴趣对象作何反应。如果方案明显行不通，那就尽快换个方案。

“融入”（ENGAGE）六步法看似需要记很多东西，特别是在偶然邂逅的情况下，你可能仅有几秒钟时间就要完成所有步骤。为了便于你掌握，你可以将六个步骤都印在小卡片上。你可以随身携带，在社交活动开始之前浏览一下。当完成四五次“构建融洽关系”的练习之后，你就能自然而然地应用这些步骤了。这六步法框架好比是大脑思考的辅助轮，等你运用娴熟了，自然可以不再依靠它们，但是如此训练必不可少，动起来吧。

在“融入”（ENGAGE）六步法所有步骤中，最让初学者头疼的就是第五步“尝试”。在你构思下次要怎么社交时，不妨从畅销书作家、美国联邦调查局前行为分析专家罗宾·德里克那儿寻找一些灵感。在日常生活中与他人互动时，可以参考他所独创的“建立融洽关系的八大必胜技巧”：

技巧一：人为设置时间限制

在阅读本书过程中，你已经了解到时间在社会交往中非常重要。还记得吗？当其他人主动与我们接触时，我们的大脑中会自动出现四个问题，其中就有一个时间问题。如果我们感觉手头时间有限，没法帮助别人，大概率会拒绝对方的请求。很多社会交往都有天然的时间限制。比如你要在星巴克和一个正在排队的人聊天，对方会很清楚，只要你俩其中一人买完单拿到咖啡，谈话就会随即终止。这种预判会让一个陌生人更倾向和你聊个一两分钟。

某些场合并没有天然或明显的时间限制，你可以不动声色地人为设定时间，以占据主动。比如，你可以说："能否打扰你两分钟？我初到此地，想找一家不错的餐厅吃饭。"这种时间限制要切合实际——如果跟人家说了两分钟，那就只聊两分钟。只有发现对方主观上愿意时，才能想办法延长沟通时间。不要跟对方说"就耽误你一小会儿"，因为这根本不现实——话音未落，一小会儿时间就已飞逝而过。你还可以用"我正在赶路，但是……"或者"我正在赶个约会，你能否……"此类表达，暗示对方安心，因为这两种说法都预示着对话时间不会很长。

技巧二：调整语速

有一次我去看望住在田纳西州的姐姐，我们一起来到一家烧烤餐厅吃饭。服务员上前询问我们是否要点菜。"我要一杯冰茶，"我说，"还有肋排，配玉米面包。"

"哎呀呀，"服务员说，"慢点儿说，我们乡下人反应慢。"

于是我放慢语速重复了一遍。但我必须承认，自己有点生气，因为我感觉这个服务员对我不够尊重，还摆出一副高高在上的样子。不过再想想，我意识到自己也忽略了沟通中的重要一点。由于个性、年龄、方言和其他社会场景的不同，我们说话的语速也会有所差异。[5]住在南方腹地的美国人说话比北方人慢。[6]其实这并没有好坏对错之分，只不过是客观现实而已。

当你试图与他人建立融洽关系时，不妨考虑一下你正在互动的对象，适当调整自己的说话方式。你肯定不会在和孩子讲道理的时候，或是和外国人说话的时候，言过其实。说话的时候考虑一下对方的需求吧，想方设法让他们感觉更舒服。无论你是典型的纽约话痨，看不起说话慢条斯理的人，还是说你来自美国南方，喜欢不紧不慢地聊天，你们都各占优势。根据语言学专家观察得出的结论：语速快的人往往更具权威和说服力，而语速慢的人则常常给他人以更友好和善、平易近人的印象。[7]

技巧三：博得同情并寻求帮助

人类是利他的动物——乐于助人是我们的天性。事实上，社会工程师最强大的说辞之一就是简简单单的一句“你能帮帮我吗？”但话虽这么说，我们在请求帮助时还得小心谨慎，不能索取过度，以免目标对象觉得我们的要求——甚至我们的存在——成了一种威胁。一般说来，我们需要依据与对方目前的关系亲疏来提出请求。如果你的沟通对象是个陌生人，那么请他 / 她帮忙就得简明扼要。当我来到一幢大楼前，准备混入这里的服务器机房时，绝不能只对接待人员说：“你好，能否带我去一下服务器机房？”我得从“小要求”开始。得先通过第一道门，接着才能进入第二道门，所以问题就得简单明了、理由正当：“嘿，我忘记带工牌了，能不能用这个身份证进去呢？”或者“嘿，我来见那个谁，但我不知道她的助理是谁，能不能请你帮帮忙？”也许这个接待员会直接把这个助理的名字告诉我，仅此而已。但也有可能会告诉我这位助理的办公楼层，让我进去和他 / 她面谈。

切忌以挑逗或性暗示的方式提出这些要求。我有一些颜值出众的学员曾想过这样尝试。但正如我之前说过，挑逗并不会让对方觉得因为遇到你而有所获益。一旦他们意识到你并非真对他们感兴趣，而只是企图达到某种目的时，他们就会感到被利用、被欺骗。谁都知道，这可不是闹着玩儿的。

技巧四：放低身段

广义而言，东方社会深受集体主义思想影响，而西方世界更强调个人主义。[8] 这种文化倾向也渗透到了职场中。西方人很难改变以自我为中心的思维，也不会优先考虑他人。在西方人看来，谦逊往往意味着软弱，而自信与实力却是强大的象征，因此他们觉得自己必须无所不知，以彰显权威、掌控一切。但对社交黑客来说，这种想法万万要不得。想一想，在你的生活中是否有那种善于放低自己、真诚谦逊的人。你和他 / 她在一起的时候感觉如何？你可能会第一时间想到用“靠谱”或是“可信”来形容这些人，因为谦恭之人会让我们的自我感觉更好。当你希望别人满足你的要求之时，要记得，谦卑是一种力量，绝非软弱。

要与他人建立和谐融洽的关系，你必须放下自己“永远正确”的态度或总想“当老大”的观念，也别老想着改变别人的想法。让他们用自己喜欢或需要的方式去看待这个世界，不要让他们有受制于人的感觉。这样一来，就更容易与他人达成共识，因为你并没有将自己凌驾于他人之上，也就不会在无形之中与他们渐行渐远。来看看罗纳德·里根是怎么做的吧。当他担任总统时，美国人抨击他年纪太大，不适合做总统。要是换了别人早就觉得受冒犯而准备反戈一击了。但是里根没有，他选择放低姿态，拿自己的年龄开玩笑。在与另一位总统候选人的竞选辩论中，他的开场白相当精彩，也成了日后佳话——“今天的辩论，我不会拿年龄做文章，因为我的对手很年轻，也缺乏经验，我可不想乘人之危。”[9]如此妙语让全场都忍俊不禁，还逗乐了他的对手，此举立刻拉近了他与选民之间的距离。有些观察员甚至认为里根就是凭借这一句话赢得了 1984 年的总统大选。所以，如果你能避免下意识地与目标对象攀比“谁自我意识更强”，就会在无形之中让对方松弛下来。

承认“我不知道”或说一句“对不起”，并不是嘴上说说那么简单。将“我”这个字眼从话题之中抹去，同样也并非易事。毕竟，如果你寒窗苦读多年，终于拿到了医学学位，要是在自我介绍时不提“博士”这个头衔，总感觉怪怪的。同样，要抑制自己不发表意见，而是征求他人的看法和反馈，这也确实很难。但是，你越是能以这样的方式低调行事，他人就越容易对你掏心掏肺。

技巧五：认可你的兴趣对象

放低身段是帮助他人产生良好自我感觉的第一步，而且可以让人更乐于帮助我们。不仅如此，你还可以在此基础上积极倾听，肯定他人的想法和观点，并不吝赞美。当然，你的行事方式也取决于你们二人现有的熟络程度。很多人在这一点上都犯了错误，如只要想和女性套近乎，就对她们的外在容貌赞不绝口。其实这样的评头品足会给人以居高临下的感觉，甚至让人感到肉麻，因为你和对方甚至连朋友都算不上。你当然应该主动示好，但也要站在对方的角度换位思考。对方可能更喜欢听到什么？如果你们还不熟，聊什么话题不会让对方感到尴尬，甚至觉得冒犯呢？

技巧六：等价交换

作为专业的社交黑客，我偶尔会找人打探一些敏感信息。但是我不会直截了当地索要，而会经常主动爆料，透露一些无关紧要的信息作为交换。例如，当我来到一家公司前台时，我想让接待员告诉我服务器机房的位置。此时要是我发现她的桌上有一张全家在海边度假的照片，我就会跟她攀谈起来："哎，我正准备带两个儿子去海滩玩玩，他们还从来没去过呢，不过我对于海滩旅游没什么经验，你们一家去的这个地方貌似很不错啊。"随后如果我询问机房位置的问题，她很可能会更乐意告诉我，因为我已经向她透露了一些我的私人信息。此外，我含蓄地向她请教有关海滩度假旅游的建议，将她视为"海滩游达人"，这也是对她知识和经验的认可。既然我给予了她一些东西，她也会对我有所回报。这就是等价交换。

技巧七：欲取先予

精明的社交黑客把"等价交换"这个技巧玩得更溜，他们会想方设法，主动向他人赠送礼物以求获得价值更高的回报。这种思维被称为"互惠利他主义"。包括人类在内，很多动物会向对它们表达善意的对象施以回报，就算老鼠也不例外。[10]你可以赠送实实在在的礼物，不过有时候施以无形的善举或关怀，效果也不逊色。[11]不论你觉得“礼物”有价值与否，关键是它对于赠予对象来说有价值。

有一次，我和罗宾·德里克租车去参加一次培训。可是我们租的车型实在太小，坐进去腿都伸不直，于是我们就来到柜台办理升级，结果发现很多顾客都对租到的汽车不满意，有些人甚至对那个中年女客服大吼大叫。她虽然一直保持着镇静，但显然已经被折腾得疲惫不堪了。

我们排进队伍里，等轮到我们办理业务时，德里克干了一件绝顶聪明的事。他没有直接要求那位客服代表给车辆升级，而是说：“女士，感觉你这一天还挺糟心的。要不我们就在这里默默站上一分钟，让你稍微休息一下。”

听到这句话，这位女客服脸上的肌肉松弛了下来。“真的吗？”她一边问，一边瞄了一眼另一边的主管，“你当真？”

“当然，”德里克说，“每个人都朝你大喊大叫。”接着指了指她身后桌子上的水瓶，“过去喝两口吧，我们假装还在交谈就行了。”

此时此刻，我们仿佛把世界上最珍贵的礼物交到了她的手上。好感“唰”地一下就有了。过了一会儿，她重新振作起来，问我们需要什么服务。我们说希望升级车型，结果她不但很快帮我们搞定了一辆非常不错的豪华车，而且主动提出此次升级免费——我们压根儿就没有这样要求过。在此次事件中，我们先是给她送上了价值千金的“礼物”，之后她也为我们送上了特殊的优惠，感觉一切水到渠成。

技巧八：合理调节预期

社会工程学领域有一个听上去怪吓人的术语，叫“杀手锏”。要得到某人的信任，你必须非常努力建立联系、套上近乎、不断逼近你的终极目标——获取一条信息，或者让保安放你进入一座戒备森严的机构。所谓“杀手锏”，就是为了让目标对象实现你的需求，你所做的最后一件事或是说出的最后一句话。临门一脚，一击即中。

“杀手锏”这个词听上去太冷血无情了。通常我把自己看作是个心地善良、热心体贴的人，绝非雇佣杀手那样冷酷残忍。更何况，滥用这种方法往往会适得其反。二流的社交黑客在与他人构建融洽关系时，为了尽快实现目标，总是不断寻找“杀手锏”。这样一来，他们就会急于求成、仓促行事，一心想要尽快得到期待中的结果，然后转身就走。这使得他们频频出错、口不择言，也因此与目标对象渐行渐远。这样的社交黑客最好还是合理调节一下自己的预期，忘记终极目标，花心思制定与对方互动的计划，让他们因为与你的这次相遇而获益。

多聆听对方说话的内容，寻找共同点，享受交流的过程，付出真心实意。久而久之你会发现自己处事更加体贴备至，更富有同情心，并能更快更有效地与他人建立融洽关系，实现最终目标的可能性也会随之大大增加。当然，要摆脱“一蹴而就”的心态其实并不容易。若是你与对方互动顺畅，你的心情也会很愉悦。此时大脑分泌后叶催产素，可能会让你在谈话中刹不住车。因此，在调节期望值的同时，你还要控制好自己的情绪。提醒自己深呼吸，不要着急，把对方的感受看作头等大事。做到这一点，你就不会出错。

选择八大必胜技巧中的任意一条，然后找个完全不认识的人练练手。若是觉得掌握了这个技巧，就练习下一条，以此类推。等你把大多数甚至所有技巧都熟稔于心后，可以尝试同时练习多项技巧的组合。

外表加持小贴士

我喜欢各种扮装和服饰，它们是职业社会工程师的最佳拍档。日常生活中与他人互动时，你当然不会像在“情境营造”和“构建融洽关系”中那样，将自己伪装成另外一个人。但是，某些外在的装饰对你会有帮助，特别是外在加持有助于改变你对自我的认识，所以衣着和外形特别重要。一个经典案例：科研人员邀请学生参加一项测试，要求他们穿上挂在测试房间内的一件白大褂，并告诉其中一组说这是油漆工的大褂，而对另一组说这是教授在实验室里穿着的工作服。结果显示，那些认为自己穿着教授实验服的学生在测试中表现更加出色，而认为自己穿着油漆工大褂的学生完成测试的速度虽快，但得分很低。研究人员还发现，认为自己穿的是油漆工大褂的学生降低了对自己的期望值。你有没有听说过那句老话，学会穿衣打扮“是为了从事梦想的事业，而非眼前的饭碗”。如此看来，这句话还真有几分道理。[12]

想当年，零经验的我应聘一家豪华餐厅的大厨职位，在“情境营造”和“构建融洽关系”的过程中，我的着装发挥了极大的作用。我穿的既不是破洞牛仔裤和T恤衫，也不是正儿八经的西装三件套，而是带有衣领扣的衬衫和正装西裤，足够正式却不过头。这一身行头让我感觉自信满满，既不会因为衣着让未来的老板走神，也不会引起怀疑，有效拉近了我俩之间的距离。后来我自己当老板坐在办公桌那头的时候，见到了很多穿衣不得体的应聘者。他们无法和我深谈下去，因为在沟通的时候，我脑子里想的只有一件事：“这人着装的品味太差劲了。”

所有人都明白打扮要得体，但我还是要多说几句，因为有很多人真的不懂。一定要记得：外表的方方面面都要好好打理。一位正准备会见客户的销售人员绝不应该头发不梳、浑身打孔、牙齿缝里留着食物渣就走进对方的办公室；而若是一位富豪想要结识一位家境并不优渥的人士，那就不应该一身珠光宝气，手里还拿着价值 3 000 美元的路易·威登手包；第一次与人约会，注意别浑身散发浓重的古龙或其他香水味；又或是你要和别人谈正事，就别让手机总是烦人地响个不停。在任何场合，都应该考虑对方的感受，考虑如何尽可能让自己的穿衣打扮给对方带来愉悦，这样才能让他们感觉“遇见你真好”。

比“黑客”更“黑”

用一个词概括如何“构建融洽关系”，那便是“友好”二字。但千万别小看这个简单的概念，融洽关系的背后有着复杂的科学原理，需要悉心揣摩才能熟练掌握。一旦得心应手，就会发现原来大道至简。生活中的极简之事，有时候却能释放出强大的能量。乔·纳瓦罗有一次告诉我，他曾利用本章节中构建融洽关系的技能，成功说服一位印第安人保留地的少年承认自己犯下的罪行。许是在醉酒的情况下，少年开车撞了人。但不管纳瓦罗的同事如何尝试与他沟通，他就是不开口。纳瓦罗感觉这孩子可能吓蒙了，便带他离开了事故现场，一起散步。

路上，纳瓦罗深深地吸了一口气，然后又是一口，接着又吸了第三口。那位少年看到也深深吸了几口气。就这样，短短几秒钟之内，纳瓦罗就让这孩子对他产生了亲近之感，两人形成了一个共同体——他们都“压力山大”，想让自己放松下来。还没等纳瓦罗开口提问，他就自己坦白了：“我闯了大祸。”之后，这孩子将之前发生的一切原原本本和盘托出。

构建融洽关系至关重要，即便是老谋深算的社交黑客都无法忽视这一点。每年一届的大型安保会议期间，我的公司都会举办一次盛大的正式聚会，受邀参加的宾客非常有限，只包含我们的客户和少数亲密的朋友。从事这个行业的黑客们都知道这个聚会，所以每年都有一些人想要偷偷混进来，有些人确实做到了。不久之前，有个人在会议期间走到我跟前说：“克里斯，我们素未谋面，不过我是你的老读者了，还是你播客的死忠粉。瞧，我给你带了份礼物，就是想好好感谢一下你为我们这个职业人群所做的贡献。”说着，他递给我一瓶格兰花格 25 年的威士忌。哇，我的最爱！

这礼物可真是送到我心坎里了。我边打量着这瓶酒，边问道：“你怎么知道这是我最喜欢的威士忌？”

“我在你的播客中曾听你提起过。”他甚至还告诉我具体是哪一期节目，说得一点没错——我确实提起过。

我向他表达了谢意，突然也很想为他做点什么。“嘿，”我递给他一条特殊的腕带，“我们今晚有一场私密派对，要不你也来参加吧，戴着这个就可以进去。”

“天哪，”他说，“这可太棒了。我还有几个朋友，能不能也带进去？”

“当然，”我脱口而出，能回馈他点东西我也很开心，“你要带几个人？”

“五个。”

要知道，他既非客户，也非密友，一开口就找我要五个额外受邀名额，胃口实在不小。但是他刚刚赠予我一份很有意义的礼物，我就很难拒绝他了。于是我不假思索又给了他 5 条腕带。他对我千恩万谢，然后离开了。那天晚上，我们做东，让他和五个朋友玩了个尽兴。这下好了，回公司后他们在同事面前可以好好吹嘘一波了。

这家伙不错，他没有强迫我满足他的要求，丝毫没有强求。只用了几秒钟，他就实现了好几个沟通目标，拉近了与我之间的距离。首先，他让我相信我俩同属安保行业。接着，他暗自放低身段，对我一通吹捧。随后，他还善解人意地送给我一份特别的礼物。一刹那间，后叶催产素在我的大脑中释放，像汹涌的密西西比河一样奔腾不止，让我心甘情愿地帮他达成心愿。我成全了他，他也得偿所愿，这次会面让我觉得皆大欢喜。

你瞧，我这个黑客高手，居然也被他“黑”了。这一切都是因为他掌握了“友好”的艺术。只要勤学苦练构建融洽关系的技能，你也可以“黑”进我这种高手的心里。即便做不到，你也会获得更多想要的东西，让你身边的其他人获得更多的快乐。虽然只是付出点滴努力，却能聚沙成塔，为社会做出更多贡献。

让别人乐意帮你

施以巧计，说服别人，并付诸行动，助你心想事成。

本杰明·富兰克林曾说过："如果你想要说服别人，要诉诸利益，而非诉诸智识。"[1] 这就是影响的作用。影响是让其他人愿意按照你所期待的方式行事或思考的过程。掌握本章节中的七条原则，你很快就会发现自己能更轻松地赢得争论、结交新朋友并且说服他人遵从你的意愿。

我站在一家大公司总部的停车场上，眼下的任务是想法子混进这家公司大楼，并进入高管们的办公室。就在我走向正门时，有个家伙驾驶着一辆崭新的宝马 Z3 跑车从我身旁呼啸而过，停在了高管专用停车位上。他正对着蓝牙耳机说着什么，从他紧缩的眉头和胡乱挥舞的手臂，不难看出他和电话那头的人起了争执，很是生气。我心想："嘿嘿，要不我慢慢地从他车旁经过，偷听一下他在说些什么。"我知道自己的步子不能太慢，那样会招人怀疑。不过好在当时我正拿着一叠文件（这也是此次伪装的一部分），假装一边走一边翻阅，这样走得慢就有正当理由了。从那辆车旁经过时，我听不明白他在具体说些什么，只听到一句"这件事今天我绝对干不了，这会伤害很多人。"到底什么情况？难道他要解雇什么人？会有人下岗吗？还是说他要公布什么坏消息？

我继续向正门走去，进入大堂，来到前台。接待员面前的电脑显示器微微倾斜，我刚巧能够瞥见她正目不转睛地盯着电脑屏幕。你猜怎么着？她居然在玩电脑游戏。就在那一瞬间，我立马摇身一变，从社交黑客化身为一个普通的热心人。你想，要是那个焦躁不安的高管带着一肚子火气走进公司，又把这个上班时间打游戏的前台抓了个现行，天知道会发生什么。于是我对她说："嘿，待会儿我再告诉你我来这里是干啥的，不过有件事必须要先跟你说。我刚刚在外面停车场看到一个人，我猜是你们老板，他的心情糟透了。要是他看到你电脑屏幕上的画面，肯定会发飙。”

她立马关掉了游戏，换上一副彬彬有礼的仪态，对我说：“请问有什么可以帮您的吗？”就在此时，那个怒火未消的高管走了进来，气咻咻地经过前台，说了一句：“贝丝，马上到我办公室来。”

她起身离开，又回过头来，嘴里轻轻对我说道：“谢谢。”在那一刻，我又重新恢复了社交黑客的身份——我知道这事能成了。

我坐在旁边等她回来，六七分钟之后，她再次出现在我面前，显得有点儿慌张。她说：“哎呀，真抱歉，没想到您还在这里候着。”

“没事儿，”我说，“我想你应该能帮我个忙，所以就决定等一等。”

“我们刚才说到哪儿了？”她坐了下来，问道。

“是这样，”我说，“我跟贵司的人事部有个会，不过我迟到了，等着你帮忙开门放我进去呢！”

她瞄了我一眼——不，那是一道犀利的眼神，慢慢地向我投射过来，就好像在说：“我知道你在撒谎。”

我看了一眼手表，叹了口气：“真的，我是真迟到了。”

“好的，请进吧。”她说着便打开自动门，放我走了进去。

就是这样一次小小的邂逅，让那个我和同事们“黑”进了整个公司，一切都唾手可得，包括公司所有的数据和资料。

在这个案例中，我并没有使用“构建融洽关系”这一技巧，因为时间太短了。我也没有设置一个清晰明确的情境，而是直接跳过了这一切。作为专业的社交黑客，我启用了“工具箱”中的另一套法宝：影响力原则。情境营造和构建融洽关系足以引导他人按照我们的意愿行事，但更多情况下，这些只是刻意施加影响力的前奏而已。如果你正在试图说服姐姐为年迈母亲的养老问题掏腰包，或是要让手下员工为了团队大项目取得成功而付出额外努力，那么只要一开口，就应该采取有针对性的策略与对方沟通。这样不管是姐姐还是员工，都更有可能答应你的要求。要完成这些，专业的社交黑客不会纯粹碰运气，更不会“只凭直觉”，而是会运用源于人类心理学中已被证实的各种有效方法。这些方法非常强大，甚至可以说与精神控制法颇为类似。事实上，如果需要的话，社交黑客常常会直接跳过情境营造和构建融洽关系这两个步骤，直接施加影响力达到目的，就像前文案例中我做的那样。

具体说来，我在这位前台接待员身上使用的方法称为“互惠互利法”，与上一章节介绍构建融洽关系时描述的“欲取先予”技巧类似，不过差别也很明显。“互惠互利”是一种普遍适用的方法。因为对于对方的了解有限，所以就赠予对方一些普通人都会喜欢的东西，这样他们也会相应给予你一些有益的回报。你的目标很简单，就是让他们喜欢你，以便在将来的某个时间，你也可以就某个问题说服他们。而运用“互惠互利法”，在施加影响力的那一刻，你的利他主义行为已经明确地要求得到某种特定回报，而且对于对方来说，这种回报与你的付出相互匹配，且顺理成章。当你对某个目标对象有所了解，并掌握了某些对他们有价值的信息时，就可以做好准备。在向他们提出下一步要求前，先把这份珍贵的“礼物”送出去，这样他们就会感到对你有所亏欠，也就不会对你说“不”。

在这个案例中，我脑中目标明确，那就是让前台接待员放我进入大楼。我猜到在停车场见到的高管正是她老板，于是就向她透露了一条很有价值的信息，从而避免了一场有可能出现的激烈冲突。或许你很难相信，起初我送出这份“礼物”完全没有私欲，也压根儿没和我此行的目标扯上关系，纯粹是出于本能想帮她一把。但我又突然意识到，既然我碰巧给她呈上了这份大礼，那她也可以送个顺水人情，帮我化解进公司的难题。此时此刻，我就可以大大方方向她开口，索取我想要的回报，以期得到积极的回应。就在不经意间，我有效启动了“互惠互利法”。

你也可以使用“互惠互利法”和其他影响力原则，去赢得他人的信任，让他们为你提供帮助。其实你在日常生活中很可能已经在默默运用这些原则，只是浑然不觉而已。那么不妨设想一下，如果你能不断磨炼这些技能，并有意识地加以运用，将会带来多少益处？不妨再想象一下，如果别人正试图对你施加影响，而你却能敏锐感知，从而规避风险，做出最有利于自己的明智决定，那又该有多棒啊！

改变一生的七条铁律

以下七条铁律中，仅有一条是我原创的，其余影响力原则都来源于罗伯特·西奥迪尼的经典著作《影响力：说服心理学》。[2] 在接触到这本书之前，我全凭直觉践行这些原则，但对于自己所用的策略还说不上个所以然来。西奥迪尼则将这些原则解释得清楚明白，也让我认识到了其背后的科学原理，这些都让我感铭于心。要想成为社交黑客中的高手，西奥迪尼的著作不可错过。其他相关大咖的书籍，我也会在本书末尾一一列举。与此同时，更重要的是从现在开始就要在日常沟通中运用下文详述的七大铁律，培养技能，见证结果。

铁律一：互惠互利

为了进一步补充我对这个问题的阐述，请允许我再一次强调：走出小我，多留意他人。《圣经》中的“黄金法则”要求我们，想要他人善待自己，先要学会善待他人。在运用互惠互利原则时，也可以借鉴商业人士兼作家的戴夫·柯本提出的“白金法则”：按照他人的意愿对待他们。[3] 既然你要让对方感到对你有所亏欠，那么关键在于他们的主观感受，而非你自己的所思所想。你赠予他人的礼物要有足够的分量，这样才能唤起对方对你的感激之情。

请记住，你所赠送的礼物并不一定要多昂贵或光鲜亮丽。有时候，亲手制作的物件或是善解人意的举止都会让他人感到无比珍贵。送礼物和提要求，这两种行为都很微妙。比如，向对方咨询一个问题，就制造了对方予以回答的“义务”；向对方透露一条信息，同样也会让对方感到有某种“投桃报李”的责任；对他人的玩笑报以笑声，同样也会让他们主动以笑声回应你的玩笑；为某人扶住敞开的大门让其通过，可能也会让他/她觉得有必要以同样的绅士行为回礼。

在前文案例中，我赠送给前台接待员的“礼物”非常合她心意，效果出奇好。几周以后，我又来到这家公司，向她和其他一些员工复盘此次混入事件。我问她当时为何放我进入公司大楼，她说：“坐前台的工作实在是无聊，之前我已经三次因为玩电脑游戏被主管骂得狗血淋头。而那天我老板心情很差，可你让我躲过了一顿臭骂，我确实心存感激。等我回来的时候，你说我得放你进去，我确实识破了你，但你刚刚让我保住了颜面，所以我就想，这么善良的人绝不可能是个坏蛋。于是就放你进去了。”这么看来我相当走运，没花什么代价（除了几分钟时间）就搞定了一件对她来说弥足珍贵的礼物，甚至还让她违反了重要的安保规定。尽管她知道有些不对头，但还是很自然地同意了我的要求，甚至在某种程度上，她还感觉自己必须要这样做。

在跟别人提要求的时候，不妨先考虑这个人需要什么、期待什么，赠送什么样的礼物足以使其产生亏欠感和责任感，来满足你的请求。如果一时搞不清楚对方期待得到什么，那就仔细观察一番，听听他们口中的“痛点”。这些很可能只需付出少量时间、精力和金钱就能解决的问题。当然，你的礼物也不能太贵重，若是明显超出你们之间的交情，反而会适得其反。在日常人际关系中，互惠互利是一个潜在的开放式过程。你送出的礼物可能会让你提出的要求得到积极的回应，下次就能送更具价值的礼物，再接着提出更大的要求。事实上，互赠礼物可以让你与对方逐步建立更融洽的关系。你让他人因与你邂逅而获益，从而给对方留下了好印象。既然对方增加了对你的好感，那么不管是送出的礼物，还是想要得到的回馈，其价值都可以相应提高。

比如，当我举家出游的时候，热心的邻居帮我看家护院。那么时机合适时，我也会替邻居做同样的事。这说明我们之间已经建立了某种好感与信任，这样大家就可以更进一步，在更重要的事情上互相帮忙。比如，我会耗费好几个小时帮邻居检修网络，相应地我也可以请他帮我处理类似的问题。逐渐地，邻里之间的情谊也与日俱增，我们甚至可以帮彼此接收价值不菲的快递包裹，或在周末替对方照看宠物。但是，如果是初次见面的邻居，不管任何一方主动提出要照料那条名叫拉尔菲的宠物狗，都会让人感觉奇怪，而且显得很过分。我们会因此相互猜忌，未来也很难再有交集。同理，如果我们任何一方为了求人办事，刻意赠送对方一份厚礼，结果也会一样。因为对方会感到诧异，担心这份大礼的背后有什么难为人的要求。

我们这里讨论的任何一条影响力原则都可以给他人带来积极的感受，为提升彼此之间的融洽关系打下更好的基础，并产生更大的作用。因此，融洽关系和影响力是一种相辅相成的关系。你建立的关系越融洽，所能产生的影响力就越大，反之亦然。

铁律二：让步

几年前，我们家从动物保护协会收养了一条名叫洛根的狗，之后接到了一通筹集捐款的电话。“洛根最近怎样啊？”电话那头传来一个女人的声音，“健康方面没什么问题吧？”我回答说它很好，也感谢她特意致电关心。但她接着告诉我，协会正在为一年一度的慈善活动组织募捐，以便更好地照料协会的小动物。“今天你的邻居们都慷慨解囊，大多数人捐了 200 美元。”

“哇哦，”我说，“200 美元可不是个小数目。”

“是啊，你说的没错，”那个女人说，“不过我也知道现在经济不景气，如果你能捐 50 美元也不错，这个数目你能承担吗？”

“不好说，要不我就捐 40 美元吧，这样可以吗？”

“太好了，”她说，“请问捐款方式是信用卡还是支票？”

若是她在电话中没有把初始捐款金额设定在 200 美元，我或许连 40 美元都不会捐。因为按照我的理解，我已经收养了一条狗，尽到了自己的责任。又或者我会象征性捐一点，比如捐个 10 美元。但这个筹款人先是设定了一个较高的捐赠数字，然后主动做出一定让步，这让我感觉好像从她那里“占了便宜”，然后便心甘情愿捐了款。虽然我没能拒绝她，还是捐了 40 美元，但感觉却很舒服。

“黄金法则”几乎无处不在，它告诉我们，人类认同“想要他人善待自己，先要学会善待他人”的理念（尽管能否始终做到这一点值得商榷，但这是另外一个话题）。[4] 而这一理念，与前文中互赠礼物相比，又上升到了一个更高的层次。如果有人先退一步，那么我们也更有可能向他 / 她让步。不仅如此，社会心理学研究表明，如果我们先同意了一个较小的要求，那么当对方提出其他更高要求时，我们同意的可能性越大——这就是所谓的“得寸进尺”法。[5] 要让目标对象接受你的请求，可以先主动做出一点儿让步，让对方先同意你的“小目标”，随着彼此逐渐建立信任和融洽关系后，再逐步扩大请求，抛出“大愿景”。既然这一次我同意向动物保护协会捐出 40 美元，那么他们下次若是要请我捐出 60 甚至 75 美元，我很可能会欣然同意。而这，才是他们的最终目标。

还有一招，就是要能够舍弃对方认为珍贵，但对你来说却没有什么价值的东西。或许动物保护协会的筹款目标只是每人 25 美元，那么初始报价 200 美元，随后让步减去 160 美元，这种策略就很高明了。所以，在使用这种技巧前，先准备一份清单，列明白你可能做出的让步，再把它和你希望对方做出的让步作个比较，确保能够获利。

为人父母，如果你不会“以退为进”，那损失就大了。我儿子科林 8 岁那年，一度拒绝吃早餐，认为这就是独立自主。不管我如何央求、哄骗、威胁，他一律不听，甚至故意拖延起床时间，一直磨蹭到校车快到家门口时才收拾完毕出门，这样就没有时间吃早餐了。直到一天早上，我心生一计，把他叫醒说："嘿，今天早上你有三个选择，吃鸡蛋、麦片还是燕麦粥？"

他想了一会儿，说："那就燕麦粥吧。"就这样，我赢了。表面上看，我做出了让步，没有强迫他，而且给了他一定选择的权力，这样他也就有了表达独立意识的机会。作为回报，他也让了一步，那就是选择燕麦粥当早餐。其实，我真正在意的是他一定要吃早餐，至于吃什么并不重要。动物保护协会对我用的那一招，被我用在了儿子身上。虽然我给了他选择权，但我知道不管他怎么选，我的目的都达到了。所以，在这两个案例中，主动做出让步的人都让自己的目标对象心甘情愿地付诸行动，得到了期待中的结果，同时也让对方自身获得了好处。

铁律三：稀有性

社会心理学家蒂莫西·C·布洛克认为，商品理论的要义是"获得商品的难易程度决定了商品的价值。"[6] 换言之，越是稀缺的商品，其价值越高。正是这条简单的原理，解释了消费者行为背后的心理学基础，它也常常被社交黑客运用在目标对象身上，以期取得理想中的结果，而你也完全可以这样做。比如，你正在推销某款产品，那就宣扬该产品仅供限时抢购，逾时不补；若想让某人相信你，那就告诉他/她，这件事除了他/她以外，跟谁说都不放心。每当和潜在客户预约开会，我都会运用稀有性原则。我不会跟他们说自己的日程很宽松，随便找个时间就能约谈见面，而是在一周内留下几个相对较短的档期，供他们选择。这样做会让他们感觉我非常忙碌，我的时间（以及我整个团队的时间）相当宝贵。这样会让客户更加迫切地期待与我开会。其实我也没有对未来的合作伙伴说谎——我的确很忙，只不过为了突出这一现实情况，我没有在日程安排上给他们更多选择的余地和空间而已。

铁律四：一致性

我们很享受日常生活中的一致性，并常常把它和稳定、智慧及信心联系在一起。相关研究表明，行为的一致性有助于建立认知信任（请注意不要与情感信任混为一谈）。[7]在生意场上，著名咨询公司麦肯锡就曾提到客户满意度的“三个一原则”。那就是一致、一致、再一致。[8]若是为人父母，你还会发现这条原则不仅适用于客户服务。比如，当你走进房间，发现一个价值不菲的花瓶在地上摔碎了，你的儿子或女儿正站在一旁。你问是不是他/她打碎了花瓶，他们或许会说：“不，不是我干的。”但此时你看到他们的皮球就停在一旁。十分钟之前这里可根本没有球，而且你刚才明明听到孩子们在屋里扔东西的声音，可他们依然否认打碎了花瓶。他们也许会说：“我刚刚走进房间，就看见花瓶碎了。”你瞧，小孩子老爱干这样的事。撒的谎让人觉得滑稽可笑，但其实他们只是为了和之前的说辞保持一致罢了。

所以，你不仅可以轻松利用人类对于一致性的追求，还能强化他们内心的这种欲望。比如，如果他们做出你喜欢的举动，那就予以奖励。虽然我儿子科林在早餐吃燕麦粥这个问题上做出了妥协，让我“先下一城”，但胜利还不牢靠，我必须劝服他每天都坚持吃早餐。我使出的那一招就是：通过奖励他的表现来强化他内心深处对于一致性的追求。说真的，我喜欢和儿子在一起，不管他想吃什么口味的燕麦粥我都会照做，哪怕加一些糖浆来增加甜味也行。而今，科林已经吃腻了燕麦粥，因为他一整年每天都把它当早餐！这一切，多亏了我的黑客技巧，还有他内心深处对于一致性的追求。（是不是觉得做个黑客父母毫无难度？不妨问一下科林——难着呢！）

一致性原则在企业运营过程中也得到广泛应用，最明显的莫过于各大品牌的客户忠诚度计划。以星巴克为例，它很清楚自己的顾客已经养成了每天早上喝咖啡的“习惯”，于是就在每次购买咖啡的时候给顾客积分，以便强化这一习惯，甚至还会用发放更多积分的形式，培养顾客有利于其营销的其他习惯，比如在点单的时候增加一份三明治早餐等。其实你也可以建立一套自己的奖励体系，帮助身边的人始终如一地按照你所喜欢的方式行事。想不想让你的孩子展现更多艺术方面的才能？那就好好表扬一下他们的画作，把它们挂到墙上。也许还没等你反应过来，孩子们就会不断创作更多的绘画，让你应接不暇了。如果你希望配偶能跟你多交流，不能只是干巴巴地下命令。当他/她向你倾诉一天的经历时，你需要专注聆听，之后还要提问，用你的关心去“奖励”对方主动沟通的行为。当他们说完，送上一个拥抱作为第二份奖励。这样一连串的举动，会帮助他们持续保持这样的沟通模式。

一致性原则也可以在日常对话中加以运用，将对方引导到你期望的方向上来。如果你能先提出一些简单的问题，让对方表示同意，那么接下来就更有希望让他们答应你随后提出的其他请求。既然之前都说了“好”，那么后续他们也会更容易表达认可。道理很简单，因为不管于己于人，他们都希望能够一以贯之，表明相同的态度。还有一点，在别人答应你的要求时，务必让他们明明白白地口头陈述立场。比如你可以这样对员工说："现在确认一下，请告诉我咱们最终达成一致的目标是什么？你打算什么时候完成这些计划？"如果员工主动向你打了包票，给出口头承诺，就更有可能践行承诺而不是反悔。因为，保持言行一致符合人类主观心理倾向。

铁律五：社会认同

人们往往会认为社会接纳度高的行为和理论是"好的"或是可接受的。在研究实验中，学者们展现了一系列行为的社会认同力量，如行善、乱丢垃圾，甚至还有"决定是否自杀和自杀的方法"。[9]社交黑客善于运用"同辈压力"来影响他们的目标对象，还试图表现出"同道中人"的样子，以便让其更愿意听从他们的指令。因为这时候在目标对象看来，帮助的对象是自己人，而不是陌生人。

我的四个学员曾经运用这些方法，在拉斯维加斯的一家购物中心里套取了一些陌生路人的私密信息。其中一人坐在一家美食广场，手里拿着一台 iPad，冒充颇有经验的苹果应用商城软件程序开发员。他称手头有一款尚未发布的新游戏（其实在来到购物中心之前，他已经快速下载了一款应用，可以用它设计简单的儿童游戏），询问路人是否有兴趣试玩，并给予反馈意见。不过，要试玩这个程序，玩家就得留下全名、住址和出生日期。如果这名学员只是简单地见一个抓一个，随意寻找路人来试玩这个程序，那么恐怕不会有几个人买账。但是，他另辟蹊径，让团队中其他三个学员假扮成陌生路人，排队依次试玩这个程序。这么点小花招，就足以引起旁观者的极大兴趣。不仅如此，这三名学员一边假装试玩这个程序，一边还不时大喊一声“太棒了”。当被问及是否愿意提供反馈时，他们欣然将自己的个人信息提供给了这个冒牌程序开发员。看到这些“托儿”的举动，美食广场的路人也开始排起长队，自觉自愿地留下个人信息。因为既然大家都这么做了，那么这件事理应“安全无害”。这个案例真是完美诠释了社会认同原则。

如果使用得当，社会认同会营造出一种氛围，让本来心不甘情不愿或疑心病很重的人也能满足你的需求。有一次，我正准备混入一栋戒备森严的建筑，值班保安递给我一个访客签到板让我登记。我扫了一眼签到板，看到当天早上的登记表上有个人名叫保罗·史密斯。于是，我假装没有随身带所需证件，把签到板递还了回去，还向这个忠于职守的保安再三道歉，向他保证当天晚些时候会带上证件再回来。我一边走出去，一边故作随意地问出了他的名字。然而那一天我并没有带上证件再折返回来，而是选择第二天来。这时值班的换成了另一个保安，我对他说：“嘿，我叫保罗·史密斯，昨天已经来过一趟，当时是吉姆接待的我，资料我都填过了，他让我进去的。”就这样，这名保安根本没查看证件就把我放了进去。对他来说，单是报出他同事的名字，就足以表明社会认同。

铁律六：权威性

大多数人都具有类似的社会属性，那就是尊重权威人物。心理学家斯坦利·米尔格拉姆曾在耶鲁大学做过一项经典研究：为帮助专家更好地了解惩罚行为对于学习能力的影响，测试对象被要求对另外一个人实施电击。在研究人员的敦促下，测试对象以不同强度的电击对另一人实施“惩罚”。随着实验的持续进行，电击的强度显著增大。米尔格拉姆想了解在权威人士的要求下，一个人会对另一个人施加多大程度的疼痛。结果显示有 26 个人持续不断地施加电击，超过全部测试对象的半数。实验结束时，他们所施加电击的电压远高于标记为“危险：严重电击”的水平。正如米尔格拉姆总结的那样，这个实验显示了“多数人倾向于服从权威的巨大影响力”。他还表示：“测试对象从小就知道，违背他人意愿伤害他人，是绝对违反道德标准的行为。然而，这 26 名测试对象放弃了这一准则，听从了一位权威人士的指令。而事实上，这位所谓的权威并没有强制他人执行其命令的特权。”[10]

骗子们经常利用权威性原则蒙蔽他人，他们假扮成警察、国税局专员和其他一切你能想到的角色招摇撞骗。2019 年 1 月至 5 月，在美国联邦贸易委员会登记的近 65 000 起诈骗案件中，骗子都谎称是社会保障局员工。另有近 20 000 起诈骗案中，骗子伪装的是卫生和公共服务部职员[11]，这真是太可怕了。当然，你在日常生活中肯定不会利用权威性原则欺骗他人，但你仍然可以巧妙地利用这一原则，让自己更具说服力。比方说，当你正在卖力地将自己推销给雇主时，可以稍微压低声调或者选择使用与这份岗位更匹配的高级行话，因为这两种方法都或多或少暗示着你拥有权威性的知识，足以影响雇主的决定。在你和客户服务人员讨论解决某个问题的方案时，可以提一下你是这家公司的长期忠诚客户，熟悉它的各种产品。这样做或许会促使他们更认真地对待你的投诉，因为在对方心目中，你已经树立起作为尊贵客户的“权威”。

还记得我那几个在拉斯维加斯购物中心诱导他人透露个人信息的学员吗？在之后的一节课上，我向另一组学生发起挑战，要求他们在此基础上再进一步，取得更优异的成果。他们成功了，这一次则是运用了权威性原则。这组学员去了一间酒吧，找到当晚表演的乐队主唱。其中一名学员称自己是在校学生，正在开展一项研究，需要找到更多人来填写问卷。问卷中大多数问题都是编造的，但最后几条与此前那组学员希望得到的信息相同：姓名、居住地址和出生日期。主唱同意了帮忙。就在当晚乐队表演期间，一名学员经过他的允许跳上舞台，一把抓过麦克风说：“我们的主唱乔同学刚刚参与了我的研究生课题。现在，他邀请在座各位动动手，助我一臂之力。”主唱也在一旁帮腔：“没错，大家都来帮他一把！”不一会儿，酒吧里的几十个人排起了长队，主动填写问卷。究其原因，无非就是因为在当时的情况下，这位主唱就是大家的权威，是他要求大家填写问卷的。

铁律七：好感

如果这世界果真是物以类聚、人以群分（即上一章描述的抱团现象），那么真心喜欢我们的人，自然也会得到我们的好感。[12] 要是你喜欢某人，打心眼里对其产生了牵挂、关怀和亲近之感，而且与你们彼此之间的关系相称，那么对方自然也会喜欢你，并竭尽全力让你开心。当然，如果只是单纯喜欢你的目标对象，并不足以保证他们也同样喜欢你。若是你一方面不断恭维迎合、嘘寒问暖、倾诉衷肠，想以此表白你对目标对象的喜爱，而另一方面却在一个本该着装正式的场合，穿着破衣烂衫、臭味熏天，或是含胸驼背作出一副令人讨厌的防御性姿态，那么他们绝不可能喜欢你，因为你的身体语言和穿衣打扮都已将他们拒之门外。

然而，即便你散发着迷人体香、衣着光鲜靓丽，也没有让人反感的肢体语言，想方设法让自己更讨喜，但目标对象还是有可能对你这些亲近之举不领情。我就曾栽过一个大跟头。当时我正试图混入一栋大楼，走到前台的时候，看到接待人员桌上摆着一堆相框，其中一张照片上，她的两个十几岁的女儿穿着比基尼泳装，明显是在海滩度假。于是我就猛拍了一通“彩虹屁”：“哇，你这俩宝贝闺女太漂亮了。”我说这话没别的意思，就想说点好听的，拉近距离。但没想到她一听这话，便满眼敌意地瞪着我，仿佛我这个陌生人实则是个胆大包天的老色鬼，色眯眯地盯上了她衣衫暴露的女儿。于是我没敢再向她提出进入大楼的请求，转身灰溜溜地走了，这项任务也只能让团队中的另一名成员代劳了。作为一名专业社交黑客，时至今日，这都是让我最感无地自容的尴尬遭遇之一。

当然你也可能已经刻意避免犯任何错误，但你的目标对象依然对你爱答不理。这种时候你也别太担心，真正的问题很可能出在对方身上。我妻子有个朋友，曾深陷一段暴力的恋爱关系。而她当时的对象在外貌方面和我颇有几分相似，身高和体格也差不多，头发颜色都一模一样。正是因为这个男人曾经深深地伤害了我妻子的朋友，给她留下了挥之不去的心理阴影，所以每当我走到离她几英尺远的地方时，她都会很明显地浑身颤抖起来。不论我怎样满脸堆笑、把头后仰以显得爽朗大气，也不管我带着怎样的体香，或是对她恭维有加，甚至直截了当地告诉她我喜欢她，都统统不管用——我就是无法换来她的好感。因此，如果你使出浑身解数依然不能让对方喜欢你，那说明情况已经超出你的能力掌控范围。与其继续让自己徒劳受挫，倒不如敬而远之，从其他人那里争取获得你的所想所需吧。

练好你的影响力“肌肉”

读到这里，你应该对影响力的各条原则都有了足够了解，那接下来就学以致用，开始下面的练习吧：

选择一个你生命中非常重要的人，可以是配偶、孩子或是朋友。你的任务就是运用一种或几种影响力原则，说服他／她品尝某种原来根本就不会吃的食物。请注意，这种食物不能太让人恶心，也不能影响健康——别忘了，你要让他／她因为与你的这次交流而受益。不过，这种食物也得足够奇特，以保证挑战的难度。那么你要用怎样的办法让目标对象鼓起勇气、尝试新食物呢？

在写这本书的时候，我在一个名叫乔的朋友身上尝试了这项练习，让他尝了尝他本来很讨厌的一种日式料理——生海胆。实际上，这道食材是海胆的生殖腺。当时我们正在一家寿司店吃饭，就在两人坐下、点菜、等待食物上桌的短短十分钟内，我纯粹为了好玩，一口气在他身上运用了好几条影响力原则的技巧。其实我们已经认识对方很久了，彼此之间交情也不错。我知道那天乔很想吃顿好的，所以走进餐厅的时候，我对这里的食物赞不绝口，这样我和他之间的融洽关系似乎又更进了一层。

从我称赞食物开始，就给他留下了一个印象：我是个“寿司专家”，而且对于这间餐厅特别熟悉（权威性原则）。因为我不断抛出有关寿司的专业术语，绘声绘色地分析为什么这间餐厅能做出最新鲜的寿司，而且还像一个老主顾一样和女招待闲聊（她们都认识我，这也进一步加强了我的权威身份）。除此之外，我还借助了社会认同的作用，我告诉乔，他认识的人当中有好几个也曾在这间餐厅品尝过生海胆，而且都很爱吃。最终，乔勉为其难地同意尝一尝，于是我就点了这道菜。到这个时候，我已经成功了一半。

等到上菜时，食材果然如我所言非常新鲜，这进一步强化了我的可信度（一致性原则）。既然乔已经上了我的套，答应尝尝生海胆，他天生的一致性倾向也促使他更主动地兑现承诺。我提醒乔，餐厅里还有许多日裔食客，他们正在享受美味的生海胆（社会认同原则），所以他也不应该错过。我还告诉他，我一直很佩服他在吃这方面敢于尝试（好感原则）。只见乔认真地盯着面前的生海胆看了很久，终于把它放进嘴里，慢慢地咀嚼，咽了下去。可惜他还是不喜欢吃生海胆，把这道菜拉入了黑名单。不过他仍然觉得自己有所收获，毕竟这是一种新鲜体验，至少日后可以向朋友和家人吹嘘一下自己曾经吃过生海胆，那玩意儿可真是重口味呐！

多在几个人身上尝试，看看七条影响力原则的效果究竟如何。每次交流可以只用一条，也可以混搭使用，随你喜欢。这不过是实验而已，开心就好。如果哪一条不管用，也记得做一下记录。迈出第一步之后，你就可以在日常生活中寻找其他可以对他人施加影响力并因此获益的机会。如果在谈话中预计会对某人提出要求，那就提前准备好如何应用这些技巧和原则。先营造情境，接着辅之以合适的影响力策略。如果你给自己定下的人设是“菜鸟同事”，那就不能使用“权威性原则”。反之，如果你的人设是“铁面老板”，那就避免使用“好感原则”。同时请注意控制好自己的情绪，要是你很紧张，那就不能使用“权威性原则”，因为会缺乏说服力；要是你的情绪伤感低落，运用“好感原则”就会很困难，因为受心情影响，你可能会对很多事情没有好感。

即便经过精挑细选，你确定了几条可以使用的影响力原则，但也没有必要一成不变、过度坚持。在具体运用的时候，应视需要随时放弃或加以修改。无论你做什么，都要掌握好尺度，不要过度使用这些策略。否则，你的目标对象就会有所察觉，他们的批判性思维就会影响大脑，导致疑窦丛生，甚至开始讨厌你。比如，“好感原则”使用过度，有沦为马屁精的风险；一直摆老资格树权威，就会显得你傲慢自大、不可一世；“互惠互利原则”运用不当，会显得没有分寸。出现以上任何一种情况，都可能影响目标对象决定是否对你施以援手，甚至有可能终结你们的对话。

在交流过程中，你或许还会发现，其实你和对方之间的交情已完全可以满足需求（毕竟你一直在勤耕不辍地苦练“构建融洽关系”的技能），那么就没有使用影响力原则的必要了。如遇到这种情况，立刻收手！千万别多此一举。如若不然，可能酿成大错。有一次，我和同事瑞恩就碰到了这种情况。当时我们试图混入一栋大楼，伪装的身份——你猜猜看——是病虫害防控员。那天晚上已经是深夜 11 点半，整个建筑显得空空荡荡。我们在大楼周边晃荡的时候，发现一名女员工孤身一人离开大楼，向停车场走去。我们很走运，趁她身后的大门尚未闭合，我赶紧伸出一只脚，卡住了门。这名女员工没有看到我们，但她闻声转过身来，吃惊地问我们是谁。我指了指身上的行头，说：“女士，我们是搞病虫害防治的，检查一下周围有没有蜘蛛和蝎子，一会儿就能搞定。今晚楼里没人的时候，我们会喷洒杀虫剂。”

“哦，好的。”说完她就接着往前走了。就这样，我又成功了，只花了几秒钟，我就赢得了她的信任，而且我的一番说辞让她深信不疑，正准备就此离开。到这里，我应该一言不发，直接进去就万事大吉。然而我没有这样做，反倒絮絮叨叨说个不停：“哎呀，每年一到这个时候，蜘蛛就会到处乱爬。知道我们为啥半夜出动？就因为喷杀虫剂的时候，场面相当恐怖。它们会爬出来，挣扎一会儿慢慢死掉。”瑞恩狠狠地瞪着我，好像在说：“蠢货，你在说什么呢？”然而我压根没有理睬他，还是不依不饶地运用一致性原则，希望让这个女员工进一步相信，我们的举动足以证明自己是货真价实的病虫害防治专员。瑞恩瞪了我好几眼，但我还是控制不住自己，喋喋不休地大谈特谈蜘蛛和我们使用的化学药品，结果就这样给自己挖了一个坑，而且越挖越深。这女人一转身，对我们说：“知道吗？你们在这里让我很不舒服。”

“别，别这样，”我赶忙说，“我们进去一下就出来，别担心，你走你的，没事儿。”

她摇了摇头：“不行，我感觉不对头，你们赶紧走，不然我就要报警了。”随即她快速转身奔向自己的汽车。唉！我们距离成功只有一步之遥，一只脚都伸进了大门。但此时已是功亏一篑，只能离开。究其原因，完全就是我画蛇添足，过度运用了影响力原则。可见，一旦目标对象已经对你施以援手，那你就应该及时收手，静观后效。要攻克人心，有时就是少说为妙。

从下周开始，挑战一下自己。每天都挑出一条影响力原则，在无关紧要的人际交流中加以运用。每天的生活开始之前，花点时间做一做头脑风暴，构思出运用这条原则作为沟通策略的不同方法。如果你要运用的是“权威性原则”，那就列一张清单，写明你如何在不同社交场合中展现适度的权威，比如挑选一件在你眼中气场十足的衣服，或者亮出自己的某种专业意见等。如果你想运用“好感原则”，可以试着主动和一向不对付的某个同事搭讪，夸夸人家，或用其他方法更好地了解他/她。只要你肯做，一切皆有可能！

这个保安，绝了！

随着你运用影响力原则的经验逐渐丰富，并将它们与本书介绍的其他沟通策略结合使用，你会惊讶地发现：让他人做你所需，想你所想，其实是一件多么容易的事！这倒不是因为他们不得不这样做，而是因为他们主动希望这样做。影响力原则是一张通行证，能够帮助你得到免费物品、搞定一份好工作、让同事支持你的决定、哄孩子吃早餐等。不过，越来越善于对他人施加影响的你可能会走向另一个极端——对这种全新的“超能力”过分自信，误以为它能让你随心所欲、无往不利。若你真这么想，就大错特错了，因为无论怎样精心布局都不可能确保百分百成功。真正高段位的社交黑客期待最好的结果，但同时也清楚自己的局限。要知道，这世上有些人天生擅长心理战，对于旁人施加的影响力十分警觉。无论你怎样做，都无法动摇其一丝一毫，这种人有但不多。

有一次，在完成黑客任务时，我遇到了一位铁石心肠的保安。我们当时需要乔装成“大蓝”修理公司的维修员，潜入某家公司园区的三栋独立大楼，入园理由就是修理这家公司服务器机房的设备。尽管我们并不在授权访客的名单上，但还是不费吹灰之力进入了前两栋大楼。然而，到了第三栋大楼，我们遇到了一名年轻的保安。从他不苟言笑的仪态、平头发型和健壮的体格来看，似乎是名退役军人。

我把姓名告诉他之后，他说：“你不在访客名单上。”

“奇怪了，”我说，“我们刚才去其他两栋大楼的时候，那边的保安都让我们进去了，什么问题都没有。”

他摇了摇头：“那两栋楼不归我管，我只负责这里。对不起，名单上要有你们的名字，我才能放行。”

为了套他的话，我又问：“那么请告诉我，是谁负责访客名单，那个什么约翰吗？”

“不是，”他说，“是弗雷德·史密斯，IT 部门总监。”

“对对，就是他，我以我们公司的名义发誓，他肯定把我们加入访客名单了。我给他打电话吧，看看出了什么问题。”

我们给这名保安留下一张假名片就离开了。不一会儿我们钻进车里，快速上网搜索这个名叫“弗雷德·史密斯”的人究竟是何方神圣。结果还真让我们找到了，包括他的联系方式都有。我们冒用他的电话号码打电话给那个刚刚拒绝我们的前台保安。

“嘿，我是弗雷德·史密斯，”我对那个年轻保安说，“你是不是刚刚拦住了两个维修工？是我预约了他们到 15 楼来维修设备。我现在就给他们公司打个电话，让他们再回来。麻烦你把他们的名字加到访客名单里吧。”

“没问题。”保安说。

太棒了！我心想，问题解决了，我们能进去了。

大约 40 分钟后，我又溜达回那个保安前台。

“你好，”我说，“刚刚公司打来电话，说已经把我们的名字加进访客名单了，那么现在我们能进去了，是吗？”

保安皱了皱眉头说：“嗯，先等等，我有个问题请教一下。我用你们的名片上网搜索了一下你们的公司名称。但是在本州，查不到任何有关“大蓝”修理公司的信息，你们到底来自哪里？”

“哦，”我说，“我们刚刚入驻，公司才搬过来不久。”

“那就奇怪了，”他说，“名片上明明写着，你们是一家有着 20 年历史的家族企业。”

这时我有些慌乱，舌头也不利索了。“我们是家族企业没错，不过是在别的州。”

“到底哪个州？我要好好查查，可不能因为你们上了访客名单，我就放你们随意出入。”

我们最终也没能进入那栋大楼。这家伙很警觉，不管我们使用影响力原则的什么招数，他一概不中套。我们假扮成 IT 总监打电话，体现了权威性原则；从我的名片到一身行头打扮，都和我的伪装配合得天衣无缝，实现了一致性原则；我们还使用了社会认同原则，告诉他此前他的同事已经放我们进入了另外两栋大楼。但这些都不管用。在这个保安身上似乎有一片无形的“定力场”，简直牢不可破。他天生就是个看家护院的好材料，所以后来我们建议这家公司对他委以重任，负责所有保安的培训工作。

要是天底下的保安都和他一样优秀，又或是所有的公司职员都能对犯罪分子可能使用的影响力招数保持警觉，我和我的团队恐怕就得沿街讨饭了，所幸基本没有几个人能像那个保安一样拥有如此强大的“定力场”。不过这对于大多数公司来说，就很不妙了。在影响力法则面前，大多数人可能不知不觉就中了招，因此这也给我们带来了机会。因为我们不仅理解这些原则，而且还知道如何活学活用。请多练习这些影响力策略吧，它能帮助你心想事成，赢得他人的信任为自己服务。随着你自身技能的不断提高，他人会因为与你产生交集而受益，这一点也能让你感到满足。尽管事实上，你从对方那里得到的更多。此外，在与他人的交往中，你能很快识别出对方施加的影响力技巧。你的感知力越强，就越不容易动摇，越不会受人摆布。当有人向你筹集善款时，你是不是心甘情愿掏腰包？当有陌生人想进你家时，你是不是真的会让他进来？当有人完成了一次貌似完美的自我推销后，你是不是真的怦然心动，想要拉他入伙？也许你会，但也许你再也不会了。

在某些场合，你会发现在根本没有必要的情况下泄露了自己的信息，其中某些信息可能相当敏感，而套取资料的人或许就是社交黑客。这些陌生人很有可能采用了特定的影响力技巧，诱使你放松了警惕，说出了自己的秘密。而如果你也掌握了这些技巧，非但不会伤害别人，还能进一步拉近你和他们之间的关系，让你所爱的人更安全、更健康、运势更旺。下面，让我们来看一看，如何才能让医生针对你的诊断给出专业分析？如何才能让老板和盘托出对你工作业绩的真实评价？请翻开下一章节，让我为你细细道来。

激发他人倾诉欲

不动声色地让他人敞开心扉，给出你想要的答案。

在上一章中，我们讲述了如何让他人按照你的意愿行事。而在本章中，我们将关注另一种特殊形式的影响力。运用这种影响力，会让对方受到某种触动而将原本三缄其口的秘密透露给你。这一影响力的魔力不仅在于让你学到本领，还会让你在社交场合中越来越自信，并极大改善你的人际关系。如果你在鸡尾酒会上连怎么跟人闲聊都感到费劲，那么认真阅读这一章节吧。

现在，挑战来了，试着主动去接近一个素不相识的路人，跟他 / 她搭讪。在一段合理的时间内，让他 / 她主动告诉你一些从未向他人倾诉的秘密。有没有本事做到这一点？如何做到？如果你觉得这项任务难度太高，那就尝试一下是否能挖出对方的全名、出生日期或是居住的城市。

我经常会布置类似这样的挑战作为学员的课后作业。稍加训练后，都卓有成效。请不要误会，大多数学员都不是社交达人，他们有些人生来腼腆、性格内向。对他们来说，一想到要去主动接近某个陌生人，找个由头搭讪，就会望而却步。然而，上完为期一周的课程之后，几乎所有学员都“上道”了，他们一个个都成了收集情报的专家，而且在各种类型的社交场合中都能应对自如。这一点是他们之前根本不敢想象的。接下来的几周或几个月里，再经过更多的训练，他们又都成了健谈大师，无论遇到什么人，都能与之畅所欲言。

通常媒体都会把网络黑客描绘成一副面色惨白的书呆子模样，他们没日没夜地盯着电脑屏幕，几乎完全不懂如何跟人打交道。如果你看过美剧《黑客军团》，就能明白我在说什么。我相信有些黑客确实符合这种刻板印象，但一般来说，屡屡得手的诈骗犯、欺世高手和间谍往往会是你见过的最友好、最平易近人也最具魅力的人。他们不仅精通如何设置情境、构建融洽关系，而且一旦谈话开始，他们就能牵着对方的鼻子走，他们也同样知道如何精心安排对话以获取希望得到的敏感信息。这些人巧舌如簧，在谈话中毫无破绽，目标对象甚至完全没有察觉其真正用心，就被他们套取了信息。而站在目标对象的角度来看，他们只是和一个普通人聊了会儿天，气氛轻松，话题有趣，而且“无伤大雅”。

十年前，当射频识别技术开始流行的时候，我应邀参与某家目标公司举办的鸡尾酒会。此行的目的就是摸清该公司刚刚安装应用的全新安保技术。当时酒吧里人来人往，我站在那儿，看到一名员工正走过来。其实之前已经有人介绍我们互相认识了，但我跟他并不算熟悉。“嗨，兄弟！”我给了他一个标准问候语，问他是不是想喝点什么，接着就开始有一搭没一搭地寒暄起来。我问他，参加这样的活动是真的自己喜欢，还是老板要求的。他的答案是前者，因为参加这些聚会他很开心。又闲聊了几分钟之后，我自报家门，自称供职于施乐公司，还特意提到我们公司刚刚安装了那种全新安保科技产品（与他们公司选用的产品相同）。“我真不知道这玩意儿有啥用，”我说，“就是一些奇奇怪怪的卡片而已。”我接着说，“其实我不应该说这个，但你瞧，这玩意儿怪里怪气的。你可以说我是老古董，但我还是喜欢口袋里揣着钥匙的感觉。”

这个新交上的酒友向我身边凑了凑。“哎，”他说，“想不想听几条新鲜猛料？我们公司也有安装这个系统的计划，这可是绝密消息。据说这是一种全新系统，只要刷卡就能进入大门，再刷一次就能通过金属安检门。”我们继续聊着，短短几分钟，我就把他们公司刚刚安装的塑料磁卡系统（射频识别卡）摸得一清二楚——仪器安装在哪里，主要的漏洞在什么地方。

对他而言，我们之间不过是一次“安全无害”的友好聊天，但实际上我在对话中运用了一条被称为“安全机密信息”的原则。人类本性中有一种倾向：如果你的谈话对象先泄露了他／她的某些私密信息，此时与他／她讨论你自己的信息，哪怕是非常私人的事情，就很容易感到放心。对于这一现象，心理学家早已提供了多种不同解读。有人认为，当对方透露私密信息之后，我们通常会出于互惠互利，以相同的行为给予对方回报，以期维持彼此之间关系的平衡感。而所谓的“社交信任假说”则认为，我们之所以会回报对方分享私密信息的行为，正是因为我们希望与他人构建信任、巩固联系。[1] 无论哪一种解释，反正我那位酒友觉得分享公司机密信息给我的行为是“安全”的，因为我和他一样，似乎也愿意把我公司的安全问题与他分享，所以我根本不可能是黑客或是其他别有用心的人。

但很不幸，我就是。

让每个人都对你知无不言

在我们这行，有一个术语叫“诱导”，指的是无须向他人明说就能获取信息的行为。这一招，坏人们可是屡试不爽。社交网站上到处都潜伏着来自不同国家的间谍，他们制造虚假身份，主动找缺乏戒心的用户聊天，这些对话看似无害，实则居心叵测。这些间谍轻而易举就能获取颇有价值的信息，从用户口中套取秘密或帮他们锁定其他目标。[2] 间谍们也会亲自尝试诱导他人获取敏感信息，包括政府机密和商业情报。在机场，如果你正在使用一支政府授权发行的品牌钢笔，或者身上戴着一家企业的工牌，此时突然有个慈眉善目的陌生人随口问你在哪家政府机构或企业部门工作，那么此人有可能只是顺口闲聊，但也有可能是攫取机密信息的间谍。[3]恐怖分子在策划袭击时也会使用“诱导”策略，看似唠家常似的找雇员打听哪些楼的门是上锁的、安保人员如何部署、大楼里何时最为忙碌等。2019 年，密歇根州警方警告公众当心“获取军事行动、军事能力或军方人员信息的企图”，[4]其他执法机构也发出了类似的警告。

我们大家都需要时刻保持警惕，这一点很重要。但即便如此，谁也无法保证能永远高枕无忧。“诱导”策略在那些精于此计的人手中威力无穷，令人防不胜防。试想一下，如果把那些你绝不会轻易泄露出去的信息列一张表，那么银行账户的密码必然排名前列。创建这些密码时，我们毫无疑问肯定会选择别人无从知晓但自己会谨记在心的数字组合。银行自动取款机在键盘周围也设置了特殊的保护罩，加强警告提示：不要让任何人看到你的密码。可尽管如此，有一次我和一个朋友还是在酒吧里让几个素昧平生的陌生人自愿说出了银行密码。事先声明，我们既没有操控也没有强迫他们，甚至还让他们因为与我们的这次邂逅得到了某种好处。

我们的目的当然不是偷他们的钱，纯粹只是闹着玩儿，看看能否做到而已。故事发生在华盛顿的一家古色古香的意大利餐厅，这种餐厅里的桌子一般布置得比较紧凑，坐在我们旁边几桌的，都是一对对同来用餐的情侣。于是，朋友按计划朝我开口：“哎，你有没有读过《今日美国》报纸上的那篇文章？据调查发现，有 68% 的人都会把出生日期当作银行密码。”[5]

“这一点我完全相信，”我一边说，一边又往嘴里塞了一口意大利番茄面，“你看，我的密码就是 0774。”这当然不是我的生日，也不是我的银行密码，但我们周围的人并不知情。

我的这位朋友擦了擦粘在嘴边的番茄酱，说道：“伙计，这太笨了，别人一猜就中，我可不会这样。我用的是我老婆和自己生日的组合，就是 1204。”

邻桌的男士自然是听见了我们的对话。只见他对妻子点了点头，说：“瞧，我早就告诉你了吧，别把你的生日当作密码，这太蠢了。”

“话是没错，”她说，“但 1018 记起来很方便呀。”

我差点被嘴里的一口面噎住，不敢置信。这女人就这样随口把银行密码泄露给了我们和周围所有人。但是，好戏还在后头，那女人接着对丈夫说：“没人能记住你的密码，243714，太难记了！”

“茱莉亚，你记错了，”男人说，“是 243794。”

当时正在给我们杯子里加水的女招待也插了一句嘴：“我呀，用的是美国银行的卡，密码还得是单词和数字的组合，于是我就用了女儿最喜欢的熊猫毛绒玩具‘Panda’。”

这样的对话又持续了一会儿，我们陆续获悉了另外两三个人的银行密码。而如果当时我直截了当地问旁桌的那一对夫妻：“打扰一下，能否把你们二位的银行密码告诉我？我很好奇。”他们绝无可能透露给我，因为这样单刀直入的问题会调动他们大脑中的批判意识，对我产生怀疑。但在此前对话的语境中，他们却将密码脱口而出，毫无戒备之心。我们拿到了需要的信息，而这次相遇也让他们得到了某种微小的好处，因为他们一边轻松地打趣逗乐，一边也发现了一个颇为有趣的聊天话题。

你是否还记得，在第一章中我们曾提到过一位名叫威廉·莫尔顿·马斯顿的心理学家？DISC 评估模型正是起源于他的研究。其实漫威超级英雄“神奇女侠”的形象也是由他一手创造的。只要神奇女侠用“真言套索”把坏人捆上，他们就会乖乖地交代到底干了什么伤天害理的事。所以，熟练掌握诱导的技巧，就像把一副具有同样魔力的套索装进了你的裤兜，让他人对你知无不言。

那一天，我和学员们在拉斯维加斯的一家购物中心逛街。为了好玩，我让他们随便挑选一个“目标”，接下来我能让这名“目标”向我和盘托出他 / 她的全名、在哪里工作、家乡何处。结果他们选中了一位风姿绰约的美女，看上去不到三十，身着贴身短裤、牛仔皮靴、法兰绒衬衣，正在美食街买沙拉。学员们推测我要搞定这样一位年轻漂亮的美貌女性绝非易事，因为拒绝男人搭讪对她们来说完全就是家常便饭。像我这样的陌生男性，很可能一走近，就会让她做出各种防御和保护动作。“算了算了，”我说，“换个人试试吧。”但是他们不依不饶，就是不肯放过我。

我还真没想好怎么跟这个美女套近乎，到底要说些什么才能讨好她，让她主动透露我想知道的信息呢？我又上下打量了她一番，注意到了她的那双靴子，这应该是最有希望能和她迅速搭讪的话题了。

我走到她旁边，拿了一个餐盘，站在了她身后排起了队。过了一会儿，我说：“不好意思，能否打扰一分钟，请教个问题？”

她转过身来，说：“可以，有什么问题？”嘴里虽这样说，但她的身体还是表现出十足的警觉，还朝我翻了个白眼，好像在说：“想撩我？那就看看你能使出什么花招吧。”

结果，我的问题非但没有冒犯她，反而让她挺惊喜，一下子就上钩了。我说："我出差到了这里，下周就是我和妻子的结婚纪念日了。她喜欢牛仔靴，但我不太懂行，对挑靴子这事儿也是一窍不通。这不，看到你穿着一双，觉得挺不错的，能不能请教你是在哪儿买的？要是碰巧也在这个商场，兴许我也能马上买一双。"

她的态度立马来了个180度大转弯，双眼放光，还换上了一副阳光般的笑脸。"没错，就是在这家商场，而且我还是这个品牌的员工呢！"接着，她给我介绍起这款靴子，俨然一副推销员的样子。还给我指路，告诉我怎么去这家靴子店铺。"你住哪儿啊？"她问道。我告诉她我来自佛罗里达，她说："噢，我就在亚特兰大，离你也不远！"

"哇哦，但是你离家这么远，在拉斯维加斯工作，觉得一切还好吗？"

接着她就跟我聊了聊生活点滴，随后我又向她确认了一遍店铺的位置，可是一不小心还是弄错了方位。结果她说："不对，搞错了。来来来，我给你指指。"说着一把抓住我的手，领着我走到50英尺开外的地方，指了指商场下方的一个走廊，重复了一遍店铺的具体方位。

我真诚地向她表示感谢，告诉她我马上就会赶过去，给妻子买鞋。我把餐盘放在旁边的桌子上，作势要走。还没走出几步，我转身对她说："对了，要不我等到你上班的时候再去买。"

"不用不用，你就跟他们说，是萨曼莎让你来的，还会给你个折扣。"

"好的，太感谢了，"我笑着说道，"美女，你真是帮了我大忙。"边说边瞥了眼那帮学员，他们都在眼巴巴地看着呢。接着我又对她说：“嘿，我的名字叫克里斯，克里斯·海德纳吉。我肯定要跟妻子说道说道，到底是谁帮我这么大一个忙。你刚才说你叫萨曼莎，那你姓什么呀？”

“库珀。”她说（为尊重隐私，书中为化名）。

“太好了，”我说，“再次感谢你，萨曼莎，谢谢你帮了我这么多。”

大功告成，我满心欢喜地转身离开。然而更加惊喜的是，她又在身后叫住了我：“嘿，也许你还不清楚到底应该买哪一款靴子。要不你给我这双靴子拍张照，发给你妻子，这样她至少可以亲眼看一看，就知道自己喜不喜欢了。因为你不住在这里，要是买下她又不喜欢，退换货会很麻烦。”

学员们听不到我们在说些什么，但接下来他们却看到这位美女成了我这么一个陌生人的靴子模特，供我拍照。她的全名、家乡、工作地点都一一到手，还附带一组她脚上靴子的照片。除了她的姓氏之外，我并没有张口询问任何相关信息。我只不过精心设计了这次对话，引导着她，令其自然而然地主动向我和盘托出。

人人都需要一副“魔力套索”

拥有一副“魔力套索”，也许可以助力表演几个灵巧的小把戏，但在日常生活中是否有用呢？答案是肯定的。比方说，初次约会，你或许会开门见山、连珠炮般抛给约会对象几十个问题，比如“你想要孩子吗？”“你的薪水高不高？”“有没有和我一样的兴趣爱好？”“你有没有什么不良嗜好或怪癖要告诉我的？”等。也许对方会真心实意地回答，但也有可能虚与委蛇。但几乎可以肯定的是，这场对话的气氛会越来越紧张、越来越尴尬。但如果运用“诱导”技巧，不但能收集到对方的许多信息，而且还可以让谈话在轻松愉快的氛围中持续进行。打个比方吧，假如你想找个人结婚，并且希望和他 / 她最多只生两胎，要想知道约会对象在这个问题上的态度，完全可以这样说：“你知道吧，我的兄弟姐妹们都有大家庭，个个都有四五个孩子。换了我，真心不知道能不能承担，感觉压力好大。”这一番话，虽然不是直截了当地提问，但实际上希望对方能明确表态。当然，如果你兄弟姐妹并没有大家庭，你也可以改变下说辞，别无中生有。比如，你还可以这样说：“我小的时候，隔壁人家有四个孩子，真不知道这家的父母怎么把他们拉扯大的，换了我根本搞不定。”

生意场上也能使用诱导策略。比如，你负责推销一款帮助企业完成部分人力资源工作的软件。在一次拓展人脉的活动中，你正在会见潜在客户。但其实对于那些雇员不超过 2 000 人的小公司，你根本没有兴趣把软件卖给他们。那么怎样才能了解到具体情况呢？你当然可以单刀直入地询问客户他们的公司规模多大，如果他们来自大型企业，就可以进一步询问他们是否有兴趣了解你的软件产品。这种问话方式本身并没有什么不对，也不会让人产生抵触情绪，但平淡无奇，让人提不起兴趣。若是对方的答复无法让你满意，消极的情绪或许就会表现出来，比如你下意识地皱了皱眉头，或者匆匆结束谈话。

其实你大可不必如此直接。不如在开启一个对话后，友好地询问几个有关对方公司所在行业领域的问题，想办法找到与他们的共通点。如果对方透露自己供职于一家保险公司，而你恰好早年也有过一段保险销售经历，那就不妨这样说：“哎呀，不错嘛。虽然我对保险业不太了解，但上大学的时候也当过六个月的保险推销员。这活儿太难做了，真不知道你们是如何坚持下来的。”对方可能回答他并非来自销售部门，而是负责 IT 部门。这时候你就可以接茬说：“你们都有独立的 IT 部门，那公司规模一定不小吧。”这时候他也许会告诉你，他们公司正在迅速扩大规模，员工已经差不多有 5 000 人了。那可太完美啦！此时你已经很清楚，对面这位正是潜在客户，那么就可以接着聊下去，看看他们是否有兴趣或需求使用你的产品，也可以试探性地询问他们公司是否遇到了某些问题，而你的这款软件正好能解决这些问题。你可以继续说：“我在上一家公司干的时候，发现要让所有员工满意实属不易。我听说不少保险公司也有类似的问题，是吗？”不管你最终是否能让这位潜在客户买单，至少你们之间的交谈很愉快，你可以尽情展现友好和善、风趣迷人的一面。

有了诱导策略，你会更有目的性地展开对话，沟通也会更顺畅、更有耐心。这样做对你有百利而无一害，因为你知道，大多数人在被直来直去的提问方式狂轰滥炸时，都很不舒服。你这样做也是友善的表现。不管你是否意识到，在与他人沟通互动的时候，我们都有需要实现的目标，或许是了解某人此刻的感受，抑或是对方喜不喜欢你，又或者是他们刚刚跟谁说话，再或者是当一项任务来临之时，对方能否成为优秀拍档。如诱导策略使用得当，你会对自己的目标胸有成竹。不过，也绝不能一根筋或是为了实现目标而不惜一切代价。你得花时间与他人交谈、了解他们、和他们建立联系、倾听他们的心声等。这样的交往应当建立在对方的需求而非你的诉求基础之上。如果你能在交谈中多花点心思，对方就会更愿意向你敞开心扉。

以我的经验来说，大多数人都不懂得如何从他人那里套取信息。

若他们无法采用单刀直入的方式询问信息，就会变得笨嘴拙舌，在不经意间暴露自己的真实意图，把别人给吓跑。这种现象很可能是因为绝大多数人在成长过程中都面临过同样的问题：一旦父母想要知道什么事，总是直接“审问”我们。他们不太会耐心地坐下来，和颜悦色地与我们谈话，保持公正中立的态度。因此，我们也就很难知道该如何与人打交道。从小到大我们都想当然地认为，人类天生具备自我防备的意识，要想打听消息就得拼命把话从他们嘴里撬出来。但事实上，我们的商业伙伴、老板、孩子、年迈的父母、朋友和邻居这些人，他们的嘴没那么严。只要能让他们感到身心愉悦，自然会吐露心声。所以，为了取悦他们，我们需要暂时抛开自己的需求和欲望。不妨深吸一口气，搞清楚对方的来历，尽量保持耐心，与他们进行更充实、更有价值的互动。总而言之，对话的核心主角得是他们，而非我们自己。

有效诱导的七个步骤

在跟别人交谈的过程中，要想有效套取信息，同时也能让对方受益，其实有一套简单的流程。首先，预设目标（第一步）。问问自己，希望从此次对话中获取什么信息？你脑中这个目标越清晰，在引导交流走向时你的思考就越成熟。但是当心，选择目标不能随心所欲。你想要获取的信息必须与你的人设、你与目标对象之间的交情深浅大致保持一致。假设你要给某家公司的某员工打一通“钓鱼电话”，索取对方的社会保障卡号码。若你说自己来自公司的 IT 部门，肯定会让对方心生疑虑，严词拒绝。但如果你说自己是人力资源部的，那么他们可能就会告诉你。因为人力资源部负责税款代扣和其他税务问题，人力资源部员工打来电话询问社会保障卡号码，自然合情合理。但IT部门的人向其他员工索要社保卡号码做什么呢？虽然不是完全不可能，但你必须得绞尽脑汁才能让这层伪装更加可信。

其次，目标确定后，观察你的兴趣对象（第二步）。这一步至关重要，不管此人与你素昧平生还是关系亲密，可以的话最好留心观察他们二三十秒。这个时长既足以让你发现他们身上的重要细节，而又不会长到招人怀疑。观察对方可以帮助你了解接近他们的时机是否合适：他们是不是急着要走？有没有在和其他人交谈？有没有戴着耳机沉浸在自己的世界里？要是看上去时机不佳，那就晚些时候再聊。如果有可能展开对话，那就细心关注对方的肢体语言，设法找理由接近他们。如果他们看上去碰到了为难之事，或许你就有可能伸出援手；如果他们看起来情绪低落，也许你可以聊表同情；如果他们身边还有他人相伴，那就得仔细考虑一下，他们组成的这整个“群体”对你的任务而言，是便利还是阻碍？

如果你的观察不到位，下一步就难以继续——设计一个“邀请式”问题和一个“退出”策略（第三步）。要接近某人，你抛出的第一个问题相当重要，因为这个问题决定了你能否成功“邀请”对方进行对话。如果在初次碰面的三秒钟内，你无法跟对方套上近乎，对话就无法继续。在这一点上我栽过跟头，对此深有体会。有一次，几名学员想考验我，让我在酒店酒吧里展示“诱导”技巧。于是，我自信满满地朝着坐在边上大堂的一个人走去。此前我既没有仔细观察他，也没有好好思考应该设计怎样的问题，而是直接一个箭步凑到他跟前，大声说道："嘿，能不能问你个问题？"这个男人看上去要比我年长一些，但体格远逊于我，所以我这副咄咄逼人的架势吓了他一跳。惊慌失措之中，他的椅子往后一倒，于是四仰八叉地摔在了地上。我一下子慌了神，赶忙跑到他身后，想把他连人带椅子一道扶起。但这个椅子太轻了，我又用力过猛，结果这个男人又向前一个趔趄，脸朝下一头栽进了不远处的沙发。酒店工作人员跑了过来，还以为我袭击了他，现场顿时乱成一团。最终结果是，他的全名、出生日期和居住城市，我一概不知。所以我的专业意见是：千万别像我那样干。

在构思"邀请式问题"时，首先要确定自己能否靠近对方，进入他/她的个人空间。你可以这样提问："你好，能否耽误你一分钟的时间？"这样至少能让对方卸下少许防备。其次要确保之后提的问题都有实质性内容，便于后续对话的展开。通常人们犯的最大错误就是向对方提出封闭式问题，没有任何可延展的空间。如果你想和某人搭讪，却只是问一句："嘿，我想在周围找一家美味的餐厅，有没有什么建议？"面对这样的问题，你的目标对象可能会说"对不起，我不是本地人，所以不熟。"或者"沿着这条路走一英里，那儿有家很棒的秘鲁餐厅。"无论对方怎么回答，你们都很难继续聊下去了。他们就等着你道声谢，随后转身离开。如果你接着又连珠炮般把一堆别的问题丢给对方，他/她不怀疑你才怪！

在开场白中隐约提及某些信息，可视为一种"退出"策略。还记得吧，人们在交流一开始需要了解四个问题。如果可能，你对此应该解答一二。比如，这次聊天需要耗时多久？你可以说"嘿，能不能帮个小忙？耽误你一分钟就好。"又或者"我正赶时间，不过能不能请问一下……”这种开场白暗示着这场对话用不了多久。同时，一定不能拖延时间。要是希望聊得久一点，必须是对方率先发出邀请。若是谈话时间超过了对方预期的限度，就会产生风险——他们可能会对你避而远之，令你的努力付诸东流。

邀请式的问题一旦说出口，你就需要提出更多的问题“推动对话展开”（第四步）。大多数人都认为，与人聊天主要是给自己说话的机会。但在诱导策略中，你提出问题的目的是引导对话，让对方说得更多。有一点很重要，你得保证问题的开放性，才能让对话延续足够长的时间，以便获取想要的信息。自然，要提出问题并让你的目标对象开口，就意味着在聊天的大部分时间里，你都需要“主动聆听”（第五步），大多数人都做不到这一点。当别人说话的时候，他们想的是下一步自己要说什么。但其实如果不能仔细聆听目标对象正在说些什么，你就没法做好准备，继续提出下一个问题。

想提升主动聆听的能力，不妨挑战一下自己，在对话中提出更多“反思性问题”。其实提出反思性问题并不难，只需要重复一下目标对象的最后几句话，组织一下语言变成问句即可。比如你们正在讨论旅游的话题，如果对方说：“没错，秘鲁是我去过最酷的地方。”那么接下来你的反思性问题就应该是：“哦？秘鲁真的是你去过最酷的地方吗？”反思性问题一方面可以让你的目标对象就眼前话题持续讨论，另一方面，如果能锻炼自己经常提出这类问题，可以帮助你养成深度参与对话和主动聆听对方的好习惯。反思性问题本身也是一种讯号，告诉对方：你在全神贯注地倾听。

如果不能认真聆听，就无法成功过渡到第六步“牢记细节”。或许你的谈话艺术已炉火纯青，能够巧妙地诱导目标对象透露重要信息。但是，如果你不擅长记住细节，所有努力也将付诸东流。我有非常多学生已完成了本章一开头描述的课后作业，也获得了所需的信息，但事后却很难回想起细节，无法向我详细复述。有些人称自己记忆力不好，不能像专业黑客那样牢记细节。但事实并非如此！曾经我的记忆力也很差，但是通过训练，我不但能够一五一十地记住他人告诉我的事件细节，还能记住当时情境中的具体情况，比如对方的肢体语言及服饰着装。此外，提出反思性问题迫使你重复信息，也能帮你更好地记忆细节。当然，这种方法也不能过度使用，不然会让听者感到厌烦，觉得你是个傻瓜。要提高记忆细节的能力，可以玩玩下面这个小游戏：

当你走进咖啡馆、酒店大堂或其他公共场所时，选定你想关注的某一特定人群（如白人女性、非裔美国男性、老年人、亚洲女性等）。当第一个属于这一特定人群的人进入你的视线时，挑战一下自己，记住其衬衫或上衣的颜色。假设你看到的这个人穿着一件灰衬衫，那就默念几遍“灰衬衫”，看看在离开的时候是否还能记得住。熟练做到这一点之后，再继续下一步挑战：多关注几个特定人群，并练习记忆其他细节。比如，在走进一家星巴克后，记住第一个白人女性的毛衣颜色，第一个非裔美国男性的衬衫颜色，以及至少一名服务员的名字。坚持这样做，一两个月之后你的记忆力将突飞猛进，吓你自己一大跳。

执行诱导策略的最后一步，就是“选择合适的方法和时机结束对话，并让对方因此次沟通而受益”。大多数情况下，你的初始设定（比如你问对方：“有没有时间聊两句？”）会让对话在某一时间点自然而然地画上句号。但是请注意，诱导策略很可能会带来超出预料之外的良好效果，让你的目标对象滔滔不绝。此时虽然你已经得到了想要的信息，但如果立即结束对话，就会显得粗暴无礼，只在乎自己的目的是否达到。这样一来，对方就会感到不被尊重，没有因为此次相遇而受益。所以，你应该继续耐心与之对话，就算是得偿所愿之后也要主动聆听、善意回答。毕竟，参与对话的不仅仅只有你一个人。

诱导策略与本书描述的其他策略一样，越熟练，就会显得越自然。不妨每天都在身边的人身上试一试，可以是陌生人，也可以是朋友、家人和同事。一开始，可以试着套取那些无关痛痒的信息，比如一位星巴克顾客的全名，或你的孩子一天在学校都干了些什么等。随着信心的不断提升，你就该瞅准时机，运用策略诱导身边人透露有价值的信息。比如，你的另一半对于你俩之间关系的未来究竟是何态度？老板是否真如其表现的那样对你的工作绩效感到满意？你最忠实的客户明年是会增加订单，还是减少预算？你那十几岁的孩子在上周末的派对上都干了些什么？假以时日，这些信息都将尽在掌握。

如何把诱导策略玩得更溜

随着你掌握“目的性对话”的技能日臻娴熟，现在该运用其他技巧来达到更好的效果了。比方说，在这一章的开头部分我们就曾经提到过一个概念，叫作“安全机密信息”。在与美国联邦调查局前行为分析项目主管罗宾·德里克的合作中，我又研究出另外五种诱导技巧，可以帮助你给别人“下套”，让他们主动把信息“泄露”给你。

做出明显不真实或不符合逻辑的陈述

如果你还没有尝试过这本书中的任何一条策略，那就先拿这一条试试手吧。人类天生就有纠错的本能，尤其当他们对于正在谈论的话题深信不疑时，就更是如此。[6] 如果你在超市听到有人针对你最喜欢的足球队胡编乱造、一顿乱喷，心里肯定会产生一股强烈的冲动去纠正他的错误。至少你的情绪会产生波动，心里会想：“这些人压根就不知道自己在说什么。”所以，你可以利用人性的这种特点，诱导对方透露信息。要想知道某人是不是真心对某个话题感兴趣，那么不妨故意说一些错话，刺激对方纠错，在这个过程中他们会吐露某些你之前并不掌握的信息。甚至你可以抛出某些荒谬的论断，乃至无稽之谈。他人在纠正你的同时，也会将正确信息和盘托出。有一次，我的一个学员为了获取某些人的出生日期，选择在午餐时向他们套话。他对其中一人说：“嘿，你在吃草莓，所以我猜你的生日一定是在二月份。”

很明显，吃不吃草莓和是不是二月过生日没有任何关系，但对方还是开始纠错了。

“不，我的生日在 7 月。”

“哦，是 7 月 4 日吗？”

“不是，21 号。”

“挺不错的日子”。说完之后他便转身开始寻找下一个目标了。

给对方一个选择范围

如果你想让某人向你透露一个确切数字，可以试着将你自己预估的上限和下限告知对方。你的目标对象很可能会告诉你该数字是否在你给定的范围之内，甚至直接告诉你确切答案。[7]购车达人对此可谓轻车熟路，他们能清楚判定议价空间。他们会说：“跟我说句实话吧，如果我想买这辆车，你们能否在标价的基础上，给我 5 000—10 000 美元的折扣？”如果销售觉得这桩买卖可以谈，他们可能会说：“我们给出的折扣最高不能超过 4 500 美元。”那么此时你就能更清楚地知道下一步该怎么谈了。但如果你一上来就说：“要我买这辆车，至少要比标价便宜 4 000 美元。”听到这句话，销售员通常会故意表示为难，说他们没法办到。因为其实他们还是想压缩你的折扣空间，这样一来谈判就对你不利了。由此可见，如果你给对方一个既合乎情理，也对你更有利的折扣范围，那么就会出现两种情况：要么是找到了一个可以继续谈判的起始价格，要么是这家汽车经销商无法满足你的折扣要求。

让对方知道你掌握某些信息或认识某些人

如果你表明自己知道某件事或认识某些“知情人士”，就可以让人们更放心地与你交谈。有一次我试图混入一栋大厦，此前我在手机通讯录上把一位同事的名字换成了这家公司副总裁的名字。我让这位同事在外面的车里等我，透过大厦的前门玻璃观察我和保安之间的沟通情况。在某个时间点，他会看到我和保安争执不下，于是就会给我发出下面这条短信："你究竟到哪了？我们已经等了 15 分钟了。"

此前我们已经在 Glassdoor 网站[①]上对这家公司做过了功课，知道这位副总裁名声很差。很多人愤怒地表示，为她工作简直是虐待自己。掌握这些信息之后，我抱着一大沓文件，大摇大摆地走进大堂。经过保安身边的时候，我非但没有放慢脚步，还加快了速度，看上去好像就要直接冲进去了。

"喂喂喂，"值班保安说，"停下！你不能这样擅闯公司。"

"你说什么？"我说，"难道你没看到我刚刚出来，去车里取了点文件，也就是几分钟之前的事。"

"真不知道你在说什么。"一名保安说。

我说："告诉你，我正在赶时间。我可不管你刚才是不是在上班时候打瞌睡。不过几分钟后我就要开会了，刚才出来就是拿这些文件。"

保安摇摇头说："请出示你的工卡。"

他刚说完这句话，同事的短信就来了。手机上显示的短信发件人就是那位副总裁。

"有必要吗？"说着，我把手机对着那位保安，好让他看到究竟是谁在给我发短信。"要不我拨个电话过去，告诉她为什么我还没去开会吧。"

看到屏幕上的信息，他摆了摆手："还是别了，好了好了，你进去吧。"

---

① Glassdoor，一家从事企业点评与职位搜索的美国职场社区网站。

在这个案例中，我撒了个谎，让人觉得我掌握了某些信息（在本案例中，是我认识某人），但事实上这并非实情。在日常生活中，应该做到知之为知之，不知为不知。这不仅仅因为说谎是一种不道德的行为，而且还有可能弄巧成拙、自食其果。再举个例子，有一次，我希望从一位物理学教授那里套点信息，于是在接近他的时候，故意说我非常爱读他曾发表的一篇有关量子物理学的论文，其实我对量子物理学一无所知（直到现在也是如此）。当他问我具体喜欢论文中的哪个部分以及读后有什么问题时，我张口结舌答不出来。他看出来我没说真话，于是很不高兴。“读完文章后再来找我吧。”说着他转身就走了。唉，可不就是搬起石头砸自己的脚。

假装不相信

如果你对目标对象所说的话表示不相信，就很有可能让他们产生捍卫观点的冲动，并在这一过程中泄露信息。运用这一条要尤其当心，因为你不想因质疑目标对象而冒犯他。比如你正在和某人聊天，他告诉你自己刚刚写完一部小说，你可千万别脱口而出：“我不相信你能写小说。”口气不能那么生硬，应该委婉地说：“哇，你写了本书？真的吗？”因为第二种回答并没有隐含“我不相信你”的意思，而是“乍一听，你刚才说的话让人吓一跳，再跟我具体说说吧。”这样一来，对方很可能会告诉你更多细节，不仅关于这部小说或其写作过程，还有可能讲述生活中的方方面面，而这些或许就是你所感兴趣的部分。

引用媒体报道过的事实

还记得那个密码事件吗？我就提了一句媒体对人们设密码行为的报道，竟引得整个餐厅的人都非要在自己身上一试究竟，以至于透露了银行密码。在这一过程中，我们引用的数据是真实的，并非无中生有。如果你也想使用这一技巧，那么事先就得学会寻找可能在对话中有所帮助的事实。总体来说，对话开始前你收集的相关信息越多，效果就越好。比方说，如果你想参加一个关于某主题的行业会议，为自己的公司刷一波存在感，那么在熟悉该主题的同时，要收集一些有趣的事实，这对于展开对话可能大有裨益。

现在就请去试一试吧。去超市里找个人搭讪。给你的挑战是：运用一条或几条上述技巧，问出此人的出生月份。如果你在与他初次接触之后只用了一句话就完成任务，还能再得附加分。如果你只想尝试某一条技巧，那就选第一条“做出明显不真实或不符合逻辑的陈述”。你会发现，这法子简直灵验到不可思议！

不断练习这些技巧，你会慢慢小有所成，对自己的诱导能力愈发自信，但是不能骄傲自满。很多学员总是过于自信，不满足于按原计划套取信息，所以才一路栽跟头。你越是贪心，就越容易用力过猛。一旦目标对象发现你正在榨取信息，他们就会感到被利用了，随后便三缄其口，不再理睬。遇到你让他们心情不爽，这可绝不是我们希望看到的。当你的技巧不管用时，你能看出对方的面部表情和身体语言有些不对劲。可以的话，最好还是赶紧离开吧。不是每个人都能提供你所需要的信息，就算找对了人，也不是每次都能如愿。你的目标对象可能心情不佳，可能正在赶时间，抑或是你提出的特定问题并没有引起他的共鸣。

最关键的，还是你要时刻将注意力集中在对方身上，与他们保持步调一致，不光是你说了什么，你怎么说的也很重要。我给我的学员分享过一个小妙招（忘了从哪看来的了），要密切关注目标对象说话时的四大要素——节奏、语速、音量和声调。一方面，一旦这四大要素发生变化，那就意味着你并没有和目标对象达成共识，对方对你逐渐失去信任；另一方面，你也可以在这四大要素上模仿他们，令沟通更顺畅。但如果你刚遇到某人，就忙不迭模仿他们的口音，那就很可能让人感觉你是个骗子，或是在取笑他们。但如果能在四大要素（特别是音量和语速）上尽量与其接近，则不会让对方不舒服。比如，和某个来自大城市的人聊天可以稍稍加快一点语速，提高一下音量，让他们感觉更自然，在不知不觉中，他们会更容易对你敞开心扉。

“黑”出新天地，建立好关系

有人说酒精是一种社交润滑剂，的确如此。而本章所讨论的技巧也是一种润滑剂。芸芸众生中，有些人天生就是“口才大师”，而另外一些人则需要后天训练。不管高手还是菜鸟，你都可以亮出“对话艺术”这一秘密武器，为己所用。你获得的回报不仅是掌控谈话走向、获取更多信息，而且还能让更多的人享受你的陪伴、感受你的亲和力。这是一个与他人深入交流的机会，这种机会有时会有出乎意料的效果，甚至与陌生人交谈时也能如此。

还记得我在本章一开始提到的练习吗，如何让陌生人主动告诉你一个从未与他人分享的秘密？我有两位年轻学员，一男一女，在拉斯维加斯（我们经常在那里培训）的一家酒店接受了这一挑战。这两人在赌桌和老虎机之间游走，搜寻目标，最后遇到一对年过六旬的老年夫妇，于是就瞅准机会与他们聊了起来。他们很快套上了近乎，一起畅聊生活、家庭，甚至还分享了一些珍贵的人生信仰的观点。就这样，尽管对话平淡无奇，但大家都很愉快。大概 20 分钟后，男学员觉得与这对老年夫妇已经建立了足够融洽的关系，感觉不管自己问什么，对方都会认真回答。于是，他就抛出了关键问题说：“今晚我们一直在附近转悠，希望能够结识一些陌生人，和他们交朋友。我发现，要做到这一点，最好的一种方式就是向对方发起‘灵魂拷问’，比如‘敢不敢告诉我一个从未跟别人说过的秘密？’你们有什么可分享的吗？”

听到这里，这对夫妇默默对视一眼，潸然泪下，妻子开始抽泣起来。

男学员懵了，不明白自己做错了什么。

丈夫看了看他，说：“一年前，我们的儿子自杀了，这一年我们不知道是怎么……怎么熬过来的。就在两周前，我们约好了，我先杀了她，然后调转枪口结束自己的生命。”

我的学员呆住了，无言以对。

妻子悲伤得不能自已，丈夫用袖口抹了一把眼睛，说：“我们把一切都盘算好了，准备一了百了。但最后时刻，还是过不了那一关。自杀又有什么用呢？于是我们决定投入毕生时间，帮助其他患上抑郁症、有自杀倾向的年轻人。这是我们最后一次来拉斯维加斯玩了，之后就会把所有存款都贡献到拯救抑郁症青年的事业中去。”

听到这里，两位学员与这对夫妇紧紧拥抱在一起。他们又聊了半个小时，一起哭，一起笑，随后还共进晚餐，交换了电话号码。培训结束后，学员们都各自回家了，但他俩却继续与这对夫妇保持着联系。时至今日，我不知道他们的这段友情是否更进了一步，是否依然保持着联系。但我清楚地了解到，他们成功运用诱导技巧，与他人共享了一段与众不同的亲密时光，建立了一段意义非凡的深情厚谊。

我的学员并没有直截了当地要求这对夫妇告诉他们一段从未与他人分享的往事，而是通过建立融洽关系，“挣”得了提出这一要求的机会。他们用礼貌友好的方式搭讪，对他们的生活表示出兴趣，专心致志地聆听他们的倾诉，随后问了几个体贴入微的问题，时时刻刻都在关注这对夫妇在谈话中的反应，并对谈话策略随时做出相应调整。这两个学生已经提前准备好了沟通方案，正是有了预案，他们才会更加认真思考对话中应该说什么，应该怎么说。否则，就不会发生后面的事。由此可见，诱导确实是一种超能力，只要其运用合乎道德规范，不但不会让你以居高临下的方式强迫他人透露信息，反而会帮助你与他人建立真正牢固的人际关系（尽管这种关系并不一定会长久），如此他们就会自然而然地对你畅所欲言。诱导策略也好，本书中描述的其他技巧也罢，若你勤学苦练，必熟能生巧，人际关系也会日益改善。

到目前为止我们提到的所有话题，包括营造情境、构建和谐关系、诱导策略和影响力原则，都属于社会工程学中积极正向、有益社会的层面。尽管坏人也会运用这些技巧作奸犯科，但普通人却可以利用它们，在帮助他人的同时实现自己的目标。不过，社交黑客的“百宝箱”中还有一些秘密武器，在日常生活中应该严格禁止。它们的威力太过强大，一旦使用，不可能不造成恶劣后果，有时破坏性相当严重。我所说的就是操控他人的黑暗伎俩。如果你曾遭人逼迫，交出财产或其他珍贵物品，一定明白操控他人的危害性有多大。接下来的这一章中，我会讲解操控术的原理，这并非让你以此谋利，而是让你随时警惕骗子、间谍和其他坏人。在这个世界上，奸诈之徒无处不在，最好的自我保护之法，就是搞清楚他们的运作模式。

第六章 防患于未然

如何对付潜在操控者？通过了解和辨别他们的惯用伎俩来保护自己免受伤害。

很多人认为，社交黑客手段与“操控”他人殊无二致。这一点请恕我不敢苟同。二者的区别在于，如果你运用本书此前章节中所阐述的技巧对他人施加影响，对方会主动满足你的需求，因为他们发自内心想要帮你排忧解难。然而操控术却不同，而且见不得光。你在操控他人的时候，采用的是迂回欺骗甚至强迫的方式让对方服从，违背了他们自身的意愿，往往会造成极大伤害。我的团队几乎从不使用操控技巧，我劝你们也千万别用。不过要对其有所了解，才能保护自己远离那些潜伏至深、怙恶不悛的操控狂徒，免受其害。

多年前，在我离开大学之后，我利用自己的社交黑客技巧找到一份伤残保险经纪的工作。那时候，我还没有去餐厅当大厨。我的主要客户群体基本上都是农民，但我对种庄稼和乡村生活基本不怎么了解，远比不上那些来自佛罗里达西海岸、20 岁左右的冲浪小酷哥。要说在保险行业的知识，那就更加少得可怜。但这家公司给了我这个机会，还让当地办事处的金牌销售员对我言传身教，指点我如何掌握方法和诀窍，把伤残保险卖给那些瘦小干枯、为生计苦苦打拼的农民们。

这位金牌销售员名为格雷格，此人给我的所谓“指点”实在一言难尽，不过是厚颜无耻地左哄右骗，让那些农民购买远超实际需要的保险而已。在一次日常电话推销中，格雷格根据一位农民的农场价值以及他从中得到的收入，格雷格计算出这位农民需要 17.5 万美元的伤残保险，以赔付工伤损失。然而，格雷格却说服他以一个高出很多的月保费标准购买了一份价值 100 万美元的保险。他夸大其词地劝告对方，如果他真的不幸受伤且没有这么高的赔付额，天都会塌下来。“你的家庭将失去农场，”格雷格边说还边信口开河地捏造了一些数字，“你将一贫如洗，孩子们都没钱上大学，你的生活就此完蛋了！”

为了证明自己这番说辞的可信度，格雷格还胡编乱造了一件所谓的“真人真事”：一位周边县城的农民被机器夺去了双腿，直接导致整个家庭穷困潦倒。他的妻子现在正在沃尔玛打工，时薪只有 6 美元。孩子们一个个地辍学，有的每天长时间干着费力不讨好的工作，还有的就此染上毒瘾。这位农民被逼无奈，每个月的日常花销都得找年迈的父母借钱支付，一家人连医保都买不起。这一切都是因为这个农民当时图便宜，只买了价值几万或几十万美元的保险而不是一百万的。听完这些，如果客户想要细问这个案例的真实性，格雷格则会明确拒绝，并以“为客户保密”为幌子搪塞过去。“八九个月前登过报，我相信你肯定看到过。”他这么一说，大多数的客户都会点头称是。

正如我们看到的那样，要对他人施加影响，就要引导对方与你思路一致。只有获得对方认可，你的意愿才能变成他们的想法，符合他们的最佳利益。而操控术恰恰相反，它需要主宰他人的情绪，迫使他们服从，丝毫不顾造成的恶果和伤害。格雷格的言传身教与此后我看到的无数案例都显示，操控术简单易行，而又效果惊人（倒也不总是像格雷格的所作所为那样属于彻头彻尾的欺骗）。当我们体会到恐惧、痛苦、情欲以及其他强烈的感觉时，理性思维就会暂时“短路”，大脑会被那块核桃大小般的灰质“杏仁核”所接管。美国心理学家丹尼尔·戈尔曼将这一现象称为“情感劫持”。[1] 格雷格深谙这一机制，于是毫无下限地加以运用，轻而易举就完成了“情感劫持”，触发了对方的反应。他的目标对象陷入了“或战或逃”的两难境地，只得在短时间内做出了缺乏理性的决定。尽管也有少数客户通过询问一些很刁钻的问题逃离了陷阱，并最终将格雷格撵出大门，但大多数人还是听他的建议照办了，让他完成了业绩，自己却背负起一份昂贵的保险月供。

像格雷格这样的“操控者”遍地都是。虽然我更愿意相信绝大多数销售员、政客、法官、记者和宗教人士都有道德底线，但也总有那么些害群之马通过故意燃起我们的恐惧、仇恨、欲望等情感来实现其不可告人的目的。商业领域操控行为靡然成风：拉斯维加斯的赌场通过禁用时钟和隔绝自然光线，让人们在赌桌上迷失自我[2]；商店里散发出诱人的香气，令人欲罢不能、一买再买[3]；商家投放数十亿美元的广告，蛊惑我们购买根本不需要的产品和服务。合法行为尚且如此，那些操控犯非法的所作所为就更不用说了。无数来路不明的电话、电子邮件和短信不断向你发出威胁警告，称如果不提供某些信息、支付某项费用或做出其他配合，他们就会提起诉讼让你失业或给你带来其他灾难性后果。除了每年攫取数万亿非法所得外，操控骗子还给受害人造成了严重的精神打击。在一起骇人听闻的案件中，一名男子成了某款勒索软件攻击的牺牲品。黑客告诉他，由于他下载色情片被发现，需要支付 2 万多美元的罚款。该名男子根本付不起这么大一笔罚款，他终日忧心如焚、精神恍惚，最后只好选择自杀，同时还结束了自己 4 岁儿子的性命。[4]

作为一名社会工程学专家，我也一直使用操控之策“黑”进网络系统、混进企业大楼，但都是应客户要求而为，而且严格按照他们的程序规定，不会越雷池半步。尽管有时候我的做法也不能让目标对象获益，但这些行为给他们情绪方面造成的小小波动，却实现了一个重要的目标：帮助这些公司更好地自我保护，免遭黑客罪犯的攻击。在这一章节中，我会剖析社交黑客以及其他不法分子惯用的心理操控模式。这些人为达目的，甚至越过法律底线，让你蒙受损失。希望本章能够帮助你保护自己，确保自身安全。

停止操控

了解操控之术的另外一个原因是：防止自己在不经意间的使用。现实生活中绝不仅仅是无良的个人或企业通过这些花招达到自身目的，其实我们每个人都会不经意间这样做，但常常都是在一些鸡毛蒜皮的小事上，不易觉察，也不会想太多。比如，我的体格绝对是个“大块头”，所以乘飞机的时候，如果坐在靠窗的位置，边上中间位置再坐一个乘客，就会很挤。于是每次轮到我第一批登机，而且座位没有预订时，我就会紧张兮兮地盯着鱼贯而入的乘客，祈祷没有其他人坐在我旁边。虽然我并不想坦白说出来，但有时候除了祈祷，我确实还会做点别的，比如把自己的外衣或是其他私人物品放在旁边的座位上，摆出有人已经占了座的样子，或者伸展四肢，暗示那些看中我旁边座位的人：要是胆敢跟我做“邻居”的话，那就别指望还有什么私人空间了。我还尝试过戴上耳机假装听音乐，这样经过的乘客就不太会询问我身边的座位是否还空着了。

照理说，如果我不想别人坐在自己边上，就应该使用影响力原则的技巧，礼貌地和他们聊天，请求他们另寻他座。但是我没有，反而营造了虚假场景，引发他们的负面情绪，令他们不得不做出决定。因为他们要么担心“坏了规矩”，要么不想在已有人占座的情况下表现得粗鲁无礼，抑或是不愿坐在一个满身臭汗还无视其他乘客私人空间的“大块头”外加“冰块脸”身旁。所以，我的操控之术确实是出于自私自利的目的，一点儿也没有体谅他人、尊重他人。尽管没有造成什么严重伤害，但多多少少让同行的乘客们感到些许不悦。

陌生人之间为了互相争夺空间或其他稀缺商品的时候，这种情况就更屡见不鲜了。在日常生活中，对待朋友、亲属和其他重要的人，我们也会要点类似的小计谋。比方说，如果你想让另一半做某件事，你是选择直言不讳还是好言相劝？还是会暗示他 / 她，如果不照你的意思行事，会有严重的后果，而如果照做了，则会促成一件美事，以此来激发他们的情绪，无形中推动他们认同你。

一天下午，我突然很想晚餐吃牛排，而当时我的妻子却对肉类没什么食欲。于是，在路上开车的时候，我一直不断地勾起她脑海中对于各种肉食的回忆。“你有没有闻到昨晚烧烤的味道？一想起来，我的口水都要流出来了。”我絮絮叨叨地聊着烧烤的话题，让她不断回忆起我们最喜欢吃的烤肉。接着，我假装随意地问她晚餐想吃什么。“我不知道，”她说，“但我突然有点想吃牛排了。”于是，牛排成功成为我们当天的晚餐。也就是说，我成功操控了她，让她抛弃了吃素的念头。好在对她也没有什么影响，但如果身体状况不允许，比如她要是有心脏病，正遵医嘱不吃动物蛋白质的话，我这么干就会坏事了。但是无论怎样，我这样的表现依然很自私，因为我利用了她的情感弱点来实现自己的想法，完全没有考虑过她的需求或愿望。

如果你已为人父母，很可能也会操控孩子乖乖听话。当他们不想上床睡觉、不想好好做功课，或是不想完成自己的分内家务时，我们就会跟他们谈一谈，鼓励他们自觉自愿地照规矩做事。不过，如果当时我们自己压力山大或精疲力竭的话，恐怕就很难有这样的耐心了。

此时，我们会念叨起为孩子们付出的一切，让他们因为连父母的一点简单要求都无法办到而倍感内疚；要是他们还不听话，我们就会威胁要剥夺某些特权，让他们害怕；要是乖的话，我们也会用甜点作为奖励。所有这些标准的育儿技巧，不管看起来是多么微不足道的小事，其实都是操控术，其核心不是关爱，而是通过使用铁腕手段让孩子们服从管教。

事实上，避免操控可以改善你的人际关系，为此你得多花点心思和努力。不过话说回来，如果你在日常生活中对他人只是施加影响而不是强加意志，你会因此变得更加宽和，更有爱心。你会更专注地聆听他人，更透彻地理解他人，更贴心地满足他们的所思所想，从而增进情谊、赢得信任。想想看，当你和配偶在做共同决策的时候，如果你暗暗用操控术削弱了她自己拿主意的能力，你们之间会建立起多少融洽感和信任度呢？当你向孩子们承诺，只要好好做功课就会有糖果奖励时，又会培养多少感情呢？再拿乘飞机占座这件事来说吧，当我头戴耳机、伸展四肢的时候，就已经不可能与同行的旅客建立良好关系了。但如果我换一种方法，把自己的情况解释清楚，然后和气地请他们坐到别处，这就相当于给了他们一个表达善意的机会，同时也让自己有机会心存感激并向他人表示感谢。

心理学家小斯图亚特·阿布隆曾在他的著作《可变》中提出了一种名为“协作解决问题（CPS）”的人际交往方法。在使用这种方法的过程中，家长、教师和其他处于强势地位的人，不会仅仅因为拥有权威力量就强迫其他人服从。相反，他们会变得“更友善”，通过换位思考与他人对话，从而找到合作解决问题的方案。正如阿布隆所说，当学校、精神科医院和少管所摒弃传统纪律的约束，转而使用

CPS 方法之后，其管理对象的行为有了显著改善。在一家儿童精神中心，工作人员常常因为孩子们表现恶劣，不得不关他们禁闭，一年关了 263 人次。但在引入 CPS 之后的一年之内，禁闭人次锐减至 7 次。CPS 是一种非常具体及结构化的方法，本书中描述过的施加影响力的技巧与 CPS 虽然有一定区别，但其成功的应用案例说明，并不一定非得采用操控技巧或规章纪律，才能迫使处于弱势地位的他人按照我们的意愿行事。实际上还有其他可供选择的方法，这些方法能够让我们尊重他人，并与其建立彼此信任、相互共情的牢固关系。[5]

尽管操控术在社会工程学中功能强大，但影响力技巧的功效也不遑多让。在很多情况下，它甚至要比赤裸裸的操控更为有效。还记得那个撒谎不打草稿的格雷格吧，就是当初培训我的保险经纪人。我一开始和他共事的时候，他还是公司的全球销售冠军。但我在加入公司短短一年时间内，就取而代之，在六个月内稳坐头把交椅。虽然我从格雷格身上学到很多，但我一开始就下定决心不用违反道德的方式工作。在受理客户的保险需求时，我一直以诚相待，跟他们分享当地农民购买保单并索取赔付的真实案例，绝不弄虚作假。我卖出的保单从金额上看，通常比格雷格少，但我以保单数量取胜。最重要的是，我每天晚上都能睡个安稳觉，因为我知道自己是在帮助别人购买真正需要的保险服务，并改善了他们的生活。

当然，在生死攸关的极端情况下，我确实很有必要对他人实施操控术，迫使他们迅速做出我们希望的反应。比如在一场人质劫持事件中，需要劝服绑匪放下武器。此时我会毫不犹豫地提醒绑匪这儿有特警队神枪手，并对他们百步穿杨的狙杀绝技大肆渲染，让罪犯不寒而栗。但那毕竟是极端情况。事实上，只有追求自己的目标和实现他人利益二者兼得，才能获益更多。同时也要保持警惕，谨防有人利用操控手段对你下手。

弱点原则

或许你会觉得自己不费吹灰之力就能辨别操控之徒吧。每天在手机上、邮箱里看到的各种各样的骗局，你都能一眼看穿。花里胡哨的广告和花言巧语的销售人员都逃不脱你的火眼金睛，什么都骗不了你！但是，智者千虑，必有一失。正是因为操控行为无处不在，反而会让我们骄傲自满而麻痹大意。要是你收到一条机器人语音信息，用断断续续的英语警告你：如果不拨打某个电话号码并支付高昂的信息费，你就会因为某种莫名的原因被关进监狱。这种信息你才不会去理会呢！但是别忘了，骗子们的段位也在升级，他们的布局越来越缜密精巧，可信度也越来越高，常常让我们防不胜防。

2019 年，英国巴克莱银行曾曝光过一起诈骗案。犯罪分子在网络上声称有一座漂亮的度假别墅供出租，并提供了大幅折扣吸引那些缺乏戒心的度假者。实际上，他们盗用了其他网站的真实图片，还醒目地加上了英国旅行社协会的认证标志。这一切太诱人了，看上去也没什么值得怀疑的地方，被冲昏头脑的受害者们不假思索地掏钱预定，结果损失了数千美元。经过对 2 000 名消费者的调查，巴克莱银行发现，他们的警惕性低得惊人。其中大多数人承认，即便租金便宜得“离谱”，他们依然会禁不住诱惑，最终下单订房。[6]

还有一起十分常见的诈骗案，犯罪分子打来电话，声称绑架了一位受害者的家属，要求立即支付赎金。他们用了号码伪装技术，对于受害人来说，来电显示的号码看上去就是他们所爱之人打过来的。[7]美国联邦调查局表示，“与传统的绑架案件不同，网络绑架犯其实并没有对任何人实施绑架，而是通过欺诈和威胁，在骗局穿帮之前诱骗受害人迅速支付赎金。”[8]如果你对这些骗局一无所知，当有人打来电话声称绑架了你女儿，而且威胁你如果不能在一小时内支付 2 000 美元，就会撕票（而且从来电显示来看，这个电话正是她的手机号），你很可能会在惊恐之中直接支付赎金。

除非你从事的是安保行业，或是供职于执法部门，否则对于这些层出不穷的新型诈骗根本无从知晓。不过，你可以深入了解骗子操控他人的原理，这样不管他们使出什么阴谋诡计，你都能降低受害风险。

操控他人时，罪犯会让受害者感到压力、焦虑或不适，从而让受害者最大限度让利，我在课程中将其称为“弱点原则”。前文中提到过一起导致一对父子丧命的勒索黑客案，其实就是利用了这一原理。还有数量不菲的其他诈骗案件要求受害人满足其要求，否则就以某种严重后果相威胁，其原理大抵也是如此。在某起针对老年人群体的典型诈骗案中，黑客假冒国税局员工打来电话，向对方谎称其社保卡号码已经失效，若不重新激活，之后就无法再收到支票。当然，“激活”是要收费的。这些诈骗分子老谋深算，他们事先在暗网上购买受害者的个人资料，在行骗过程中能准确报出他们的名字，对他们的地址以及其他个人信息也一清二楚。骗子们还会让受害者听到电话背景中的噪音，假装这通电话是从一间繁忙的政府办公室打来的，而且电话号码也伪装成了华盛顿特区的号码。若是一位老人收到这样的电话，慌乱之下没准就立刻支付了这笔费用，因为他们每个月的生活开销都要依靠社保金支票。

练习：花半个小时看看商业广告，分析这些广告如何利用操控手段实现其目标。

弱点原则也可以通过引发受害人积极正面的情绪来发挥作用。比如上文提到的度假别墅租赁骗局，或是父母为了鼓励孩子做家庭作业施以小恩小惠，以及所有骗你只需点击一个链接就可以领奖的电子邮件、短信和电话，都是如此。典型案例就是所谓的“蜜罐”策略，操控者通过激发目标对象的欲望，实现某种自私的目的。这种策略在电视广告中被广泛应用，比如主持人楚楚动人、衣着性感暴露，以此刺激观众产生更强的购买欲。我们都听过这样一句商界名言——“大卖靠色相”。从事快餐、美容产品、酒类和低俗娱乐业的公司通常都会在广告中使用性挑逗形象，以此吸引观众。[9]对于那些定位于让人凭着一股冲动就掏钱购买产品的公司来说，这种营销策略似乎特别管用，而且不会带来太大风险。不过，研究还发现，对于更复杂更昂贵的产品，含有性挑逗元素的广告实际上并不奏效。同时，在我们这个高举“我也是（受害者）”大旗、反对性骚扰的时代，对于那些此前以公司为主要客户源的行业，比如快餐业来说，性挑逗广告可能会失效。[10]

有些广告在推销产品时，可能会引起观众正反两面的情绪，积极和消极兼而有之。比方说你正在看电视，一则广告映入眼帘，屏幕上一条饥肠辘辘的小狗瘫倒在污秽不堪的地上，耳畔响起了悲伤的音乐，接着旁白说道：“每天只需几分钱，帮助可怜的小动物。”随后音乐变得欢快舒畅，画面上出现了几张健康活泼的小狗照片。正是多亏了像你这样的好心人慷慨解囊，它们才能在这家机构的帮助下最终得救。一条小狗从奄奄一息到活蹦乱跳，这让你感受到一种奇妙的冲动，于是你立刻拨打了屏幕上的电话，献出一份爱心。但如今这种招数已经和性暗示广告一样，越来越不灵光了。因为观众越来越精明，他们想要看到的是真情实感和实实在在的效果。[11] 一些专家认为，对于重要的慈善事业来说，以创造力、幽默感和结果导向去激发募捐对象的同情心才会更加有效。换言之，相比情绪操控，利用影响力构建技巧更加管用。[12]

抓住弱点的四种途径

操控高手善于利用人类心理的各个方面提高其成功率。以下是我所了解的四种抓住人性弱点的方法，你在日常生活中也应该牢记在心：

方法一：掌控环境

研究显示，物理环境对人类有着强大的控制力。被誉为“积极心理学之母”的哈佛大学心理学家艾伦·兰格正是此类学术研究的前沿人物。[13] 1981 年，她开展了一项史无前例的开创性实验，探寻人类衰老的过程究竟是由细菌和基因单独导致，还是其他心理因素共同影响的结果。那一年兰格还很年轻，她在美国新罕布什尔州招募了八名年过七旬的老人，古稀之年身体衰老带来的疼痛让他们苦不堪言。但当他们被送进一座改建过的修道院后，却仿佛乘坐时光机，一下子回到了 1959 年——周围的一切都是 20 多年前的模样，那时的他们年富力强、容光焕发。无论是穿衣打扮、娱乐消遣、讨论时事，还是家具的样式，满满都是他们年轻时的回忆。当他们讲述那些陈年往事时，用的都是现在时态，也没有人把他们当成老人看待。进入修道院后，他们还主动要求自个儿搬行李上楼。

只过了短短五天，这些老人们的生理指标显著改善，甚至是奇迹般的变化。他们的体态更好、视力更佳、即时决策的能力更强，而且不经意间丢掉了手杖，甚至在触式橄榄球比赛中都能你追我赶、互不相让，简直令人难以置信！这一被称为“逆时针研究”的实验后来被奉为经典。然而很不幸，由于成本太高，难以复制，而且其意识太过超前，这项研究并没有在当时的学术界和大众视野中产生多少影响。直到几十年后的 2010 年，通过与英国广播公司的一次合作，兰格作为当时众多科研课题的合著者和作者，因其在人类理解身心关系研究上的非凡贡献，获得了更广泛的赞誉。[14]

如果兰格的研究表明，我们可以通过改变周围的环境使自己和他人受益，那么黑客、骗子和其他为非作歹之徒也会对环境做一番手脚，迫使目标对象按他们的意愿行事，对他人造成伤害。在极端情况下，情报部门为了从恐怖分子嘴里挖出消息，会将环境控制方法发挥到极致，几乎与给他们上酷刑无异。2001 年 9 月 11 日，在美国遭受恐怖袭击之后，乔治·W·布什政府启动了“强化审讯程序”，采用各种环境改造技术对付恐怖嫌疑人，如不间断放噪音、动用水刑、囚禁在又小又黑的“隔离箱”中，以及剥夺睡眠（即通过外力束缚恐怖嫌疑人，使其保持痛苦的体态而无法入睡）等。[15] 这些手段饱受争议。有人坚称，酷刑惨无人道，也毫无效果，不可能让嫌犯因此说出绝密情报；也有人认为“折磨很管用”，为了打击恐怖主义，政府应该在强化审讯程序的基础上重新启用更多刑罚手段。[16] 这就是对环境进行恶劣改造的显著案例，与之相对的另一个极端则是将环境升级。在拉斯维加斯的赌场里，各种对环境控制方法的应用俯拾皆是。这类场所不仅会让顾客失去对时间的感知，而且老虎机发出的巨大噪音和鲜艳灯光也在不断冲击着他们的感官，似乎映衬着赌徒们赢钱之后所体验的狂喜与兴奋。此外，赌场里免费畅饮的美酒和衣着暴露的女招待进一步刺激着赌徒们的感官，让他们难以自持，批判性思维能力被抛诸脑后。这一切，都怂恿着他们在赌桌上一掷千金，付出远超其承受能力的赌资。

让我们来看一下，赌场或游乐场用了哪些惯用伎俩来操控你多花钱：

• 只要一赢钱，老虎机里就会持续不断发出巨大噪音，让人感觉周围人每时每刻都在赢钱；

• 使用红色灯光能够诱使人多花钱；

• 昏暗的灯光可能会使人更关注赌局，而无视其他社交活动；

• 令人愉悦的气味会让人更容易下注赌钱；

• 指示牌上不直接使用暗含负面意味的“赌博”一词，而是用了更具娱乐性且减轻负罪感的说法，比如“来露一手！”；

• 在赌场内设置自动取款机，会让人更有赌博的冲动。其他如舒适的椅子、免费的酒水、美女招待，以及近在咫尺的洗手间，都有同样的功效；

• 在赌博区中间设置餐厅，此为饥肠辘辘的赌徒必经之地[1]。

操控者试图控制我们的行为时，我们周边环境的社交维度往往最为突出。想想看，为什么有人一心想要加入兄弟会，心甘情愿地接受猥亵、骚扰和痛苦不堪的欺凌仪式？没错，尽管他们大多是喝得酩酊大醉的摇滚青年，但不容忽视的是，他们身处一个社交压力巨大的环境，不得不为此低头。想象一下，一个房间里挤满了几十个吵吵嚷嚷的兄弟会成员，放荡不羁的行为、喧闹的音乐、无处不在的酒精、无人管束的场合……那些申请加入兄弟会的人在欺凌仪式上忍受着殴打和其他摧残身体的行为，那场景简直不忍卒睹。其中的暗示很明显：如果不能像他们那样承受痛苦，你就是一个失败者，没资格入会。在这种情况下，申请人的理性思维能力被严重削弱，几乎无法不逆来顺受、随波逐流。第二天当他醒来，头脑不再发热时，或许会想“我怎么可能干了这种事？”其实答案很简单，兄弟会的小伙伴们利用了他所处的社交环境，令毫无招架之力的他听从劝诱，乖乖上钩而沦为鱼肉。

方法二：受迫反省

抓住弱点的另一个方法被称为“受迫反省”。这是一种通过呈现完全矛盾的事实，迫使他人对之前所学所知产生怀疑的策略。你也许

---

① 信息来源：《赌博的环境心理学》马克·格里菲斯、乔纳森·帕克（著），《赌博——孰赢孰输》格尔达·雷斯（编），纽约：普罗米修斯出版社，2003 年：277–92。译者注。

听说过“煤气灯效应”①，即一个人如何让他的目标对象不仅怀疑某个具体的事实或概念，甚至还会怀疑自己的大脑是否正常，这就是受迫反省策略的极端例子。矛盾的体验会带来极大的不确定感：原本你相信世界是以某种方式运转的，但突然之间就发现自己根深蒂固的认知完全被颠覆了。这种不确定感随之带来了焦虑甚至恐慌，促使你做出一些与自身利益背道而驰的事情。

研究证实，相比一件迫在眉睫的祸事，对于未来的不确定感会带给我们更大的压力。1994 年，一组加拿大学者研发出了“无法忍受不确定性量表（IUS）”，揭示了一个人如果无法应对焦虑，会如何表现出“认知脆弱性”的一面，并随之产生焦虑或饮食障碍等负面结果。[17] 但在 2016 年，又有学者发表了另一项研究成果，一位媒体记者称这项研究是“有史以来关于不确定性和压力两者关系的最复杂实验”。[18] 对于很多游戏玩家来说，如果某款游戏给他们的体验更逼真、身临其境感更强，他们就会更喜欢这款游戏。那么什么是“身临其境”呢？研究人员要求参与实验者玩一款视频游戏，需要他们跳过一块块石头，石头底下有时候会有一条蛇潜伏在下面。当蛇出现时，研究人员就会对受试者实施一次猛烈电击。

研究人员追踪了风险的存在（研究中被称为“无法减少的不确定性”），并将其与志愿者自我报告中的压力和生理指标（如瞳孔放大和出汗）[19] 进行比较。你猜怎么着？压力和不确定性之间是正向相关

① 煤气灯效应得名于 1944 年美国的一部惊悚片《煤气灯下》。心理学家根据这部电影，将煤气灯效应定义为“慢性心理中毒的状态下认知被摧毁的过程”，指对受害者施加的情感虐待和操控令其逐渐丧失自尊，产生自我怀疑而无法逃脱。译者注。

的关系。当电击的不确定性达到 50%（即尽可能接近完全不确定性）时[20]，压力水平达到峰值。事实证明，当我们无法预测一件事的结果时，大脑中与激活多巴胺相关的部分就会保持高度警惕。[21]

不确定性会带来压力，这一点每个人都深有体会，无须统计学专家或是研究大脑的科学家告诉我们。在中学读书时，你是否曾经在没有好好复习的情况下参加了难度很大的考试？当你明确知道自己只得了个“D—”的时候，反而不再担心了（或者说，没有那么担心了），转而专注于处理后续问题（比如找人帮忙提高成绩，或是思考如何跟父母交代）。但在成绩单下发之前，你一定会感觉特别焦虑，头脑中不断臆想着各种场景，比如在晚餐饭桌上眉飞色舞地跟父母自夸如何如何拿到了一个 B+，再比如垂头丧气地告诉他们考试不及格，让他们无比失望。[22]

当某个操控高手怂恿你质疑自己从前坚定不移的信念时（这就是“受迫反省”），你心中会产生巨大的不确定性。此时为了缓解焦虑，你会答应正常情况下不会同意的请求。打个比方，十月的某个周二晚上，你以为自己正在读大学的女儿此时应该安安稳稳地待在宿舍里。但此时突然接到一个电话，声称她已被绑架，如果你不能在 10 分钟内通过苹果系统的礼品卡功能向对方转账 2 000 美元，这伙歹徒将对她实施强暴并杀了她。如果真像对方所说，宝贝女儿性命垂危，这幅场景必定让你惊出一身冷汗。但是不确定性带来的效果也是一样的，当你获知女儿不一定如你所想那么安然无恙地待在宿舍，而是置身某个危险的不明之地时，你也一样会感到不寒而栗。想到这儿，你就不得不回溯印象中关于女儿的一切，她现在情况究竟怎样，是不是还活在人间？也许你会质疑这通电话是个骗局，但在当时的情况下，你的大脑中有着太多的不确定性，让你无从辨别什么是可信的。那么与其碰运气，还不如照办，于是你就把钱转了出去。

职场上，我们也能发现受迫反省策略的应用。假设你在一家公司IT部门工作，且公司严抓泄露信息的人。某天有人给你打电话，声称公司的系统在过去短短两天之内出现了多达200个安全漏洞，有些员工很快就会因此而卷铺盖走人了，现在公司CEO要求你汇报某些具体信息。此时你陷入两难，一方面你怕违反规定；另一方面你又想照办，因为你觉得在如此严峻的形势下，公司应该不会严格要求你遵守保密规定。究竟该怎么办呢？左右为难的你坐卧不安，无法判别。想来想去，与其惹恼CEO，还不如特事特办，把信息交给对方，这样的话至少不用那么焦虑，自己也好过一点。

有时候企业也会在自己员工身上应用受迫反省的方法，让他们干活更加卖力。比方说，企业不直接解雇员工，而是提前几个月公开宣布会裁掉一部分人，但就是不告诉大家名单里究竟都有谁。想象一下吧，这一招对于普通员工来说影响有多大。在宣布这一消息之前，大家都想当然地以为公司运作良好，员工都手捧铁饭碗。而转眼就听说公司经营不善，裁员潮不期而至，就算自身工作绩效很不错，但头脑中已然疑窦丛生。发生这么大的事情，足以证明自己对于公司的了解出现了偏差，那么还有什么不为人所知的事呢？随着心中焦虑感不断升级，员工们为了不被列入下岗名单，只好更努力地投入工作。对于公司来说，提前发出裁员的消息，很可能就是希望达到如此效果。

方法三：加剧无力感

抓住弱点的第三种非常有效的途径就是剥夺一个人的某种权力。人类生来有掌控欲，在某种深层次的原始层面上，我们这个物种将控制力等同于权力，将权力等同于生存。[23]掌控的核心在于拥有选择的权力。人类和动物一样，都喜欢有选择，即便这一过程并不会对结果有所助益。[24]曾经有一项研究的名称非常贴切，叫作“天生爱选择”，该研究结果显示：“相信自己有能力控制周边环境并产生符合预期的结果，对于一个人的幸福感至关重要”。[25]成功的企业对这一点了如指掌，因此会对员工充分放权，从而提升他们的生产能力、幸福指数和工作效率。[26]正如哈佛商学院教授兰杰·古拉蒂总结的那样：“领导者很清楚需要给下属空间，才能让他们做到最好，让他们探索不同寻常的创意，并在当下做出明智的决定。这一点已经是老生常谈了。”尤其数十年来的研究表明，员工们都希望“在工作中拥有一定的选择权和发言权，这样就可以激发出更大的责任心，从而提高绩效。”[27]

所以，如果有人剥夺了你的选择权（尽管这种感觉往往是假象），让你失去掌控权，巨大的恐惧和痛苦就会吞噬你，让你迷失方向，做出在正常情况下根本不可能的鲁莽决定。久而久之，如果失去的权力总得不到归还，你便很可能会习以为常而就此屈服。这种结果被马丁·塞利格曼及其同事史蒂夫·F·迈尔称之为“习得性无助”。[28]20世纪60年代中叶，当时塞利格曼还是美国宾夕法尼亚大学的一名研究生，正在研究犬科动物的回避学习行为。他和团队对几只狗实施电击，接受测试的狗要么选择忍受痛苦，要么选择越过一道障碍物然后逃脱。经过反复电击之后，有一些狗停止了逃跑行为，垂头丧气地不再反抗折磨。随后研究人员修改了实验方法，在对狗实施电击的同时，直接为他们提供了逃生路线。实验结果却完全一样：大部分狗依然如故，没有任何反抗。塞利格曼当然绝非虐待动物的魔鬼，他希望通过这一实验扭转人类和犬科动物身上都存在的习得性无助，不再“坐以待毙”。从那以后，他将自己辉煌职业生涯的剩余时间都贡献给了这一课题，探索如何通过习得性乐观主义克服习得性无助。

方法四：惩罚措施

实施操控的人有时会惩罚他人或以惩罚相威胁来引起目标对象的某种强烈情绪（比如害怕甚至恐惧），从而使其更容易被说服，最显而易见的例子就是刑讯逼供。研究表明，刑讯逼供在迫使犯罪嫌疑人认罪的过程中效果惊人，然而在获取真实情报方面效果却很差。《科学美国人》杂志曾刊登一篇题为《过往400年，刑讯逼供毫无用处》的文章，文中引用了中世纪欧洲女巫猎杀大恐慌时期几位实施酷刑的审判官的话，揭示了一个我们只需凭直觉就能明白的道理：为了不受苦，管它什么罪名，受刑者都会认下，这是屈打成招。[29] 不过还是有很多人相信，只要拿捏到位，刑讯逼供依然具有神奇的魔力。在热门剧《24小时》中，基弗·萨瑟兰德饰演“人狠话不多”的审讯官杰克·鲍尔。只要能从恐怖分子手中获取情报，他什么法子都使得出来。正是有了他，才得以保护了主要大城市免遭破坏，不至陷入混乱。然而正如《科学美国人》杂志中的那篇文章所说：“这是好莱坞式的异想天开。事实上，被关押的囚犯可能是恐怖分子，也可能不是；他们可能有关于恐怖袭击的准确信息，也可能没有；其他有用的情报也可能有可能没有，反正如果囚犯只想着停止遭受酷刑折磨，其证言就不能完全采信。”[30]

犯罪分子也会运用惩罚机制编造各种各样的骗局，虽然程度没有刑讯那么严重，但结果却令人后怕。要么是用勒索软件黑了你的电脑，要求付款解锁，要么变着法儿地说你犯了罪，要是不付罚款就威胁你坐牢。前文所提到的可怜的罗马尼亚男子就是在威逼之下，结束了自己和孩子的生命。

其实运用惩罚机制威胁别人，并不需要特别严厉或耸人听闻的手段才能迫使对方做出反应。你是否还记得，我曾提到有一家银行要求我们使用操控手段从员工嘴里套出敏感的客户信息？当时我们成功地完成了这项任务，具体是这么做的：我们让团队中一位女性成员假扮成该银行某位客户的助手，给银行的客户专员打电话。这位“助手”假称自己的老板怀胎十月，马上就要生产了，现在急需个人账户信息，在临盆前把剩余工作处理完。那位客户专员例行询问了一些验证问题，以确定这位老板的身份，但是他每提一个问题，这位老板就经历一次阵痛，在电话那头哼哼唧唧、不住呻吟。

这位客户专员心肠很软，但他还是耐心解释自己不能直接提供信息。最后，在反复拉扯了大约 25 分钟后，我们让这位“老板”进入了最后的“临盆”期，她扯着嗓子对助理喊道：“在没有拿到账户信息之前，你要是敢挂电话就给我等着瞧！要是你搞不定这事，大家工资都别发了。”助理随即装出一副惊慌失措而又可怜兮兮的样子，最后一次恳求那位客户专员行行好，把那份敏感的资料发给她。对方终于让步了。很明显，这位老板和那位貌似已经吓得六神无主的助理让他起了恻隐之心。我们暗中威胁要给对方的“惩罚”，其实意在勾起他的负罪感。如果他挂了电话，对急需他施以援手的两个人置之不理，那么他的心里一定过意不去。这种内疚以及随之而来的心理负担最终让他退缩了，我们也终于得偿所愿。

上述四种途径往往有所重合。我们经常发现，在某些操控案例中，四种途径会同时使用，只是程度不同而已。再回想一下那家提前宣布要裁人的公司的例子，他们不仅用了“受迫反省”策略，让员工们更加投入地努力工作，还有其他策略。裁员大潮即将到来，所有员工都面临着“惩罚”的威胁——下岗和失业——这同样会操控员工加倍努力。随着员工对自身职业前途的不确定情绪与日俱增，他们的无力感也会逐渐增强：那些高高在上的领导们已经做好了决策，他们的决定可能会改变普通员工的一切。与此同时，工作环境的方方面面可能也在发生着变化，让你更加担惊受怕，也推动着你更拼命干活。此外，随着公司公布未来的裁员计划，办公室福利和差旅预算也会随之缩减。仿佛突然之间，周围所有人都开始自带午餐，大家也都自觉加班，谁也不想成为那些丢了工作的倒霉蛋中的一员。每天坐在办公桌前耳濡目染，不难想象你恐怕会在恐惧的重压之下最终屈服，自觉自愿地加班到深夜。

想一想，在未来几天或几周内你是不是会向某人提出某种请求。那么不妨拿出一张纸，沿着中间画一条竖线。在线的一边，写下你会如何使用影响力策略来实现目标。在另一边，写下本章提到的抓住弱点的四大途径以及可能运用的方法，务必要运用正确的方法发挥影响力的作用。想一想，如果你是一位家长，孩子们不想做家庭作业，你通常会使用怎样的操控策略？或者，如何在不使用操控策略的情况下达到效果呢？

我的转变时刻

几年前，我以职业社交黑客的身份成立了自己的公司。之后不久，一家规模很大的公司找上门来，让我们有什么绝招统统对他们使出来，不管是网络钓鱼、语音钓鱼还是混进他们的实体大楼等。我们接受了这个挑战，但是他们的安保系统几乎无懈可击，没有任何空子可钻，我黔驴技穷了。本来到了这步田地，我应该就此停手，承认失败。但是自尊心不允许我半途而废，于是我琢磨出一个破解之策。

那天，我和一位女同事坐在这家公司的自助餐厅中庭。此处位于室外，无人把守，任何人都可以自由出入。我们假扮成公司人力资源部的员工，装模作样地要求员工填写有关其健康保险条款的信息表，这些表格包含了我们暗中需要的信息——员工的全名、出生日期和身份。有了这些，我们就可以黑进公司的电脑系统。

按照我们预先安排的计划，我的同事会声称，她未能在我给她设定的截止时间之前完成任务，也就是没有收到足够数量的信息表。我站起身，一把推开她面前的那一堆表格，故意用大嗓门把她臭骂一顿，怪她把工作计划彻底搞砸了。“你个没用的蠢丫头，”我吼道，“难怪你保不住饭碗。今晚之前要是搞不定，你就等着被炒鱿鱼吧。”一通火气发完，我怒气冲冲地走了。坐在旁边的两位男士听到了发生的一切，立即站起身冲我走过来。我感觉，他们想要揍我一顿。

我假装没有看到。此时我的同事及时拦住了他们，竭力为我开脱。“别这样，”她说，“拜托了，兄弟们。其实他也承受了很大的压力，他跟老婆在家里也不对付。我本来就应该把活儿干完，都是我的错，他完全有权利对我发火。”说着说着，她的声音渐渐低沉了下去，泪水夺眶而出，肩膀也随着哭泣不断起伏。那副样子活脱脱就像患上了斯德哥尔摩综合征[①]。

“没人有权利对你大吼大叫，”其中一位男士说，“谁也不能这样对待你。”

边上有个旁观者看上去好像是这家公司的高管，他走过来询问发生了什么事。

“她老板刚刚拿她撒气，”旁边的一位好心人说道，“还扬言要解雇她。”

“今天不会有人被解雇。”前面那位高管说道。他拿起表格，要求咖啡厅里的所有人都来填写。不到十分钟，我们就收齐了70份填好的表格，也就完全足以破解公司电脑系统。

到这里我们大获全胜了，是吗？非也。因为我们是用不体面的操控的手段完成任务的。这些员工并非出于真心实意才满足我们的需求，而是因为我们点燃了他们心中的反感火苗。在这个过程中，我们使用了惩罚机制，让我们的目标对象亲眼目睹了另一个人如何被羞

---

① 斯德哥尔摩综合征是指被害者对于犯罪者产生情感，甚至反过来帮助犯罪者的一种情结。译者注。

辱、被威胁炒鱿鱼的场面，令他们在心理上难以接受。在某种程度上，我们还运用了受迫反省的策略，通过营造老板与员工之间激烈交锋的场景，直接颠覆了职场行为的一贯标准。目标对象因为见证了我们的所作所为而感到极度不适，他们同情我的同事，却对我怒不可遏。与我们的这次邂逅没有让他们感受更好，反而更糟。也难怪这家公司之后没有再请我们继续干活。

其实在我们确认所有的常规策略都不管用的时候，我们应该做的，就是终止测试，向这家公司表示祝贺，因为他们的安保系统牢不可破。而且，我们本应该主动询问对方是否可以使用这样的操控策略，以便帮助他们预防最阴险的歹徒入侵，并在得到对方许可的情况下才使用。这样，也只有这样，才能让我在使用这些技巧时心安理得。

这一段经历发生在我职业生涯的早期阶段，它是我道德失范的一个典型案例，让我至今深感后悔。不过，我还是很高兴它能成为我从事这份职业的转折点。在那以前，我一直竭尽所能地减少对他人的伤害，做正确的事，却忽视了自己应该严格遵守的道德标准。扪心自问，我究竟想要成为一个怎样的社交黑客？我的目标何在？纯粹为了赚钱吗？还是要专注于做善事，让其他人的生活发生改变？如果我的全部诉求都只是为了赚钱，那么像这样的阴谋诡计其实没什么大不了的，毕竟也没有造成什么严重破坏。如果我想做善事，那么除了极个别情况之外，我绝不能再耍这样的花招，就算知道这样做很有效也绝不能干。

那次插曲之后，我反思了自己的核心理念，也为我的孩子们思忖良多。如果有朝一日他们进入我的公司工作，我可不想让他们看到身为父亲的我每天都把操控他人当成家常便饭，更不希望他们也这样误入歧途。即便他们不为我工作，要是我对待身边之人总是这样冷血无情，又如何能担得起他们心目中的榜样角色？我的这些思考和想法最终变得清晰无比，如今我明明白白地知道：自己想做善事。我深深懂得，通过操控手段得到的成功是多么令人不齿。因此我会尽我所能，避免类似情况再度发生。

后来我开始大刀阔斧地改革公司经营的方方面面，从如何设计策略、培训团队，到与客户打交道等。为了让大家时刻牢记这一点，我们将罗宾·德里克的信条——“让对方因为遇到你而受益”——奉为指引前行的罗盘。同样，我在个人生活中也时刻践行道德标准，随时警惕自己可能在无意中犯下操控他人的错误，尽力改变、避免这种行为。2017 年，我创立了一家非营利组织“无辜生命基金会”，是利用黑客技术协助抓获和控告儿童色情作品制作者，迄今已协助超过 250 起案件。人无完人，但我已经变成了更好的自己，不仅增进了与身边人的关系，而且也更加快乐。因此，我们既要坚持光明磊落做人，同时也要对来自他人的操控了然于心，方能保护自己。如此不仅受益良多，而且高枕无忧，同时还可收获更多期待从他人那里得到的东西。

要想在避免操控他人的前提下，提高从对方那儿获取更多心仪之物的概率，我还想与大家分享一些其他技巧，这些技巧如使用得当，可以大大提升影响力法则的效果。稍后我将讨论如何正确处理社交互动过程中的细节，让一切显得既真实又自然。但在此之前，让我们先来探讨一下，如何运用对肢体语言的基本理解来大大提高自己与他人的互动效果。不法分子和专业黑客都能快速精准解读你的肢体语言，把你的内在情绪状态摸个一清二楚。他们还善于利用自己的肢体语言，激发对方的情绪，帮助自己实现目的。如果你能熟悉肢体语言，就能更敏锐地察觉对方的感受，并意识到自己在其中的意义。这将会有助于你建立人际关系，并促使别人主动对你伸出援手。

即使不费一言一语，你也完全可以改善人际关系。

专业的社交黑客特别善于观察对方的非言语交流——双手怎么移动、面部表情如何变化等，一切尽收眼底。当然，这理应是他们的强项，因为心理学家们认为，大多数的人际交流并不通过语言。本章将借鉴著名肢体语言专家保罗·埃克曼的研究成果，并结合我自己在这方面的工作经验，向大家介绍非言语交际的一些要素。

几年前，有人花钱雇我去“黑”进一栋办公大楼。该楼由一家政府承包商持有，戒备森严。而且为了防止恶意软件破坏，该公司严格禁止员工在内部电脑中插入外部优盘。办公室每一台电脑上都醒目地贴着“禁插外部优盘”的贴纸。我的任务是诱使该公司前台接待插入一个优盘，上面存有恶意代码，一旦插入就可以将她的电脑暗中与我们的电脑连接（这就是所谓的“反向 shell[①]”技术）。

那天，我开车进了停车场。下车的时候，我拿出一个装着伪造个人简历的文件夹，故意把一杯热气腾腾的咖啡泼在上面。我手里拿着文件夹，迈步走进了前门。“你好，有什么可以帮忙的吗？”前台接待微笑着问道。但我没有报之以微笑，而是带着一副夹杂着悲伤、沮丧、疲惫与恼怒的复杂表情看着她。“天哪，”看到我走过来，她惊讶地问道，“这是怎么了？”

我扫了一眼她办公桌上的照片，上面有一个孩子，一个貌似她丈夫的男人，还有一只拉布拉多猎犬。我答道，“我开车到这里，还有差不多十分钟就要参加你们人力资源部的面试了。我真的很想得到这份工作，但是刚才碰巧有一条狗突然冲到我的车前面。我也是爱狗之人，不忍心这么撞死它，就猛踩一脚刹车，结果咖啡从杯子里泼出来，溅得满车都是，还把我的简历浸湿了。唉，还有十分钟我就要面

① 一种往远程机器发送 shell 命令的技术。译者注。

试了。”

“哎呀，你太倒霉了，”她说，“有什么可以帮你吗？”

“我也不知道，”我说，“我已经失业六个月了，真的非常需要这份工作。我面试了一次又一次，结果都失败了，估计今天也是无功而返，怎么感觉全世界都在跟我作对！”

“马路尽头有一家金考①，你要不跑过去，把简历复印一份再回来。”

我摇了摇头，说：“时间来不及了，他们对于面试的要求很严格，提前打了招呼要求准时到，还要做好所有准备。我可不能迟到，那样初次见面就给人留下不好的印象了。”

她点点头，“嗯，你说得对。”

此时我从口袋里掏出一个优盘。“你能帮帮忙吗？帮我打印一份简历，就存在这个优盘上，打印出来就万事大吉了！”

说着，我就把优盘递给了她。当她接过去的时候，我明显可以看出她在犹豫，还没拿定主意要违反公司规定来帮我。就在那一刻，我刻意眉心紧促、微微上扬，同时嘴角下垂——这副表情表明此时此刻我正在发愁，装出这副样子就是让她同情我，促使她下决心帮我一把。果不其然，她弯下腰，看了一眼那张“禁插外部优盘”的贴纸，停顿了整整一秒钟，最终插入了那个优盘。“咦，里面有两个文件夹。”她说。

确实有两个文件夹，第一个里含有病毒文件，第二个才是我的简历。

“第一个文件夹也许是最新的版本，就点它吧。”我说。她照办

① 联邦快递旗下的连锁复印店。译者注。

了。一秒钟后，我的手机铃声叮当作响，那是我的团队发来短信告诉我，他们已经进入了她的电脑。

我看了一眼手机，说："糟了，收到提醒，我面试快要迟到了。"

"哎呀，我们得快点，"她说，"不过这个文件不行。"

"那就试下第二个文件夹吧。"我说。她又照办了，接着打印了我的简历，把它放进一个崭新的漂亮文件夹里，还主动说要带我去见人力资源部的亨利女士。

"等等，"我说，"这里不是甲公司吗？"

"不是呀，"她说，"他们在隔壁，我们是乙公司。"

"有没有搞错，"我说，"天哪，真是太尴尬了。"

"你今天确实挺倒霉的。"

我火急火燎地走出那间办公室，边走边嚷嚷着要去隔壁那家公司。但实际上，大功告成啦！

在这个案例里，我采用了多项技巧。但最关键的，就是刚刚到达前台时那副疲惫不堪、忧心忡忡的表情，这副表情顶得上千言万语，而且为之后所有的"表演"都奠定了基础，让这位前台接待产生了主动帮助我的意愿。光看我的脸，"事实"已经一清二楚，而我所讲述的"故事"不过是坐实了"事实"而已。

相较于单靠唇舌之力，如果你能掌握非言语交流的真谛，会更容易说服别人满足你的需求。而且你也更有把握通过对方面部表情、肌肉的微小抽动和肩膀的动作等敏锐感知对方的心理状态。美国联邦调查局的审讯官、间谍和其他安保领域的人士都在肢体语言方面接受过大量训练。他们中的出类拔萃者，比如我的朋友乔·纳瓦罗，几乎可以在转瞬之间发现陌生人的情绪波动。在谈话过程中，人在情绪上一丝一毫的重要变化都逃不过他们的火眼金睛。

衷心希望这一章能将非言语交际讲得透彻明白，但这几乎不可能，因为非言语交际是一个十分宏大的话题（早在查尔斯·达尔文的著作中就有所提及）[1]。人体的很多部位都能传递情绪和意识，如头、脸、双手、四肢和躯干，任何一个部位都有各种方式来进行交流。其实还有一些别的元素也能作为非言语交流的方式来传递情绪，如身上的衣着和首饰、对话时是否有眼神交流、如何眼神交流、说话的语音语调、你与对方产生（或避免）肢体接触的明确方式、你的体味等。考虑到不同文化中肢体语言与其发出的信号之间也存在差异，所以这门学问相当复杂。要达到顶级专业安保人士所具备的精通水平，可能需要多年的勤学苦练。

如果你的目标是熟练掌握这些知识，那么第一步就应该阅读一些相关书籍，其中最著名的莫过于彼得·纳瓦罗和保罗·艾克曼博士的著作。[2] 同时，你也应该在社交场合中练习非言语交流，并观察他人。不过，要提高作为一名社交黑客的水准，倒也不必对控制面部表情、手部动作或其他肢体语言样样精通，只需多了解身体如何“开口说话”的原理，就能极大提高我们影响他人的能力。现在，让我们关注几个可以用来发现和激发他人情绪变化的基本技巧，主要集中在面部表情上。若你勤练习，假以时日，就会对社交中的情绪变化更加敏感，行为也会更加谨慎。而且，在执行本书其他章节中提及的策略时，你的能力也会相应提高。

小技巧，大用场

正式开始前，我要分享一个功能强大的技巧，几乎不需要任何练习就可以立即上手，改善社交质量。在你和他人交谈时，时刻关注他们当下的感受，这一点可以通过观察对方肢体语言中微妙的变化来实现。举个例子，如果对方将髋部和腹部向你倾斜，这意味着此时对方感觉舒适，乔·纳瓦罗将这种现象称为“腹侧前倾”。[3]“腹侧”一词，顾名思义，指的是人体或动物身体的内侧。当一只讨人喜欢的小狗四脚朝天躺在地上，露出柔软的腹部让你挠痒痒，就是一种“露腹行为”。这是一种强烈的暗示，表示它向你敞开胸怀、不惧暴露弱点、对你感兴趣或是渴望与你交往。其实人类还有很多其他类似“露腹行为”的肢体语言。比如，露出手或手腕的内侧有别于手掌朝下。如果我邀请你共进午餐时露出整个手掌内侧，那意味着我在以一种更柔和的方式请求你的同意，暗示我渴望与你交往。相反，如果我把手掌朝下放，那就代表着一种更强烈、更正式、下命令的姿态。此外，侧着头露出脖子和微笑是体现舒适的明显特征。

当我进入某个社交场合时，我会立即关注这些非言语交流方式。如果遇到有类似“露腹行为”的人，我就会明白此人要么真心想和我交往，要么就是故意讨好我，让我放下戒备，满足他们的愿望。若是有人刻意向你“敞开胸怀”，你必须提高警惕。历史上那些最臭名昭著的骗子和罪犯都是精于此道的高手。为给自己牟利，他们会别有用心刻意表现出友好的姿态，引诱毫无戒心的人受骗上当。大多数情况下，“露腹行为”意味着源自内心的舒适感以及渴望彼此交往的意愿，说话时髋部敞开很可能会促使你为建立融洽关系而努力。相反，在谈话过程中如果注意到对方不再有“露腹行为”，而是采取了更具有防御感的姿势，那就说明谈话开始变得不顺。此时要么改变对话方式，要么直接放弃，别再聊下去了。

了解七大“基础情绪”

现在你已经对肢体语言有了大致了解，下面我们来探讨一下人类如何表达特定情绪，尤其是通过面部表情来表达。科学家们将面部表情归纳成两类：宏观表情和微表情。前者指的是我们有意识做出的表情，以表现当时的情绪；而后者则是指在产生某种情绪时不自觉的肌肉动作，通常是无意识状态下做出的。宏观表情可以延续几秒钟甚至更长时间，而微表情则转瞬即逝，一眨眼就踪迹全无。假设你正走在办公大楼的走廊上，一位讨厌你的同事在前面的拐角处转过弯，向你面对面走来。他看到你的一刹那，脸上掠过一丝鄙视的神情，脸颊或一侧嘴角微微上扬——那是一丝轻蔑的笑容，这就是微表情。过了一会儿，当你们逐渐靠近，他的脸上又闪现出一丝假笑，然后朝你轻轻点了点头，说了一句“你好，见到你很高兴。”这笑容加上点头的动作就是宏观表情。[4]

对于安保行业的专业人士和我们社交黑客而言，微表情极其重要。如能掌握，甚至可以抢先一步立刻评估出他人的情绪状态，但是未受过专门训练的人却很难捕捉到微表情。如果你对面部表情一无所知，最好还是先学习一下如何读懂和调动宏观表情，光这一步难度就不小。我们人类经历的情绪实在太多了，有欲望、爱、恨、自满、忧郁、挫败、兴奋、沮丧、友好、逗乐、不满、幻灭、恐惧、狂喜、悔恨等，不胜枚举。对于所有这些情绪，我们如何不需分门别类就能从内心深处敏锐地感知到，并研究它们在人类脸上的精准体现呢？

其实方法很简单——关注七大“基础情绪”。研究人员发现，人类情绪固然丰富多彩，但归结起来，无非围绕几大基础构成要素，就像画家调色板上虽然有许多颜色，但逐本溯源，可以归纳成三原色（黄色、红色和蓝色）。要说基础情绪到底有几种，科学家们见仁见智。但包括埃克曼博士在内的大多数人认为基础情绪无外乎愤怒、恐惧、惊讶、厌恶、蔑视、悲伤和喜悦七种。想象一下，在与他人的沟通中如果能从对方脸上迅速捕捉到这些关键情绪，你将何等受益？你再也不会对他人的感受摸不着头脑，而且还能更有效地与其建立融洽的人际关系。比如，在别人生气恼怒时，你绝不会没头没脑地提出自私自利的非分要求，也不会在别人伤心难过时，不合时宜地开玩笑。

通过学习如何表达自己的基础情绪，你还可以在运用影响力策略的同时，促使他人产生对你有利的情绪。比如我正准备混进一栋大楼，而且已经和前台接待搭上了话。现在，该轮到我向她提要求了，最好能先让她感受到一丝淡淡的伤感，以激发同理心。如果她能对我的处境感同身受，就更有可能答应我的要求。但我如何才能做到这一点呢？其实也不难。首先，说话时嘴角低垂以表达悲伤情绪。其次，除了面部表情以外，我还会把双手插进口袋，耷拉着肩膀，同时压低嗓音。

研究发现，我们可以通过面部表情来表达情绪，从而有针对性地激发他人的情绪，科学家将这种现象称之为“镜像效应”，[5] 人类的这种能力来源于大脑中的特殊细胞“镜像神经元”。借用两位研究人员的话来说，镜像神经元会“对我们从他人身上观察到的行为做出反应”，并且“当我们自身也产生这种行为时，会以同样方式发出反馈”。[6]有趣的是，我们也可以通过自身面部表情激发内心的各种情绪。有一项研究特别有意思：科学家发现，在阳光明媚的天气里，不戴太阳镜出门的人会因为需要一直眯缝着眼睛而更容易感到愤怒。没错，生气时人确实容易眯缝着眼，所以当我们因为其他原因而眯眼时，大脑也会察觉到这一点，并从主观上触发愤怒的情绪。[7]比方说，当你把太阳镜忘在家里的时候，会不会在开车时更容易犯“路怒症”？所以，现在应该能明白其中的道理了吧。下次当你需要向某人提出请求时，千万不要眯缝着眼睛，而要试着通过面部表情传递悲伤。这招真的很管用！

之所以需要理解七大基础情绪，还有第三个原因，那就是要更加了解自己的习惯，尤其是那些可能对你没有益处的习惯。在如今的流行文化中，“臭脸女综合征”①日益盛行，某些评论员认为这是性别歧视。[8]研究人员表示“臭脸女综合征”实际上代表了一种表情，而且并非仅限女性独有。在一项研究中，研究人员使用面部识别技术，将一张平静的脸与一副臭脸进行了比对。结果发现，臭脸女综合征实际上传递出鄙夷的暗示，这是一种非常负面的情绪，是“觉得某人或某物根本不值得尊重或赞同”的表现。[9]臭脸女综合征虽然不易察觉，但却足以传达出蔑视。[10]这种情绪一旦被捕捉到，将会在社交场合中产生很坏的影响。

除了轻蔑，我们也会无意表现出其他负面情绪。我有名学员名为

① 指人在放松的情况下，脸部无意识地出现生气、烦恼、蔑视等神情。译者注。

拉莫娜，是一位善良友好、极具魅力的年轻德国女性，曾经从事尊巴舞教练的工作。和她初见，我就想那些家庭作业对她来说肯定小菜一碟，但事实却出乎我的意料。每次她和别人搭话或是设定目标，都不了了之。拉莫娜自己也觉得纳闷，于是便请我帮忙，当她在公共场合与陌生人谈话时，请我在一旁观察她的一举一动。我只花了短短几分钟就发现了问题出在哪儿。拉莫娜完全没有意识到，她说话时的面部表情带着明显愤怒的情绪，这难免会让其他人对她渐生嫌隙，产生消极反应。

我们复盘后发现，原来是她对完成作业这件事感到很紧张，因为她下定决心一定要做好，所以神经绷得太紧，在她的脸上就表现出愤怒的情绪。一旦当她有意识地用快乐的神色取代愤怒的表情时，其他人就会对她报以热忱，她也轻松完成了作业。课程结束之后，她把自己的这种转变也延伸到了日常生活之中，达到了极好的效果。之后的几年里，拉莫娜一直写信给我，滔滔不绝地谈论她在处理人际关系中的转变。此前那么长一段时间里，她一直在自己毫不知情的情况下释放着愤怒和厌恶的情绪。如今她已经养成了表达快乐的习惯，在所有人眼中，她都是个热情友好、平易近人的姑娘。

识别与表达七大“基础情绪”

为了让大家进一步熟悉七大“基础情绪”，我将在此逐一进行介绍。在分析每一种基础情绪的过程中，我都会描述这种情绪在脸上的呈现方式，并介绍如何使用一些非面部的其他肢体语言进一步传达这种情绪。这一章的讨论很大程度上借鉴了埃克曼博士的研究成果，他曾与我合作撰写了我早期关于非言语交流的著作《揭开社会工程师的面纱》。此外，结合我的个人经验，我也会提供一些建议，帮助大家在日常场景中处理这些情绪。

基础情绪一：愤怒

当感到愤怒时，人们的面部肌肉往往会紧张起来，眉头紧蹙、嘴唇紧闭但不撅起，对招惹他们的人怒目圆睁。身体的其他部分也会发紧，特别是拳头，通常会紧紧攥起，下巴也会紧张。胸口气鼓鼓的，头和下颏向前倾斜。如果实在怒不可遏，攻击性十足，那么下巴会放低，嗓音更尖利，通常也会更加响亮。

马克·吐温曾将愤怒比作一种酸，认为“比起酸泼到其他物体上的伤害，酸对其容器的伤害才更甚。”[11] 拉尔夫·沃尔多·爱默生也曾说过：“你每生一分钟的气，就放弃了 60 秒内心的平静。”[12] 幸运的是，社交黑客不怎么需要表现出愤怒的情绪或真的生气。尽管你希望巧妙地诱发他人的情绪，但最好还是别触发愤怒，因为这种情绪往往是引发激烈争吵或肢体冲突的导火索。如果你在别人身上感受到愤怒的情绪，应该尽力抚慰。如果不能让事态降温，那就随时做好准备逃离是非之地。你可以一边退后（双肩与双手低垂），一边说："哎呀，你看上去好像不太高兴，出了什么事？"此时你需要做的是表达关切，而不是在对方明明很生气的情况下，以敌对或攻击性的方式招惹他们，因为这样可能会让他们难堪，甚至火上浇油。请自查一下，切忌在不经意间或在毫无意识的情况下表现出愤怒情绪，因为即使是很微小的非言语表达也可能让事态恶化。如果你看到一个人将下巴放低，此时很可能你连逃跑都来不及了。这往往不仅是愤怒的信号，也预示着另一个人即将遭受暴力对待，没准就是一记老拳，或是连环暴击。在这种情况下，如果你已被困住，无法立即逃走，那就得先发制人，打对方一个出其不意，然后迅速溜走。

基础情绪二：恐惧

当面对具有威胁性的刺激物时，我们的身体一般会变得僵硬，此时眉毛上挑、双眼瞪大，好像要把周围场景尽收眼底。嘴巴张大、嘴唇向双耳两侧拉伸，口中就好像一直在发出"呃呃呃"的声音。通常我们还会喘着粗气，大口深呼吸。颈部上方和双手的肌肉都会出现紧张感，并开始充血，肾上腺素也会涌入血管。所有这些都是我们对恐惧产生的生理反应，驱使我们或战或逃。

作为社交黑客，我们常常会发现，让他人感受到一丝微弱的恐惧，其实大有裨益。如果你正在劝说姐姐帮你承担母亲的部分医疗费用，那么渲染悲伤（作为推动其产生同理心的方法）不失为好方案。同时你也希望她担忧下母亲的健康状况，那么就可以这样说："我希望妈妈安享晚年，但如果不能给她最好的照料，我很担心她的生活质量。"如果让她感到过分恐惧（比如你对她说："你要是不给我开一张一万美元的支票，老妈三个月内就没命了"），你又会落下操控姐姐的嫌疑。因为这么说会让她陷入巨大的痛苦，而且可能会不惜一切手段化解心中苦闷，甚至可能极大地损害到其自身的最佳利益。

在很多其他场合，如果能避免传播恐惧，你的表现将会更棒。比如，当你走进老板办公室向他请假三周时，你内心的紧张可能会写在脸上，一副担惊受怕的样子，这种惧怕很可能会传染给老板。他会为自己的切身利益担心，比如你长时间度假不在公司会不会影响客户和同事。恐惧感会左右他的决策，最终很可能拒绝你的请求。

但有一点需要牢记，如果你真的感到害怕，最佳处理方式不是藏着掖着，向他人传递恐惧也并非理想之策。有一项研究很有意思，科学家们发现，无论我们是否公开承认自己很害怕，周围的人实际上都能感觉到我们的恐惧或“情绪紧张”。首先，人害怕时会出汗，此时会释放出某种化学成分。其次，就像研究人员记录的那样，人害怕时大脑中有一些部分会对可能的威胁做出反应、保持警觉。[13] 在对他人施加影响力的时候，如果你感到紧张却试图掩盖，那么你在对方心目中的可信度会降低，因为在某种程度上（可能是无意识状态下），他们能清楚感受到你内心的不安。

所以你最好还是将自己的感受坦诚相告，但不要破坏之前营造的情境，还得能自圆其说。如果你给自己打造的人设是关心家人、满怀同情的至亲，如今想找姐姐承担母亲的医疗费用，那么你就不能说“我要跟你谈谈妈妈的事，但坦白说，我现在真的很紧张，因为你时不时就火冒三丈，不知道哪句话不中听你又要发飙了”，倒是可以换个说法“我要跟你聊聊有关妈妈的事，但又有些紧张。对我来说这是个难以启齿的话题，你知道的，我这个人特别情绪化。”

如果你打算向某人提出请求，但同时发现对方害怕了，那就要重新考虑方法或采取实际行动消解这种恐惧。几年前，我在一家超市的停车场里看到一位老妇人正在朝她的汽车走去，此时一叠钱从她的口袋里掉了下来。我赶忙跑了过去，捡起这叠钱，走过去准备还给她。当时她正背对着我，埋头把买好的日用品放进后备厢，我直接毫无征兆地拍了拍她的肩膀，大声说道：“女士，打扰一下。”她转过身，看到一个块头比她大许多的壮汉就站在面前，一下子就傻了，大惊失色地尖叫起来，“抢劫啦，有人抢劫啦！”

听到她的呼救声，三个穿着狩猎夹克的魁梧汉子冲过来站在我对面。这回轮到我害怕了，也不知道他们三个是否有武器。换作其他人遇到我这事，他可能觉得必须做好防御准备，于是壮着胆子对着这三个人咄咄逼人地喊："嘿，伙计们，你们最好闪开。"危急之中，我想到的首先是缓和局势。我转回身将注意力集中在老妇身上，希望通过话语和肢体动作来消除她的恐惧。于是我向后退了一大步，略微垂下肩膀——这其实是示弱的举动，对她说："请您先冷静一下。"接着我一只手拿出那叠钱，放在与她视线齐平的高度，另一只手老老实实地放在她可以看到的位置，压低了声音说："女士，真抱歉刚才吓到了你。你离开超市的时候，钱从口袋里掉出来了，我只是想还给你而已。"她摸了摸口袋，意识到果然丢了钱，才恍然大悟。接过失而复得的钱，她对我千恩万谢。直到这时，我才对那三个壮汉说："看见没？哪有什么抢劫？现在我可以安心走了吧。"回想起来，当时的情形真是千钧一发，好在我靠着非言语交流的本领才避免了一场有可能引发冲突的大乌龙事件。

基础情绪三：惊讶

表示惊讶时，我们会扬起眉毛、睁大眼睛、喘着粗气，这些与我们感受恐惧时是一样的。表现恐惧时，我们的嘴唇通常会向双耳两侧拉伸；而表现惊讶时，我们则会把嘴聚拢成一个O形。在我们刚感到惊讶的一开始，身体往往会向后倾斜。如果这种惊讶是惊喜，比如有人突然跳到我们面前，大喊一声"生日快乐"，我们会身体前倾恢复正常，并报之以微笑，如若不然，则会继续后倾。感到惊讶的人会举起双手，做好准备保护自己，有时候也会用手捂住胸口或是捂住后脖（解剖学上，这里是人体的“胸骨上切迹”[①]）。

对于社交黑客来说，惊讶往往是一大利器。有一次我正准备混入一幢大楼时，遇到一位前台接待，从她红肿的眼睛判断，她似乎刚刚哭过一场。她问我需要什么帮助，我热心地反问她是不是遇到了什么伤心事。就是这么一个问题，让她痛苦地叹了一口气。于是我迅速从社交黑客模式中抽身而出，询问她到底发生了什么事。她说自己刚刚和丈夫庆祝了结婚20周年纪念日，丈夫送她一副价值不菲的钻石耳环。“为了这副耳环，他整整存了两年的钱，”她说，“我今天戴着耳环来上班，本来想秀一下，结果却把其中一只弄丢了。”说到这里，她又抽泣起来，肩膀也随之上下起伏、不停抽动。

“别急别急，”我说，“我们来找找。”我双手撑着地跪下来，在她办公桌周围四处搜寻起来。

“这里我已经找过了。”她说。

“没关系，没准换成我的这双眼睛，就会有惊喜哦。”

于是，她也和我一样趴在地板上一同寻找。几分钟后，一道光

① 亦称颈静脉切迹，连接着人的胸部、颈椎、腰椎、血管和神经。译者注。

线碰巧照射过来，落在了她的身上，我依稀看到有什么东西在闪光。“嘿，”我说，“我不想过于冒犯有肢体接触，不过你有没有在毛衣里找找？我刚刚看到你肩膀后面好像有东西一闪一闪的。”在征得她的同意后，我摸了摸她的肩膀。果然，那只耳环卡在了一层布料中间，我把它拿了出来，递到她的面前。此时，她的嘴巴聚拢成了一个经典的“O”形，那是惊讶中夹杂着开心的象征，然后又变成了狂喜。

她给了我一个大大的拥抱，然后我们俩站起身来，她手里捧着耳环对我说：“我们刚才找了 15 分钟都没有找到，多亏你了。”听到这里，我禁不住又切换角色，回归了社交黑客的身份。从她脸上那惊喜的神情可知，我刚刚送给她的是一份超级棒的“礼物”，此时恐怕我不管提出什么要求，都会得到她的同意。“哎呀，糟糕，”我装模作样地看了一眼手表，说，“我要跟人力资源部开会，快要迟到了。”说着，我一把抓起自己的随身物品，冲向大门，边跑边祈祷，希望她不查验我的身份就帮我打开门闸，再给我发一个访客工牌（这些就是她的职责）。一切如我所料，她果然照办了。

在生活中，如果你看到某人表现出惊讶的神态，那就意味着你的机会来了，当然这种惊讶必须是积极正面的。反之，如果这种惊讶表达的是负面情绪，而且还是你一手造成的，那就得重新评估你所运用的方法，看看是否在某处出了岔子，给对方造成了恐惧。另外，你也可以用自己的惊讶感染对方，从而达到更好的效果。举个例子，如果有人分享了一件趣事，你一方面希望他们感受到来自他人的肯定，另一方面又产生了某种冲动，希望搬出另一个更加恰如其分的例子证明他们前述之事（很多人都会这样）。实际上，你应该控制住这种冲动。此时倒不如脸上显出一丝惊讶的神色，同时说：“天哪，我压根不知道这件事，太酷啦！”这其实是在给对方一种肯定，它会大大有助于你与对方构建融洽关系，最终也会让你得偿所愿。

基础情绪四：厌恶

为了表达厌恶情绪，我们会收紧鼻子两侧肌肉，让鼻子产生皱褶。在极端情况下，我们也会把眉毛耷拉下来，松开嘴巴，同时上唇上翘。有时人们在表达反感时会眯缝着眼，但其实你是在收紧鼻子两侧肌肉。等你随后放松这些肌肉时，就会发现呼吸不畅。这是因为当时你的身体正在阻断那些令人厌恶的气味与嗅觉感官的接触。此外，人们在表达厌恶时也会把脑袋移开，遮住眼睛，用手捂住嘴巴或鼻子。

我们都应该避免让他人产生厌恶，这是一种非常强烈的情绪，强烈到会在多年之后依然驻留心头、挥之不去。一般来说，让别人产生厌恶情绪不会对你有所帮助，但在某些情况下却会产生意外效果。当你在忙着给宝宝穿衣服的时候，如果希望母亲能够帮另一个还在襁褓中的孩子换尿布，那就可以描述一下儿子穿着脏尿布有多难受，同时脸上现出一副嫌弃的表情，以此唤起母亲同样不舒服的感觉。一旦换完尿布，你应该马上转忧为喜，面带微笑，让她感受到新尿布多么清香，孩子多么纯真可爱。你也可以直截了当地动之以情，把母亲能起到的积极作用列举出来，这样她一定会更积极地为孩子换尿布，助你一臂之力。

基础情绪五：蔑视

厌恶与蔑视有何不同，很多人傻傻分不清楚。其实通常让我们感到厌恶的对象是一种行为或是一件物品，而蔑视的对象通常是人。与厌恶不同，蔑视意味着针对某个对象的道德审判和优越感。人际关系专家约翰·戈特曼博士的研究发现，要想预测一对夫妇未来离婚的概率，彼此是否蔑视对方是最为关键的判断指标。夫妻双方可能会对彼此感到愤怒、怨恨或沮丧，这其实已经够糟糕的了，但如果他们因为某种道德优越感而彼此厌恶，那么这场婚姻就注定不会善终。仔细想想其实并不难理解，当你的配偶觉得自己占据了道德制高点，你怎么可能和他 / 她维持幸福的婚姻关系呢？反之也是一样。正如戈特曼研究所网站上的一则帖子所说："蔑视是所有人际关系中最毒辣的'杀手'，决不可小瞧。蔑视可以在心理上、情感上，甚至身体上都产生破坏性的后果。"[14]

在七大基础情绪中，蔑视是唯一可以引起所谓"单侧面部表情"的情绪。当我们产生蔑视情绪时，我们通常会将半边脸的面颊上提，下巴也会向上倾斜，就好像在居高临下般"俯视"另一个人似的。与此同时，我们的身体也会像充了气般，仪态挺拔，一副盛气凌人的架势。

蔑视这种情绪实在是太负面了，我真想不到日常生活中有什么场景会让社交黑客来运用这种情绪。确实，要唤起别人的蔑视，还要让其因为与你相遇而受益，这根本办不到。如果有人向你投来鄙夷的神情，那么请牢记：蔑视与愤怒一样，往往会导致暴力。这样的例子在仇外心理、种族主义、反犹太主义和其他形式的部落仇恨中比比皆是。

基础情绪六：悲伤

愤怒和恐惧的情绪会导致面部肌肉的紧绷，相比之下，悲伤则会让面部肌肉变得松弛而柔软。如果感到淡淡的悲伤（或是其他相关的情绪，比如焦虑或担忧），我们会让眼睑低垂、嘴角下坠。同时，眉毛内侧会向里收紧、向上抬起。就身体的其他部分而言，悲伤往往会让我们在外形上显得更瘦小和萎缩。此外，我们还会耷拉下脑袋，肩膀下垂，双臂交叠，甚至抱住自己，整个人看上去显得更软弱，也更安静。

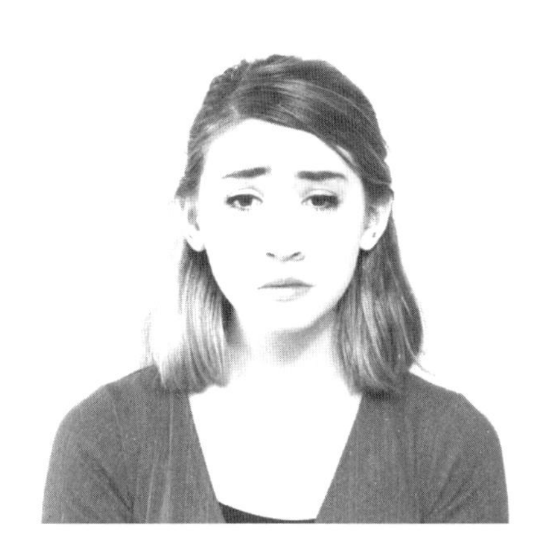

前面已经提到过，在社交黑客执行任务时，我们可以调动目标对象的悲伤情绪来达到目的。但有一点至关重要，那就是一定要严格限制自己，将对方的悲伤情绪控制在较小的程度。只有这样，才能激发对方产生恻隐之心。如果目标对象表现出眉头紧锁、泪水涟涟或是泣不成声的极度悲伤，他们会感到强烈不适，也很难因为与我们的邂逅而受益。如果你感受到了他人的悲伤，可以设法在自己身上予以回应，比如降低音调、垂下肩膀、放慢语速等，因为这些举动都能向对方表现出关怀与体贴。但是，不管是出于人道主义关怀，还是站在社交黑客的角度，你都不要随意揣测对方感到悲伤的原因，不要唐突地提出帮忙。这样做至少能让你与对方建立一定的融洽关系，向对方传递你的关心，以此更积极地影响对方的生活。同时作为一名社交黑客，你也更有可能心想事成。

基础情绪七：喜悦

喜悦是最积极正面的情绪，我把它放在七大基础情绪的最后一点讲。没错，喜悦主要通过笑容传达。此时我们的嘴角朝着太阳穴的方向上移，当脸颊抬起时，眼角会带出鱼尾纹。此外，我们还会全身放松、四肢伸展、站得更直、下巴抬得更高、鼓起胸膛，说话的节奏、速度、音量和音调都会提高。当我们感到喜悦时，全身上下都像是要漂在空中了。世界多么美好！我们如此出色！

在许多情况下，如果你想努力实现一个目标，同时也想让与你接触的人受益，那么唤起对方的喜悦之情会令你如虎添翼。然而，如果你遇到的人正处于悲伤之中，而你则是活蹦乱跳、乐不可支，无疑会给人留下麻木不仁的印象。对于一个刚刚失去父母至亲、正处于悲痛欲绝中的人，你绝不能乐观地劝导他 / 她“要往好的方面看”，也不能再加上一句本身并无恶意的断言（比如“我很清楚你此时的心情”）。这非但不会让他 / 她感到安慰，还会适得其反。你当真清楚他 / 她的内心感受？此时此刻他 / 她真的已经在情感上做好准备“往好的方面看”了吗？

毕竟对方正处于悲痛之中，你不能强行灌输喜悦的感觉，此时可以问一些能唤醒他们内心深处那些快乐记忆的问题。比如“你父亲最大的爱好是什么？”或“你母亲最喜欢看什么类型的电影？”等。但当人陷入过度悲伤时，连这种策略也无济于事。在这种情况下，就别再费力不讨好地试图让他 / 她转悲为喜，安安静静地坐在他 / 她身旁陪着就好。如果你们之间的关系足够好，他 / 她哭泣的时候，伸出你的手臂抱抱他 / 她、安慰他 / 她。用温柔的声音告诉他 / 她你接下来要做些什么，比如“我不知道该说些什么才能让你好受一些，我就守在你身旁陪你。”

如果你想找某人帮忙，而此时他 / 她的非言语交流表征传递出快乐的情绪，那么你也应该以快乐的情绪与之相和，并抓住机会与其建立良好的关系。因为一个人如果感觉到快乐，通常也会同样感到自信，就不太会对他人的需求感同身受。要是你在提出请求的过程中让他/她产生了几许伤感并同情你，难免又有给别人的快乐泼冷水之嫌。应该怎么做呢？不妨和这个快乐的人儿多相处一会儿，多问几个问题，唤起他们对自身各种美好事物的回忆，与他们共享喜悦，真诚地为他们感到高兴。随后，当他们转而询问你的情况时，你就能比较自然地提出自己的要求了。别忘了，你要让对方因遇到你而受益。如果连初次见面你都不能帮助他们将快乐的感觉延续更久一点儿，因你而受益这一点就无从谈起了。

要充分利用七大基础情绪，你必须勤加练习。一开始要认真观察你的目标对象，特别要留意他们的肢体语言，尤其是如何运用面部神态传递情绪。你可以从前文中所说的“腹侧前倾”开始练习：

去一个人流量较大的公共场所，比如商场的美食广场，或是公园，再或是生意不错的星巴克。在关注众人的面部表情之前，先注意他们在彼此相对时的体态如何。当一个人对另一个人感兴趣时（无论是两性相吸还是别的原因），他们会把双脚和髋部对齐，直接面向对方，身体还会朝对方倾斜。你是否能发现类似的情形？想一想，如果一方并不直接面向与其交谈的人，那又代表着什么呢？

完成以上练习之后，就可以开始关注面部表情了：

从远处观察你的目标对象，这样你既能看到他，又听不到他正在说什么。观察他们的嘴部动作。是抿唇了吗？还是在舔嘴唇？如果让你猜的话，能否猜到他们正在说什么？又表达了什么样的情绪？如果你觉得自己已经能熟练解读面部表情了，不妨凑近一点，在旁注意听听他们在聊什么，验证一下此前你对面部表情的解读是否正确。一开始可能会出不少错——比如你观察到一个抿唇的动作，原本以为是生气的表现，但事实上很可能只是对方在认真思考一个问题时的举动。只要你坚持细致观察，假以时日，一定能更加精准地辨别非言语信号所传递的情绪。

接着完成自我练习，熟练表达七种基础情绪：

请你在本周七天时间内，每天都抽出大约 15 分钟，对着镜子练习如何表达七种情绪。每天练习一种，这样一周下来，所有基础情绪都能得到操练。在训练某一特定情绪时，请注意内心的感受是否匹配。比如，在运用面部表情和其他身体动作激发悲伤的情绪时，你的内心是否突然感到难过？在表达愤怒的时候是否也是如此？当你对非言语表达与内心情感的联系越来越敏感时，就能训练自己在具体场合下表现得更好。要是你每次约会都会莫名紧张，那么不妨在赴约之前想方设法激发一下自己的快乐感。

如果你即将开始演讲或参与其他类似的活动，需要针对某个话题（比如销售推介或是工作面试）发表长篇大论的陈述，那就试试下面这个小贴士：

在会面正式开始前一到两周，事先录下自己的视频。通过观察，纠正那些不能准确传递情绪的非言语表达。看一看，你的肩膀是不是沉下去了？双拳是否紧握？自己有没有表现出生气或者轻蔑？你对即将到来的会面、那些听你演示的观众，还有自己将要表达的想法等究竟作何感想？会前如果你能提前自拍视频，就会发现很多意想不到之事。一旦你开始调整情绪上的细微之处，就会大大提高演讲的质量，效果同样会让你大吃一惊。

随着你对于非言语表达方式越来越熟悉，请务必记住这门知识也有局限性。尽管你可能非常善于发现别人的各种情绪，但依然无法真正了解别人的想法。非言语交流或许能从某个角度告诉你对方的感受，但并不能解释为何如此。如果你忽略了这一点，那么在解读对方情绪的过程中，很可能就要犯下大错。

有一次我正在讲课，一个名叫迈克的学员一直皱着眉头，感觉像是生气了，但我绞尽脑汁也想不出自己哪里惹了他。最后，在课间休息时我向麦克询问此事。一问才知道，实际上他根本没有生气，只是因为扭伤背部疼得龇牙咧嘴。当然，我的猜测或多或少沾了点边，我知道他肯定因为什么事而感到难受。如果不是我亲口问他，根本就不知道问题出在哪里。因此，我自己的判断彻头彻尾都是错误的。

生活中如果有人在与你沟通时出现了七大基础情绪中的某一个，那么搞清其背后的原因会很有帮助。而且，与其自己瞎猜，还不如直接开口询问，但是询问的方式要尽量谨慎并尊重对方。如果我在课堂上公开点迈克的名，那就很可能陷他于尴尬境地。人类的感情是非常私人化的东西，如果我那样做，就相当于让他当众出丑。所以，你应该找到一个隐秘的角落私下询问，可以带着好奇与同理心，但不能咄咄逼人、高声斥责。

还有，凡事别急着下结论。要知道，有的人使用非言语表达的方式十分奇特，有着他们自己与众不同的原因。破解七大基础情绪的基本规则就是——它们只是规则，有规则就有例外。如果你看到一个人从远处向你快速走来，双臂抱在胸前，很明显摆出一副“臭脸”，你或许会断定他正在生气，要么心情不佳。但你有没有想过，没准他只是觉得很冷，或感到筋疲力尽、身体不适？有没有可能他伤了肩膀，而那样走路会让自己感觉舒服一点？再或者他的衣服袖子太短，他觉得这样不好看，所以把双臂抱在胸前以便藏拙？

其实有一个简单的小窍门能帮你更准确地解读面部表情和其他肢体语言，这一招放在谁身上都管用。初次与某人相遇时，先别急着判断他 / 她的情绪状态，而是观察他 / 她的行为特征，包括面部表情、体态、说话的语调（包括节奏、速度、音量、声调）等，这些构成了你的基础观察内容。交流开始之后，请注意对方在这几个方面的变化。举个例子，如果一个男人正迈着轻快的步子向你走来，但是途中看到附近有一名女子，于是他停了下来，将髋部转向她，那么你就可以相当肯定，这名女子已经成功引起了他的注意和兴趣（不论是否是性吸引）。反之，如果他没有停下脚步，则说明对这位女子没有兴趣。如果他停下脚步，但只是稍稍转向她，说明他只是略有兴趣而已。

划定“基础观察内容”的技巧不仅适用于陌生人，对于非常熟悉的身边人也是如此。比如我刚刚下班回到家，发现妻子正坐在桌子前，眼睛盯着电脑屏幕，双臂叠在胸前，眉头紧锁。这些非言语迹象也许说明她此时此刻正在生气，或是心情低落，但也有可能她只是全神贯注地在读着什么。当我掌握了她的基本情绪脉络之后，就能通过观察她之后的变化迅速决定应该说些什么和做些什么，以与她相呼应。比如我可以兴冲冲地走过去，说：“嘿，老婆，我今天真开心，一切都很完美！”如果她真的在生气或是难过，我这副欢天喜地的劲头可能会让她火气更大，我甚至都能够想象她的眉头锁得更紧，双臂也会紧紧抱住。果真如此的话，我肯定会心想：“糟糕，我闯祸了，她正在闹情绪。”相反，如果我悄悄走到她身边，压低声音问她这一天过得如何，或许就能看到她打开紧扣的双臂，松开紧锁的眉头。此时没有愤怒，只有忧伤了。这种情况下，我心里便了然了：“哎呀，今天肯定出了什么事。”接着我会再问一两个具体的问题，看看到底是什么情况。

如果你养成时刻关注他人基本情绪的好习惯，就能更敏锐地识破谎言，因为你观察得很专注。比方说，你我正在面对面交谈，我问你是否喜欢我为你买的那盒包装别致精美的巧克力，如果你一边微微摇头，一边却说："很喜欢，真的很棒，这是我这辈子吃过的最好的巧克力了。"很明显，你的非言语交流与说辞大相径庭，你是不是在说假话？虽然你的心口不一显而易见，但是我也不能确定，也许大部分巧克力你都很喜欢，但唯独不爱吃橙味利口酒心巧克力，这或许就是你如此模棱两可的原因。为了搞清楚你是不是真的说了假话，我会继续追问有关橙味利口酒心巧克力的问题。要是听到你说："是啊，我把橙味的巧克力给孩子吃了，我不太能够接受那种口味。"那么这样的解释也许能让我更好地理解为何你的言行迥异。但如果经过反复质疑，我依然无法得到合理的解释，那么很可能你就是在说谎。

认真练习观察他人，学会这门技巧，但是对于他人的肢体语言也不要过度解读，你后面还有机会多问问题。如果不问，你的解读往往会出现偏差，进而掣肘你对他人施加影响的能力。

培养非言语交流锐感力在概念上很简单，但你可能会发现，与本书中的其他技巧相比，它们的实际应用却极具挑战性。我们中的大多数人对如何影响他人或多或少都有所了解，但以我的经验，很少有人能用非言语交流的技巧实现目标。自孩提时起，不管是家庭教育还是正规学校教育，在这方面的训练极少。而成年之后，随着智能手机和其他电子设备的日益普及，许多人花大把时间盯着屏幕看，几乎没有多少时间观察他人，了解他们的情绪。除此以外，还有很多人忙于生活中的繁杂琐事，几乎被压得喘不过气来，情绪和肢体的表达并不一致，因此也不会关心这两者之间的联系。

运用非言语沟通技巧或许会让你觉得很别扭，但无论如何请务必坚持下去。其实每个人都能学会，你所需要的，无非是勤学苦练的态度和渴望提高的决心而已。

为了着重说明这一点，让我来分享一个我最喜欢的故事吧。几年前，我的宝贝女儿阿玛娅还只有八岁，她与埃克曼博士本人见过一面。博士的研究让阿玛娅兴趣盎然，在读过他的著作《情绪的解析》之后，这孩子就在一些非正式场合学以致用，自己操练书中所述的技巧。当时我完全不知道她居然对这些技能熟稔于心，毕竟那时她只有八岁，这份天赋和惊喜是我万万没想到的。

有一天，我正开车带着她在路上行驶，当时每小时车速大约40英里。突然阿玛娅拍了拍我的肩膀。“爸爸，”她说，“你看到刚才路边的那个女人了吗？她看上去很可怜的样子。”我没有注意到那个女人，所以听完第一反应还是继续前行。“爸爸，”阿玛娅说，“你平时总是说，看到别人有困难要及时帮忙，要不然咱们掉头回去，看看她到底怎么样好吗？”

女儿如此善心的请求，我怎能忍心拒绝？于是我掉转车头，沿着原路返回。果然，我看到一个长凳上坐着一位约莫六旬的妇人。刚才经过的时候我一直在专心开车，注意力都集中在路上，确实没有看到她。从她那身干净的T恤、毛衣和牛仔裤来判断，她似乎并非无家可归之人，但她脸上饱经风霜，一看就是受尽磨难。她的眼睛又红又肿，但身上没有血迹或其他迹象表明她身体有伤。“我想跟她说几句话。”阿玛娅说。我劝她不要去，因为我担心这位老妇人情绪不稳定，也许会有危险。但是阿玛娅很坚持，我拦不住她。

我把车停在路边，正准备下车时，阿玛娅说：“爸爸，能不能让我单独过去，我想自己一个人做这件事，可以吗？求求你啦！”我答应了。我站在一边，看着她独自朝着老妇人走过去，时刻保持警惕，准备好一旦有任何危险迹象就冲过去。只见阿玛娅来到她的身边，把我们如何开车经过，如何注意到她看上去黯然神伤等情由都原原本本说了一遍。“你还好吗？”阿玛娅问道。

老妇人抬头看了她一眼，“哇”的一声哭了起来。稍稍平静下来后，她一五一十地讲述了自己的悲惨经历：丈夫抛弃了她，一脚把她踢出家门，如今她身无分文。原本她准备去一家福利院寻找住处，但是进展很不顺利。之所以坐在路边，就是因为不知道该何去何从——今后的日子好像没有希望了。

我走上前去，问她有没有什么能帮上忙的事。但是她婉言谢绝了，她会自己想办法解决自己的问题。不过她还是提出了一个小小的请求：能不能拥抱一下阿玛娅？我点了点头。于是一老一小就这样抱在了一起。“谢谢你，”她对阿玛娅说，“谢谢你注意到我，谢谢你这么善良。是你让我今天多了一点快乐，这对我来说真的很重要。”

如果一个八岁小女孩能在时速 40 英里的汽车上关注到路边的一个老妇人，说明她对非言语交流技巧已有足够了解。那么，你也可以在这方面取得进步。阿玛娅的故事还说明，熟练掌握非言语交流不仅能帮助我们每一个人在影响他人的过程中更加游刃有余，而且还能让我们培养起敏锐的感知能力，更能同情、关爱他人。阿玛娅主动接近这位老妇并非想从她这里索取什么，当两人分别时，她觉得很开心。她付出了自己的时间去关注另一个人的感受，并积极采取行动。正是她的这副热心肠，让这个陌生人的一天变得更加美好。

最后一点，非言语交流固然重要，但要想更好地与他人沟通，并如预想那样影响他人，一定还需要其他技能。通过前文介绍，你已经了解到如何影响他人并让他们因你而获益的基本原则，但你是否关注过自己语言和行为上的细节呢？如果能做到这一点，你在人际交往中会显得真实可靠、魅力十足；反之，则可能让人感觉矫揉造作、笨手笨脚或自私自利。一旦在细节方面出了乱子，可能连你自己都巴不得赶紧逃离社交场合。而如果处理得当，你就更容易得偿所愿，同时也能让他人受益匪浅。接下来，就让我们一起探讨一下。

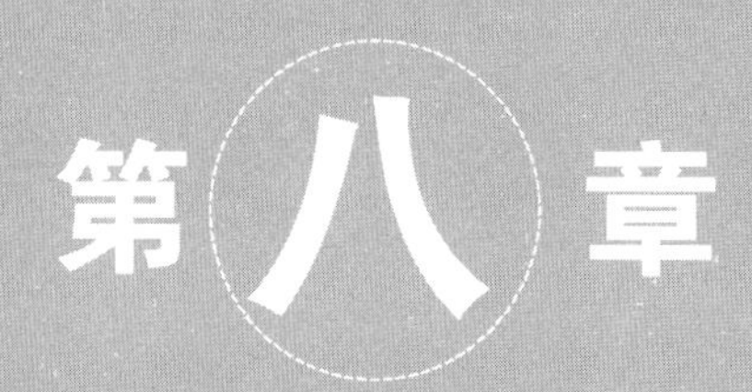

提升整体表现

你需要不断微调自己待人处事的策略，才能在社交过程中显得更加真实可靠。

就算你营造的情境在逻辑上无懈可击，依然有可能在社交中犯错。衣着、言语或举止上的微小细节都有可能让你露出马脚，惹人怀疑。为了最大程度地提高成功概率，请务必在心中将“真实性”放在首位，规避黑客操作中的常见“失误”。要知道，好故事只有在每一处情节转折处都经得起推敲，才能自圆其说，令人深信不疑。同理，你的每一次社会交往活动，也理应如此。

不久以前，我和我的团队前往一个发展中国家，任务是潜入一家大型银行的总部大楼。那个国家的国民在行事风格方面和我们美国人的做法大相径庭。作为安保措施的一部分，这家银行安排了身材魁梧、面相粗野的壮汉们手持自动武器，骑着摩托车在停车场来回巡逻。好在有黑客技能傍身，我们先是查明了该银行最近在完成一系列技术测试，以确保其运作符合国际标准。随着调查进一步深入，我们还弄清了到底是哪一家公司在执行技术测试的服务，于是就伪造了印有该公司标记的职业正装衬衫。接着还雇了一个当地人在我们前面走进银行总部，与保安攀谈起来。他说自己进来干活，想问问需要什么证明才能获得进入大楼的许可。

他俩沟通的时候，我和一位同事穿着定制的假制服向前走去，手里还携着很正式的写字夹板。我一边走，一边假装用手机打着电话。

按照原定计划，我把手机放在耳边走上前去，边点头边说：“好的，好的，我准备上来了，很快就能完成测试。”就这样，我们径直从保安人员身边走过，他们居然一句话都没说，直接放行了。在总部大楼里，我们四处走动，迅速地确定方位。时间紧迫，我们可不想被人捉住。在看到一扇标有“自动柜员机测试中心”字样的大门之后，我们走了过去。此时一名女员工刚好走进去，她用员工卡打开了那道门，我们也想尾随而入。“对不起，你们是？”她问。

“哦，不好意思，”我们说，“我们是来做 PCI（支付卡业务）适配性测试的。”

“这样啊，请进。”她说。

她做完该做的事，一分钟之后就离开了那个房间。接下来轮到我们大展拳脚了！此后的 15 分钟时间里，我们入侵了整个银行系统。

虽然这里有手持自动武器的警卫，但我们不费吹灰之力就完成了这项任务。那是因为，我们给自己披上了一层以假乱真的伪装，这一点在本书此前章节已做介绍。但是如何在这层伪装的基础上执行计划，这一点同样也很重要。此次行动我们精准把控了所有细节，并对其进行调适，使之为营造的情境服务，并按预想方式传达了意图。我们特意穿上了工服，手里拿着写字夹板，但这只是开了个头而已。若是我战战兢兢地经过保安身边，或者花费大量时间向他们介绍自己的身份，证明自己拥有合法进入大楼的权限，保安没准就会起疑心。同样，要是我表现得像个没头苍蝇，连该去哪里都不知道，或者我不清楚技术测试人员应该做些什么，再或者我直接问保安服务器机房在哪里，他们可能会再次怀疑我们的身份，因为这样的表现总会让人觉得好像哪里不对劲。

在厘清细节之后，经过反复验证，我采取了一个再简单不过的策略。我非但没有说一句多余的话，反而装作对这里一切都很熟悉，趁着保安忙于应付那个当地人，大摇大摆进了楼，还边走边打电话，俨然一副大忙人的架势。我故意大声说准备上楼，其实就是要让保安听到——这意味着我就在这里“办公”。还有，我若无其事地从保安身边走过，一副轻车熟路的样子。此外，我们有两个人而不是一个人，这一点对我们也很有利。一家进行大规模测试的公司一定会多派人手，这完全合情合理。所有这些细节叠加在一起，组成了一条完整的信息链，就好像在说“这些人本来就属于这里，放他们进来吧。”于是，保安悉数放行了。

善于讲故事的人对于所述之事的细节总是特别关注，尽力使其真实可信，贴近自然。电影制片人和小说家都知道，一个小小的失误就有可能与观众产生隔阂，让他们识破故事中的虚构成分。果真如此的话，观赏体验就会变得索然无味。要成功运用本书中介绍的社交黑客技巧，你也必须拥有一套讲故事的思维模式。在社交过程中关注细节的同时，时刻牢记“真实感”。你必须深入了解“听众”的需求，在营造对话情境时，准确预判怎样做才有真实性和自然感，随后再运用诱导及其他影响力策略，以期更好地达到目标。

在撰写本书的过程中，我略带提过“真实感”，但这个议题实在太重要了，值得更为系统地、专门地解读一下。我没法为你提供一本说明书，让你每一次实施社交黑客攻击时都行云流水般自然，因为社交活动实在太复杂烦琐、太变幻无常了。我所能做的就是针对黑客们最明显的典型错误做集中分析，因为这些错误的出现会让目标对象“突然醒悟”，对社交黑客所设的局警觉起来。因此，你要牢记这些错误并力避之，这样在对他人施加影响时才会显得更加真实可信，让人难以拒绝。

真实感五大陷阱

以我个人经验来看，如果你影响他人的努力以失败而告终，究其原因，基本上逃不过五大陷阱。掉入其中任何一个陷阱，都可能令目标对象对你的潜在动机和沟通策略产生警觉。虽然他们可能并不知道你真实目的何在，但会隐隐约约感受到确有某种动机存在，并在暗中左右你的行为举止。单凭这一点，就足以让他们提高警惕，干扰和阻止你的努力，不让你顺利掌控对话进程。在日常对话中，很多人常常犯这些错误，让别人识破了自己的精心布局。

陷阱一：过于直接

要想故事讲得好，可以参考一条古老的谚语——“要呈现，不要陈述”。其核心理念是通过故事中人物的行为来呈现一个主题或寓意，而不是让讲述者直接陈述。如果你在传达信息时慢慢吞吞地讲，想把什么都交代得清清楚楚，听众也会跟着你一起耗时间，于是整场表现就会走向单调乏味。借用语言学家乔治·莱科夫的一个术语，你应该将听众的注意力吸引到你所努力营造的“框架”之中。那么何为“框架”呢？如莱科夫所写，“框架就是我们的心理结构，形成了我们看待世界的方式。它决定了我们追求的目标、制订的计划、为人处世的方式，以及我们的行为所导致的结果是好是坏。”[1] 不过由于我们并没有意识到“框架”的存在，因此常常受其控制，只是认为自己看到了事实。但就算感知到“框架”的存在，只要没有觉察到有人正用它来对付我们或其他人，它就仍然可能对我们产生影响。一旦我们意识到对方动机不纯，批判性思维就会开始发生作用，于是所谓“框架”也就随之失去了作用。

回想一下我曾经举过的那个希望姐姐出钱帮忙解决年迈母亲养老

问题的例子。当时我建议，要使用影响力原则的各种技巧解决这一问题，就得找一个姐姐喜欢的餐厅，再选一个她不会太累或没有工作压力的时间与她展开对话。务必点上她最喜欢的开胃菜或红酒，接着一边献着殷勤，一边开始对话。之后，轮到你烘托情境的时候，你可以说："姐姐，我真的需要你的帮助。妈妈的健康每况愈下，恐怕难以自己照顾好自己。我也不知道具体该怎么办，但我尊重你的意见，所以咱们是不是讨论一下，商量出一个解决方案。"

从这时开始，你就可以运用影响力原则旁敲侧击地暗示姐姐，她也应该为母亲的养老问题出一份力。比如，你可以利用社会认同原则，特意提到某个彼此信任的亲戚或朋友主动承担起赡养母亲的责任；还可以利用好感原则，赞美姐姐是个多么孝顺贤良的好女儿，这一点一直让你敬佩。但不管你说什么、做什么，绝对不能让她意识到你的一举一动都是在潜移默化中对她施加影响。当服务员端上姐姐最喜欢的红酒，你不能多此一举地说："瞧，这是你的最爱，是我特意为你准备的。"接着，当服务员端上主菜，你也不能画蛇添足地说："我知道你喜欢这道菜。我为啥特意选了这家餐厅？就是因为要对你的胃口呀！"虽然这些话听起来没什么毛病，但实际上有风险，因为这会让你姐姐无法专心享受美酒佳肴，却把注意力放到你的身上，并对你大献殷勤的动机产生怀疑。这些弄巧成拙的言辞就等于在说："瞧，我对你这么好，其实是想要说服你满足我的要求。"这副吃相可不好看。

还有那一次，当我假扮成一个电梯修理工想要混进某栋办公大楼时，我绝不会大大咧咧地对保安说："嘿，你看，我这身维修工的制服，还有这些修理工具，足以证明我是个电梯修理工了吧。"保安当然能从我的穿着打扮和随身携带的工具中判断出我的维修工身份，刻意强调则会适得其反。这倒不是说你不能公开承认自己的人设或行动内容，但要掌握好时机和尺度。比如，我装扮成奥的斯电梯公司的修理工，穿着印有这家公司标志的衬衣准备进入某栋大楼时，如果某个保安要跟我随口闲聊两句，说："哎呀，你原来是奥的斯的员工啊？"那么此时我的肯定回应在对话中就很自然。但如果对方没有提问，我却主动说出来，就好像生怕别人不知道似的，这在对方看来逻辑说不通，反而会让人对我格外留心、严加防范。

陷阱二：否定"框架"

某些社交黑客因为笨嘴拙舌，闹出不少笑话，搞砸了事情。在面对目标对象时，他们还没说明自己想要做什么，就急不可耐地向对方保证自己绝不会做任何出格之事。我曾经听说有些学员为了偷偷混进戒备森严的大楼，一边举着自己的假工牌，一边对保安说："看见没，我是这里的员工，这上面都写着呢！"完了还装出一副漫不经心的样子，接着说，"我可不是黑客啥的。"

有没有搞错？可千万别这么说。一个善于讲故事的人如果想说明某个观点，绝不会将自己的底细和盘托出。比如，当他要阐述"生命无意义论"的时候，绝不会口无遮拦地说："这个故事可不是我瞎编出来说服你们生命没有意义的。"只要这句话一说出口，故事讲述者原本为故事建构的真实性会瞬间荡然无存。莱科夫在研究政治话语时提出一个著名观点："越是极力否定某个框架，就越是令人不自觉地想起这个框架。"[2] 同样道理，多说无益，哪怕是否定之辞也会加固印象，使之在谈话对象的脑海中挥之不去。

如果你要对姐姐说："我请你吃饭，并不是为了说服你为妈妈的养老问题出钱。"这番话一经出口，她会怎么想？本来她或许压根儿就不会想到，原来你对她这番盛情实际上有所图谋。然而经你这么一说，虽然是一种否认，却在她心中埋下了怀疑的种子。随着谈话继续，这颗种子也许会萌芽，在她心里长草——终至杂草蔓延、疑窦丛生——这绝对不是你想要的结果。所以，无论是伪造人设、构建融洽关系，还是利用影响力策略，千万不要先行否认你意欲打造的"框架"或说辞。此地无银三百两的事，不说为妙。

陷阱三：过于"完美"

不管讲什么故事，都需要细节，否则就会显得模糊不清、过于抽象、甚至毫无意义。此外，在设置情境时，你得提供各种令人信服的细节，从而使"框架"更加完善。比如，我要是假扮成病虫害防控管理员的模样，不仅需要制服、杀虫剂喷雾罐，还得有一个写字夹板，上面记录着一份假的工作流程，这一切合在一起才能使我的这副人设更有说服力。这些就已足够，没有必要向保安们长篇大论地介绍我们要预防的是哪些害虫，也不该过多描述要具体使用哪种杀虫剂，更用不着提及本周已经为多少其他大楼提供了类似的杀虫服务。为了制造"完美"效果而"堆砌"过多细节，反而会让目标对象持续不断地思考这些细节的内容和数量。他们会渐渐意识到这个故事越来越经不起推敲，可信度越来越低。在这种情况下，你也会显得紧张焦虑、心神不宁，最终很可能露出马脚。

前文中提到，我和团队曾成功混进一家银行。当时安排了不少细节，我得记住自己的化名、我们公司的名称，以及我们为什么来这儿、什么是适配性测试、要进行测试的是银行哪个部门等。不过我可没有傻里傻气地走进银行，把此次行动的来龙去脉交代得一清二楚。6月17日，我们公司芝加哥办事处的经理拉菲克·加里尼曾和我开会，指派我出差来到该国，完成此次PCI适配性测试，首次测试的时间定在9月13日。我也不会滔滔不绝地跟大楼保安吹嘘，说自己曾在公司设于美国马里兰州巴尔的摩市的相关机构接受过培训，已从事测试工作长达六年半的时间。根本就不会有人对这些鸡毛蒜皮的细节感兴趣，我若是莫名其妙主动大谈特谈，反而会让这些保安觉得不正常。

社交黑客通常不会暴露太多细节，他们宁愿选择对少量细节大肆渲染，有时候他们还会说假话，目的就是为了制造某个“完美无缺”的细节，试图达到一举征服目标对象的效果。最近我和一个合作伙伴约了见面，他知道我最喜欢的乐队是摇滚组合“离合器”。虽然这个合作伙伴与我算不上很熟，但当他开车接我去会面地点的时候，却提前下载了一张离合器乐队的专辑，在车里放了起来，以此跟我套近乎。当我问他为何选择播放这段音乐时，他回答道：“是这样，有一次我无意中听说你非常喜欢这支乐队，就想着下载一张专辑，在车上专门放给你听。”

这位合作伙伴并没有虚情假意地声称自己一夜之间就成了离合器乐队的铁粉，也没有假装对这支乐队发行的所有歌曲和专辑都了然于胸。如果这样做的话，我反而会怀疑他的诚意，因为他平素的言行中从未显示出对离合器乐队以及这种风格的音乐有着特别爱好。若是我接着随口问一句，在这张正播放的专辑中他最喜欢哪首歌，抑或是问其他几个至少要对这支乐队有所了解才能回答得上来的问题，他的反应会非常尴尬，可能茫然不知所措该怎样回答。幸好他没有这样做，否则他与我套的近乎就毫无“真实性”可言。

如果你希望在社交中力臻“完美”，那么不妨牢记曾经的罗马皇帝马可·奥勒留在几千年前的心得体会，他说：“面包在烘焙过程中，表面会出现一些裂痕，形成某种造型……这并非面包师在制作工艺上的本意，但却别具美感……以一种奇特的方式刺激着人们的食欲。”[3] 金无足赤，人无完人，大多数人对这一点都很认可。我们会发现，不完美也是一种美，它更具吸引力，而且贴近真实，触手可及。正如一位研究人员所说，这是一种“可期待的真实状态”[4]，适用于面包和其他众多消费品。同理，社会交往也是一样。所以，你没有必要强迫自己要将“表演”做到百分百完美无缺，只要做到“足够好”，往往就会达到最佳效果。

陷阱四：言行随意，不分场合

社交黑客失败的原因不一而足，有的因为在细节方面太过追求完美，有的则是因为完全弄崩了细节——其言行举止与自己打造的人设相去甚远，甚至背道而驰。不管你所扮演的角色是什么，心地善良、富有同情心的兄弟姐妹；地位尊贵、受人崇拜的权威人物；品行正直、一丝不苟的专业人士……一旦在对话过程中爆几句粗口，你的人设在可信度方面就会大大减弱。在我们这个行业，这可是个巨大的麻烦，因为社会工程学历来多以男性为主导，很多从业人士都会不假思索地使用那些明显带有性别歧视的脏话，实在不堪入耳。某些网络安全工程师一旦成功“黑”进某家公司的电脑系统时就会说：“那台服务器被我强奸了！”这样一句话会传递出怎样的画面？如果你想影响他人，自己一开口却和流氓地痞无异，那么失败就离你不远了。同样道理，假设你的新婚配偶来自非英语母语的家庭，你一方面希望自己能融入他们一家，另一方面却在聊天的时候时不时丢出一个又一个花里胡哨的英文单词，比如用“共叙”代替“交谈”，用“愤激”代替“生气”，那么你作为一名家庭新成员，恐怕很难立起你“热情友好、讨人喜欢”的人设。

除了言语之外，你的其他行为也可能一不小心冒犯了兴趣对象。正如上一章中所述，我们的肢体语言也会给予他人微妙的暗示。比如我这个大块头想要和一个体格比我小得多的妇人交流，要是我的髋部直接对着她，她在潜意识里就很可能把我当成威胁。同样，当你看到一位新来的头戴穆斯林头巾的女学员时，只要你是男性，甭管什么身材，主动与她握手必定会在无意之间形成冒犯，因为严格的伊斯兰文化禁止异性陌生人之间的任何身体接触。此外，若是我和一位听觉不大灵光的老者说话，语速太快或声音太轻，也会在无意间让对方感觉不舒服。尤其当我的人设是一位细致体贴而又富有同情心的孙辈、邻居或是朋友时，这么做更会让我影响他人的效果大打折扣。再比如说我的人设是对孩子关怀备至的父亲，但如果在孩子说话的时候，我时不时就瞄一眼手机，那同样也会显得特别不真诚，对孩子们施加影响力也会更加费劲。

同时，我们还必须充分考虑自身的整体形象及其给他人带来的观感，特别是那些与我们素未谋面的陌生人，以及早已对我们形成某种固化印象的人。如果我是一名高个子秃顶男性，很多人都会先入为主地认为我脾气火爆、攻击性强。但事实上，我可能是世界上最温情脉脉、最具同情心的大善人。可是没办法，高个秃顶男性的刻板形象已经深入人心。因此，在对他人施加影响力的时候，我必须牢牢记住外人对我的这种刻板印象，并在言行中予以纠正。可能我需要做出一点点让步，比如脸上堆起热情的微笑，轻声说话，或是把桌子前那张高一点的凳子让给我的兴趣对象（这象征着将他/她置于权威、重要的位置）。同样道理，如果我是个身材丰满的女性，想要对满屋子的男性观众施加影响力，那就应该考虑袖子留多长，衬衫的下摆应该剪多短等，诸如此类的问题。因为这些都会让观众对我的动机产生推断，不管这种推断是对是错。此外，无论男女都要留意自己呈现的社会经济地位。如果我家境优渥，沟通的对象却收入有限，我难道背着古驰包或戴着劳力士手表和他/她会面吗？这样对我与其构建融洽关系又有什么帮助呢？恐怕对方会把我当成爱炫富的势利小人吧！

我们一般都不喜欢别人对我们抱有成见，也不喜欢他们对不同类型的人做出偏狭的判断，我自己对此就非常反感。尽管他人的看法带有偏见性，或是伤害性，我们都不能视而不见，而是要想办法去影响和改变他们。每周我都会利用人们的这些偏见，诱使他们点击我发送的链接或主动让我通过安检关卡。因为我知道，虽然自己痛恨成见，但它们的的确确存在，而且根深蒂固。此前曾经有人批评我，说我总是利用这些陈规陋习钻空子，而不是直接站出来质疑反对。但我要说，犯罪分子也正是如此利用人们的偏见为非作歹，而我的工作却是帮助企业提高安全水平，让整个社会更加安定，所以我这么做情有可原、无可厚非。

非专业人士就更不可能推翻那些陈年积习了。有些人或许认为，我们应该直言不讳地说出朋友、亲戚和邻居的偏见，让他们做出改变。有时候，这么做的确有必要。我在本书中就始终遵循这样一条原则——在与他人交往时，不得有违自己内心坚守的道德准则。但是大多数情况下，如果目标是对他人形成影响，那么言行举止最好谦卑些，在底线范围内力所能及地迁就对方。要知道，在日常交往中，谁也不可能改变世上所有人的思维模式。我们能够改变的，是下一个交流对象的思维方式。要做到这一点，最好的办法就是让他 / 她在与我们的相遇中，尽可能地感到舒适，并能因此受益。在这一过程中，此前他们对我们抱有的成见也很可能在潜移默化中得到改变。大家必须接受一个现实，我们的沟通对象很可能存在各种各样的偏见，比如种族歧视、性别歧视或年龄歧视等，这些偏见使得我们打造的某些人设可能无法发挥作用。此外，我们外表上的某些特征与我们想要在对方脑海中留下的印象之间，也可能会形成格格不入的强烈冲突。

陷阱五：沟通态度太强硬

“昨天晚上，当我正准备关掉办公室的灯下班回家的时候，突然看到墙角有一只虫子吊在一根丝上，把另一只昆虫严严实实地裹在网中。”当你听到这样的句子，脑海中会浮现出怎样一副画面？你最有可能想到的，它一定是一只蜘蛛。虽然我并不需要明明白白地使用“蜘蛛”这个词，但这段描述却足以唤醒你大脑中对于这种昆虫的印象。

如果你已经搭好了某个意义框架，只需提及被限定在框架内的词汇或物体（网、被裹起来的昆虫），就足以激活整个框架（即一只蜘蛛在房间角落里织网的场面）。这一条定律解释了为什么我们在进行黑客攻击时，并不需要事无巨细都描述得明明白白（也就是上文提到的陷阱一）。实际上，只需要提到框架中的一两个元素就足矣。由此可以得出推论：我们同样不需要直白地向对方索取心仪之物。而且，赤裸裸地公开索要可能会适得其反，导致他人对我们试图营造的意义框架保持警惕。

举个例子，我的邻居芭波养了一只大金毛猎犬，每天早晨和晚上芭波都会开门让它出去放风，这时候它就会大声叫个不停。早上六点，芭波的狗就开始叫了，我的两个孩子也随即被吵醒。换作平时，两个孩子至少还要一个小时以后才会睡醒。我希望芭波能把遛狗的时间至少推迟到八点，或者适当做些调整，以免我们家受到太多打扰。但这事儿该怎么开口呢？试想一下，如果某天晚上芭波从车里走出来，我走到她家的停车道上，直截了当地要求她在每天早上八点之后再遛狗，她的反应很可能非常抗拒。尤其是在上了一天班后，她很可能已经精疲力竭、心力交瘁，此时此刻，假若我摆出的形象是“正在求助的好邻居”，那么这样莽撞地开口很可能于事无补，也有损我的人设。

要想达到目的，不如找一个周日，在清晨出门散步的时候跟芭波聊聊。此时的她心情放松，正在自家花园里怡然自得地闲逛，而那条名叫“拉尔菲”的狗正依偎在她的身边慵懒地晒着太阳。不过，即便是在这样轻松的氛围下，如果单刀直入地要求她，让拉尔菲不要每天一大早就乱叫，她恐怕也不会欣然应允。倒不如换一种方式，跟她说：“你种的这些玫瑰花好漂亮呀，我很喜欢，拉尔菲好像也很喜欢。对了，我在想，我最近一直有个苦闷，不知道你是否能帮帮忙？我们家孩子每天早上都醒得很早，因为一听到拉尔菲的叫声就睡不着了。

我们家商量了很久，也不知道该怎么办，就算把窗户关得严严实实，也没什么用。当然，我知道拉尔菲每天都得出去遛遛，要不你帮我们想想应该怎么办，咱们一起解决这个问题？”

有了这样的问话当铺垫，就可以自然而然地把话题展开了。芭波要么主动把遛狗时间推迟到早上八点以后，要么也会想想其他解决方法，比如不再放狗自个儿出门，而是一早亲自带着它走得远远的。这样即便它叫起来，孩子们也听不到。能做到这样当然最好，我不用直接把话挑明就能达到效果。不过，她也有可能态度强硬，说一些不中听的话：“听你这样说真遗憾，或许你可以试试在孩子房间摆一个音响，这样就可以盖住狗叫的声音了。”她要是真这么说的话，那显然太自私了，我很可能会恼火。但即便在这个时候也不能发飙，最明智的做法应该是继续尝试沟通，比如说：“那可不行，孩子们可受不了音响。大概一年前最小的孩子刚出生时我们就试过了，效果不佳。要不你再想想，是不是还有其他什么办法？”

话都说到这个份上了，如果芭波主动提出最理想的解决办法，那最好不过。毕竟，为了对她施加影响，我已经够耐心的了。我维持了自己的预定人设，没有让对方产生任何怀疑，一番努力之后终于得偿所愿。但是，如果她还是铁板一块、顽固不化，再度交涉之后情况依然没有改观，那么我就不会再多费口舌了。我会直截了当地要求她管好自家的狗，不到早上八点不许乱叫。并非所有人设都能够百分百奏效，但至少我知道自己已经尽了最大努力。在其他人眼中，我一直都保持着真实、可信的形象。

但如果还是得跟她直接提要求，我也不会去指责她的不是，不会对她进行任何“道德审判”。我固然可以冷冰冰地对她说：“听着，芭波，我倒是想做个宽宏大量的好邻居，对你客客气气地商量，但我真心希望你能明白，你跟你那条吵得要命的狗真的很烦人。请你把它关在家里，不到早上八点别放出来，如果做不到的话，我就要给动物收容所打电话了。”我也可以客气地提出要求，说：“芭波，我知道你还在纠结，但还是得请你管好拉尔菲，早上八点以后再把它放出来。一周下来，我只能在周六睡个懒觉，如果你能配合的话，就是帮我一个大忙了，这对我的心理健康也有好处。所以能不能请你体谅体谅？”这两种截然不同的说辞，效果自然也大相径庭。请务必记住，我并不清楚她为何对我如此冷漠，也许纯粹因为自私自利，但也许还有其他相对更合理的原因。不论何时，我的目标都是让对方满足我要求的同时，也能因为与我的沟通而受益，对她劈头盖脸炮轰一通恐怕达不到这样的效果。

想一想最近有没有哪次和别人沟通不太满意。分析一下你展开这次对话的全过程——是怎么开场的？你如何与对方构建融洽关系？如何设置情境？你用了什么肢体语言？如何选择着装？是不是充分考虑了兴趣对象，预判了他们对你的看法？在你的言行举止中，举出三四个你可能会有不同处理方式的细节，然后在下一次类似的沟通中尝试进行修改。

明确目标，但不必过于执着

回顾一下这五大陷阱，我们发现那些蹩脚的社交黑客之所以不断犯错，原因在于没有把握好与目标对象之间的关系。这些未来的黑客们对于他们试图影响的人有两种态度，要么不肯花多少时间去研究目标对象，对其漠然置之，对他们的想法、情绪和需求视而不见；要么就是在目标对象身上浪费太多的工夫，对他们如何看待自己产生了超乎正常范围的执念。这两种失衡的态度会导致黑客们传达错误的细节，要么拖沓滞涩，要么武断鲁莽，还有可能画蛇添足，甚至大言不惭地撒谎，以便强行"巩固"人设，维持自己在他人眼中的形象。诚然，新手黑客做不到以圆融平衡的方式来看待目标对象，但这种错误不是只有他们才犯。要成功完成社交黑客的任务，必须充分了解目标对象的方方面面，而新手们总是会低估这一点，反而过度热衷于在信息不准、方式有误的情况下试图掌控全局。职业老手则过分依赖过去的成功经验，想当然地认为眼前的目标对象与之前已经搞定的对象没有区别，从前用过的法子还能继续奏效。如果这些职业黑客属于谨慎型人格，很可能还会制定一个复杂无比的方案，以实现一次所谓"完美"的互动。

我并不是上述那种谨慎型人格，但时不时却犯自信过头的毛病。几年前，我们用网络钓鱼的方式"黑"了一家与美国政府和军方都签有大量采购合同的大型制造企业。当时，不少外国政府都开始使用"领英"网站雇佣间谍，获取机密。我们以一位年轻貌美的女性身份给该公司所有的 7 500 名员工都发送了一封电子邮件，邀请他们加入一个特别的领英群组。邮件中含有一个钓鱼链接，我们自然希望越多人点击越好，这样我们就能侵入他们的电脑。

记得我们第一次针对一家公司使用这种钓鱼邮件的时候，大约50—60% 的员工中了圈套。但是与该公司工作了 18 个月之后，我们发现员工们越来越善于识别钓鱼邮件，钓鱼链接的点击率也随即降至25—40%左右。不过这一回利用领英设计的网络钓鱼依然取得了巨大成功：79%的员工都完成点击，加入了这个群组。

对于我们这个行业的人来说，这个成绩绝对够震撼，我也被冲昏了头脑。几个月后，又有另外一家拥有10 000名员工的大型零售企业聘请我们，用网络钓鱼的方式测试他们的安全系统。这家新客户说："非常期待你们的钓鱼操作能一击即中，让存在的问题全部暴露出来。"

我回答说："没问题，包在我们身上。"

于是我们故伎重施，把之前用在那家制造企业并大获成功的方法再度搬了出来。在发出钓鱼邮件的那一天，我焦急地等待着最终结果。然而让我无比失望的是，在最初的24小时内，仅有不到百分之一的员工中招。第二天结束的时候，也只有百分之二。第三天还是百分之二。一个星期过去，大概只有7%的员工点开了链接，跟另一家公司79%的点击率简直天差地别！到底哪里出了问题？

我怀疑这家公司的垃圾邮件过滤系统识别并屏蔽了我们的邮件，但经查验之后发现并非如此。我们还核查了是否有其他阻止员工收到邮件的电脑技术问题，但一无所获。

心灰意冷之下，我结束了这次钓鱼攻击，并请求客户召集公司经理与收到邮件的员工联系，询问他们为什么没有点击链接。结果显示，这家公司员工对领英这个网站根本不感兴趣。在之前那家制造型企业，大部分员工都是四五十岁的男性，他们爱用领英，是这家网站的忠实用户。而且，这些男人整天坐在自己的办公室小隔间里，要是收到一位漂亮女人发来的信息，很多人都会招架不住。但在这家零售企业，大多数员工都是二三十岁的年纪，而且女性占比高得多。这个年龄层次的员工都把领英视为“老年人”网站，他们更喜欢如Snapchat[①]或Instagram[②]这样的社交平台。因此，他们看到领英的邀请邮件时也就无动于衷，其中的女性员工更不会因为发件人是一位漂亮女性而点开邀请链接。

我们这次之所以栽跟头，正是源于我“过人的智慧和丰富的经验”（不好意思，脸皮厚得我自己都要发笑），让我对这批测试的受众没有足够重视。鉴于之前那次钓鱼策划取得了巨大成功，我便疏于考察此次的目标对象。我对他们的基本认识仅仅局限于“在一家大型企业工作的员工”，于是想当然地认为只需设下与此前一模一样的“陷阱”（即用邮件发一条社交媒体邀请链接），就足以达到目的。结果摔了跟头，因为仅有基本常识并不足以完成情境设置的所有细节，我应该更加仔细地研究这些目标对象，并对他们的基本性格特征、喜好、需求等形成一个更清晰的了解（即便做到这些，认识依然相当肤浅，但总比一无所知好）。同时，我也应该相应调整情境设置，比如把邮件内容换成脸书上的活动，并邀请这些目标对象点击。好在三个月后，我们得到了第二次测试的机会，于是就把经过调整之后的邮件发了出去。结果显示，点击率相当喜人。

千万不要想当然地对待你的目标对象，要时刻保持密切关注，仔细聆听他们所说的话，尽最大努力去理解其中的含义。同时，控制局面的时候也要掌握火候，不能操之过急。要保持冷静，压制内心可能存在的控制欲，并尽量做到真诚可靠。不过，人在说谎的时候很难显

① 色拉布，一款照片分享应用。译者注。

② 照片墙，一款随时分享抓拍图片的社交应用。译者注。

得真诚。撒的谎越大，脑力劳动量也更多。随着交往的深入，你得记住越来越多你编的假话，这样才不会自相矛盾。即便你能勉强自圆其说，也可能偶尔露出马脚，让人总觉得哪里不太对劲。

在构建融洽关系的练习中，我有一个学员是个反面典型。为了与陌生人找到共同点，只要一问出对方家乡何处，他就立刻假装与对方来自同一个地方。这样的“交集”太容易产生共鸣了，很容易让对方一下子就兴奋起来。但是这种兴奋来得快去得也快，因为他们会逐渐意识到，这名学员其实对自己的家乡一无所知，很可能是在说谎。所以，你可千万别像他那样犯错。我所认识的最出色的非专业黑客不仅非常了解自己想要施加影响的对象，而且也给予他们足够的关心和尊重，不会欺骗他们。因此他们最终不仅得偿所愿，而且感觉奇佳，因为他们也让对方从中获得了好处。

在练习前面章节介绍的各种技巧时，一定要先记住避免这五个大陷阱，同时也要牢记以下几条基本要领：了解你的受众、保持冷静、真诚相待。如果你一直是先人后己，那么请继续保持、再接再厉。现在问问自己，是不是真如你所想，对兴趣对象十分了解？挑战一下自己，尝试了解对方身上此前你并不知道的三个或四个细节，比如他们喜欢什么或不喜欢什么？他们正面临怎样的困难？他们的哪些背景决定了他们看待这个世界的方式？

优雅地索取，你会得到更多

在提升与人交流能力的过程中力求真诚，这实际上也在帮助你培养优雅良好的社交礼仪。如果你注重细节，和别人聊起来就会更加流畅自然、魅力十足，或者更坦率地说，更加轻松。久而久之，那些生活中至关重要的人际关系会变得焕然一新，令人灰心丧气的那一面少了，取而代之的则是涌动在心头的暖意和满满的成就感。

举个例子，你的另一半辛苦一整天之后回到家中，整个人精疲力竭、心力交瘁，好像浑身都疼。他 / 她一头倒在沙发上，深深叹了一口气，然后有气无力地打开电视机。此时你走了过来，一出口就是兴师问罪，“喂，你又在卫生间里把脏衣服丢得到处都是，卫生纸用完了也不知道重新换一卷新的放上去。你到底怎么回事？我跟你一样，也是忙了一整天，但这些事情我都记得清清楚楚，你能不能考虑一下别人？”你发的这通牢骚完全合情合理，但你的态度充满了攻击性，而且没有设身处地站在对方的角度考虑问题，所以他 / 她不会好好听你的。如果你一直唠叨个不停，很可能让对方火冒三丈，非但问题没有解决，还搞砸了彼此之间的关系。长此以往，这种冲突越来越多，你们的相处会越来越艰难，最终造成无效沟通。

不妨想象一下换一种处理方式，比如先等上 15 分钟，让你的另一半有充足的时间放松下来，随后再去靠近他 / 她，轻轻爱抚，递上一杯对方最爱的冰茶，随后说：“亲爱的，看上去你今天过得不太顺心，到家都没跟我打招呼，是不是有什么烦心事？”听他 / 她把这一天经历的烦恼都向你倾诉之后，你可以说："听起来太不容易了。听我说，等你冷静下来之后告诉我一声，有几件其他的事情，我要跟你商量商量。"也许对方会主动要求你马上就说，此时你应该笑着安慰道："没事儿，过几分钟再说吧。"当你们真正就家庭琐事展开对话时，最终结果也许是好的，也许并不能让你如愿，对方也许还是不会充分尊重你的感受，还是不会主动把卫生间清理干净。但是相比生硬地向对方提要求，优雅的态度会大大提升达成目标的可能性。

当然，此刻你实际上是想让另一半明白你有多么不爽，但这对你达成目标于事无补。要让另一半自觉保持卫生间的整洁，你就得换一副人设，摇身一变成为"关怀体贴的配偶和伴侣"，此外还需要关注细节。送上一杯凉茶对你而言只是微微示好，却显示了对方在你心中的地位，就好像在说："你的喜好我了如指掌，我对你关心备至，所以这杯茶请笑纳。"但是你不能说："嘿，你瞧，还不是我给你送来了你最爱喝的东西？！"注意，你只是赠送了一个小小的礼物而已，不值得居功自傲。你同样不能说："你看，我多关心你，到头来还不是我给你轻揉肩膀！"或者"你看吧，我已经给你时间放松心情了，现在轮到我了，有点事要跟你掰扯掰扯。"这些都不行。此时你需要的其实只是一些小小的表示即可，完全不必为了跟对方构建更融洽的关系大费周章，比如开一瓶价值 200 美元的红酒（其实一杯凉茶足矣），甚至虚情假意地骗他 / 她说："今天一整天我都在想着自己有多么爱你。"诸如此类的言行此时此刻都会让人觉得十分荒诞。其实你只需要调整心态，暂时将自己的需求和欲望抛在一边，用心思考你另一半的心境，以简单、友善、有帮助的方式构建情境。就算这一次沟通不成功，也不会破坏你们之间的关系，而更有可能的是，你既表达了诉求，又使夫妻关系更加和睦。

这个例子看似微不足道，却运用了不少社交黑客的技巧。正所谓细节决定成败，关键时刻能派上大用场。我有一个学员，名叫康拉德，是一名咨询顾问，他上了我的课，还花了好几个月的时间练习本书中介绍的黑客技巧。有一天他接到一个电话，得知他父亲被诊断为肺癌晚期，癌细胞已经扩散到全身各个器官，回天乏术，只剩下几个月的寿命了。他的父亲正在承受巨大的痛苦，而当地医院也不知道如何给他最好的治疗。康拉德希望带父亲去其他城市更好的医院，于是他安排车接上父亲，开了几个小时去了另一家医院。此时，他父亲的医生团队理应通过电话将病人的病情通报给这家医院，以便让对方做好准备。

然而，在抵达这家医院之后，康拉德发现父亲原先的医生团队并没有按照约定打来电话，这里的住院部也没有多余的病房，而且等待病房的病人已经排起了长龙。医院工作人员告诉康拉德，对此他们无能为力。但如果他愿意的话，可以直接去肺科，那里专门接待肺癌病人，他可以直接跟那里的一位专科医生沟通病情，看看能否有解决办法，康拉德照办了。虽然父亲的病情让他忧心忡忡，但他还是想到了社交黑客的各种策略，思索着怎样学以致用，帮助他解决眼前的困境。当时他想到的正是如何用各种恰如其分的细节构建一个意义框架，帮助自己对他人施加影响力。

“我并不认识这位专科医生，”康拉德回忆道，“但我想到，医生职业有其群体特征，他们看待自己的职业身份非常严肃认真，他们看重智慧、看重知识。他们作为专业人士，有着深深的使命感。于是为了最大化提升沟通效果，我决定让自己也看起来更专业。当然我不能假扮成医生，那可不行，但我要扮的像医生那样看重智慧和知识。”这就意味着他必须衣着整洁、言语得体，显示出受过良好教育的样子，并在对话中必须迅速直入主题，因为医生通常都加班加点、压力过大、行色匆忙。更微妙的是，他必须表现得友好可亲、尊重他人，目标明确。此外，他还必须坚持事实，在陈述父亲病情和自己的诉求时，应保持逻辑清晰、表达具体，同时他还应该足够真诚，不玩虚假那一套。就像康拉德自己所说：“我不能让别人感觉这些特点是装出来的，而应该让他们觉得这就是我与生俱来的气质。”只要做到这一点，并且认真倾听医生讲话，与她产生共鸣，不给她压力，同时避免真实感五大陷阱，他一定能得到好的结果。

果然，他与医生的对话非常顺利。一开始，康拉德彬彬有礼地与医生打招呼，向她简述了父亲的病情，并表明急需住院治疗。随后为便于她理解，他还提供了一个逻辑清晰的病情时间表。在谈话中，他一直密切关注着医生的反应，模仿她的说话方式和肢体语言，以便与其建立融洽关系。接着他表达了自己和父亲的担心，坦率地希望对方能给予帮助。他说话时仪态端庄，丝毫没有任何情绪化的表现。当医生再次表明医院没有空余的病床时，他点了点头表示理解，但依然还是非常礼貌地问道：“那么，这种情况我们应该怎么办呢？”说这话时康拉德注意到他和这位医生之间已经有所默契——动作神态类似，用语一致。此时把父亲无法住院的困难视为他与这位医生之间需要共同解决的问题，已经变得合情合理了。于是接着康拉德提出一个建议：“既然这里没有空余床位，是不是可以让他先待在过道里，一边接受治疗，一边等待新的床位空出来。”医生考虑了片刻，最终同意了，康拉德终于松了一口气。他只和医生聊了 40 分钟，就节省了众多正常情况下的繁文缛节，解决了看似无法逾越的困难，让父亲在这家忙作一团的医院里得到了医治。

康拉德的父亲在这家医院住了几个月，但最终还是不幸去世。在那段时间里，康拉德经常和医务人员交谈，每次沟通的态度和方法都经过深思熟虑和精心设计，就像与第一位医生交谈时一样。同时，他还使用了对自己有利的肢体语言（比如冷静的表情、开放的姿态、张开双手、髋部对准面对他的人）。康拉德说："不管是医生还是护士，每次与他们沟通的时候，我都会尽我所能让他们因与我碰面而受益。"虽然不能百分之百确定，但康拉德相信自己对于社交黑客技巧的运用以及对于细节的关注改变了很多事情。他注意到，相比医院里的其他病人，他的父亲得到了更好的照料。他还相信，自己面对医务人员时举止得体，礼貌又诚恳，因此对方也以同样的方式回报自己。要知道，医院病房的环境特别压抑，不管是病人和家属都会表现出沮丧挫败和其他各种负面情绪。但是医务人员似乎注意到在与康拉德沟通的时候，他会处处为他们着想。尽管对于父亲的去世感到悲痛万分，但康拉德知道父亲在他生命最后的日子里得到了很好的照顾。而且，他也尽己所能，尽了孝心，所有这些都足以让他感到慰藉了。

康拉德的这段经历表明，当我们掌握了一整套社会工程学原理和策略之后，完全可以发挥出巨大的能量。本书读到这里，你已经有了很好的储备，可以运用这门技艺了。你可以对其中的某些部分勤加练习，练得越多越好。每个人的勤奋程度不同，专注力也有所差异，你或许会花上几个月，甚至几年才会有所收获，但是只要你持之以恒，就一定能看到惊人的差别。在与他人的邂逅中，你不仅会对自己和他人的言谈举止有一个全新的认识，而且还会因为这种全新的认识而变得更沉着、更自信。谁也不可能时时保持完美，毕竟意外难免，但掌握了技巧，你就能扭转乾坤，把意外变成有利因素。而且你将更有能力预见到社交时出现的各种情况，并审时度势做好相应的准备。在本书收尾前，让我们盘点下前文介绍过的黑客技巧，再认真思考一下康拉德在与那个肺科医生进行重要对话之前所做的所有准备。很多人在工作面试、高风险电话销售、法律诉讼、重要的恋爱约会以及其他计划中的社交活动开始之前，都会高度紧张。如果能系统化运用社交黑客的各项原则，就能让自己摒弃杂念、集中精力，将紧张不安感降至最低程度，从而提升成功的概率。

第九章

学习融会贯通

事先积极谋划，就能在重要谈话中应对自如。

如果你即将面对一次很重要的谈话，那就应该像准备侵入企业的社会工程师那样提前做好准备。这种准备工作被他们称为“攻击向量”，在日常生活中则叫作“谈话提纲”。本章将分步骤讲解如何创建提纲，并提供一些总体建议，确保重要谈话顺利。

当我和团队筹划混进一家公司大楼或政府单位时，从来不会临时抱佛脚，而是花费几个星期筹备“攻击向量”。我们会深入调研目标建筑，发掘其所在位置的各种信息，包括物理布局、安保情况、管理团队、工作人员等，你能想到的一切，我们都不会落下。我们的技巧基本上都来自詹姆斯·邦德的《007》系列电影，从一头扎进垃圾箱（找线索）、进行复杂烦琐的网络搜索、对于关键人物的贴身监控、钓鱼邮件，再到使用各式各样看上去平淡无奇，实际却是录音设备的物件（比如钢笔、手表、领带等）偷偷录下谈话。在对目标对象有足够的了解之后，再运用本书中介绍的各种沟通原则来筹谋整个计划。我们会营造情境，设计建立融洽关系的活动，确定具体由谁来执行计划、穿什么样的衣服、带什么样的道具、要用到怎样的肢体语言和口头表达策略等。我们还会精心打磨所有沟通细节，提前进行角色扮演。即使做到了这么多，依然无法保证百分之百成功，但拿下目标的可能性更高了。其中部分原因在于，这些准备工作会让我们在真正混入大楼时轻松上阵、保持冷静，我们的自信来源于已经充分做好了功课，对可能发生的各种情况都了然于胸。

面对即将到来的重要社交互动时，你可以制订详细计划来提高自己影响他人的能力（当然，偷偷摸摸的间谍把戏不在讨论范围之列），不管是在个人生活还是公司运营过程中我都是这么做的。不久前，我注意到手下有一个叫“吉米”的员工在工作表现上不尽如人意。总体来说，小伙子人不错，但最近一直很懒散，工作质量比我之前了解的要差不少，工作态度也有所松懈。如果不能及时改正，他的表现会让客户感到不满而产生隔阂，也会影响整个团队的士气，其他成员还得给他收拾烂摊子。我本可以打电话给吉米，毫不避讳地点出他的问题，然后严肃地说："作为你的老板，我不得不警告你，如果你不改掉这些坏毛病，我就只能解雇你了。"听了我这番话，吉米有可能改过自新。但这样颐指气使对于我俩的关系可没有什么好处，也不会让他更加热爱自己的这份工作和我们这家公司。

我没有这样做，而是针对当前的状况，做了一番"调查研究"，还重新看了一遍吉米的 DISC 人格评估报告（第一章中曾提到，我公司所有员工在入职之前都会接受 DISC 测试），并由此设计了与他沟通的情境。首先，吉米是影响型人格，是个喜欢出风头的团队成员，我得缓和语气，不能狠狠地批评他，因为"出头鸟"通常不喜欢别人抓住他们的小辫子不放，我还得用一种更委婉的方式提醒他绩效不佳，并鼓励他积极改进。如果我摆出一副"愤怒老板"的人设，就会把关系弄僵了，但是如果我以朋友的身份出现，说不定能与他构建融洽的关系，给予他动力，让他主动做出改变。

季度工作沟通会议召开前，我草拟了一份大致方案，先问他一些笼统的开放式问题，比如"过去一个季度，你的工作情况如何？"或是"你认为自己真正的强项和弱势各是什么？"如果会议如预期那样顺利进行，吉米应该会承认在过去的一个季度里自己有所懈怠。如果他闭口不提，那么我会进一步抛出其他的问题让他有所察觉，比如"在乙项目里，你觉得自己表现如何？"或是"上个月你跟进了客户甲的线索，现在进展如何？"其实我很清楚针对客户甲的业务进展不顺利，也希望吉米能够主动承认问题。如果他确实这样做了，那么我会说："不顺利？真的吗？跟我说说吧，怎样才能做出改进？"我希望他能告诉我他遇到了问题。那样的话，我就会问他，你觉得我们应该怎样调整操作模式，以免出现问题影响整个团队的进度。在我看来，他才是应该想出解决方案的人，而不是我。这将大大改变他看待问题的态度，也会相应地改变他将这种态度付诸实践的投入程度。

这一份方案实际上是根据吉米的 DISC 人格评估报告来制订的。即便当时我们需要一起努力帮助他做出改进，但这份方案所构建的对话模型其实有利于他自己来发掘身上的闪光点。如果他是谨慎型人格，我可能就会更多地关注细节。如果他是支配型人格，我会直言不讳地点出他的懒散，要求他主动改变。如果他是稳定型人格，喜欢辅助他人，我可能会将谈话重心放在他给予团队的协助上。既然他是影响型人格，我便选择以积极正面的方式与他对话，在交谈中为他创造机会，让他自己陈述"改进工作的方法"。当然，作为构建谈话内容的一部分，我必须真心实意地聆听他的意见，从他的角度了解公司有何提升的空间。那样的话，他会更容易接受这一切，从而做出必要的改变，我们才会看到真正的进步，也能让他继续留在公司。

我的方案效果不错。一开始，吉米并不承认自己工作绩效差劲，而是多次提到过往"出色完成任务"的经历。但当我提到客户甲的时候，他结结巴巴地承认这个项目确实进展不顺，自己应该为此负责。此时我主动为他打圆场，表示自己清楚他是个很不错的员工，而且团队也有继续提升的巨大空间。我问他："你觉得我们应该怎样做，才能在下一次与客户打交道时发挥自身优势？”此时，吉米坦言自己需要做出改进，同时还提出一些建议。接下来的几个月里，他的工作绩效明显改观，我们之间的关系也更加亲近了。

如何拟定谈话提纲

如果你即将参加一个工作面试，或是要与客户或供应商谈判，又或是要跟某个同事、家庭成员、朋友讨论一个难以启齿的问题，再或是与恋爱对象来一场重要的约会，总之是任何一次你希望表现完美的沟通，一定记住：千万不要打无准备之仗。综合本书的精华内容，我设计了一套功能强大的“十步真经”——也就是为即将到来的对话所准备的书面草案。它适用于几乎任何类型的社交互动，你可以以此为基础，精心策划我所说的“谈话提纲”。你会发现，凡事预则立。只要稍加筹谋，你与他人的沟通将更加清晰明确、流畅自然，而且卓有成效。同时它也会让你更加自信，即便对话时出现意外情况，你也能应对自如。在接下来的小节中，我将快速讲述如何运用这十个步骤更好地制订一个谈话提纲。之后，我会进一步讨论如何将这些提纲运用到具体场合中，以及万一你的“最佳计划”出岔子了，又该怎么办（老实说不是“万一”，这种情况“经常出现”）。

第一步：勾勒轮廓

制订谈话提纲的第一步，是对此次沟通作出初步评估，记录相关信息——沟通对象何许人也？可否对其进行 DISC 人格分析？可否大致猜测其人其品？如果此人与你素未谋面（此种情况常见于工作面试或购车谈判），那就通过初步调研尽可能多收集一些信息。如果兴趣对象的社交媒体账号是公开的，是否能从他们的帖子中找到其沟通特点和性格特征的线索？针对一个想深入了解的对象，你是否会联络其他与其打过交道的人？购置汽车前，你会不会事先探路，了解一下经销商，哪怕只是花几分钟观察一下销售人员？

你得在脑海中勾勒出兴趣对象的心理状态、需求和愿望。如果你打算去老板办公室要求涨薪，他们当时会不会没时间和你说话？会不会正承受着某种外人不知道的压力，而你能不能为其排忧解难？你的要求会不会让对方产生某种忧虑？他们能给你多少谈判空间？此次沟通中你有多少筹码？谁更需要谁？如果目标对象拒绝你的请求，你还有其他选择吗？

第二步：明确目标

这一步至关重要。很多人在预想与他人的交往时，总是在对话开始之后才设定目标，随后不断调整，直至对话结束。其实更好的做法是：先明确目标，以目标为导向构建谈话的各个层面。同时，目标要精准、不含糊。不久前，我得知女儿阿玛娅和其他几个十几岁的孩子一起加入了一个网络聊天群，而这是我和妻子明令禁止的事情，她居然明知故犯、违反家规，但我们还是按捺下火气，冷静商量好了目标。我们不仅要让阿玛娅认错且保证下不为例，更重要的是，我们得搞清楚她为什么不听话，为什么骗我们，只有这样才能有效改善亲子关系。确定目标之后，我们意识到绝不能气势汹汹地质问她，那样她不仅会产生抵触情绪，还会不再愿意对我们说真心话。所以我们得采取更温和的路线，同时也要表明立场告诉她，她的所作所为令我们非常失望。

明确目标时，需要特别留心在勾勒“轮廓”（第一步）时所观察到的一切。当你走进一家汽车经销商的店铺时，先表明来意。你需要立即购置一辆车，但你看中的那一款车在动力方面不甚合心意，所以你想讨价还价一番。但目标恐怕不应该是“以比标价低 5 000 美元的价格购入心仪的汽车”了，一来你急需用车，二来砍价这么狠不太实际。所以当经销商同意降价 2 000 美元的时候，你就得把握住机会了。在制定目标时，也别忘了照顾目标对象的利益和需求，怎样能让他们因与你相遇而获益？同理，如果我们尽可能理解阿玛娅的行为，亲子感情就会更加紧密，她也会因此受益。这样一来，担心孩子可能会违反家规的顾虑，也会合理解除了。

第三步：设置情境与确定人设

大多数情况下，明确目标能够帮助你自然而然地设置情境、确定人设。在与阿玛娅的对话中，我们真心想知道到底是什么原因导致她违反家规，这就意味着我们的人设不能是“正在气头上的严厉父母”，而应该是“担心忧虑的父母”。没错，人设就是这样瞬间确定了。如果你正在租车，希望说服销售人员给你一次免费升级，那就不能摆出一副“满腹怨言”的模样。作为顾客，你营造的情境应该是“这一天过得糟糕透顶，需要来自他人的帮助”（当然，这种表现应该以事实为基础）；如果邻居家的狗总是叫个不停，令人无比苦恼，但你又想和对方保持良好的邻里关系，那就应该表现出“睡眠不足的年轻父母，急需他人帮助”的可怜相，而不能摆出一副“火冒三丈，随时可能起诉对方”的唬人架势。

如果无法明确目标，你会发现连给自己设定一个有益的人设都很困难。在本书之前的章节中，我曾经提到过一位物理学教授，本来我想和他套近乎，但最终没有成功。当时我假装对他发表的一篇科学论文非常感兴趣并有所了解，但是当他问了我一个有关这篇论文的实质性问题时，我却露出了马脚。其实我根本没有读过那篇论文，这副人设也是伪装的，我的准备不充分，因此根本不可能实现目标。我脑子里想到的不过是“在教授面前显得很聪明”，然而尝试之后，却发现不过是自作聪明。如果我好好想一想的话，本应该确定一个相对更优化的目标：引导教授花几分钟时间带我走进大楼，随后通过简短对话诱使他透露一些重要信息，最后让他转眼就忘记这场邂逅。事后回想起来，我的人设本应该是一个“好学上进的学生”，只需针对教授所教授的课程提出一个快问快答、无关痛痒的问题即可，因为这样的角色在教授看来更加合理，我也无须多费劲，最终还能成功如愿。

第四步：设想如何构建融洽关系

既然人设已经确定，接下来就该考虑如何调动人设以便与目标对象建立有益的联系。打个比方，现在有一个新的工作机会摆在你面前，于是你打算先向现任老板提出涨薪要求，再决定何去何从。这时你的人设可以表现得激进一些，做出一副“老板不同意涨薪就立马跳槽”的姿态；你也可以表现得谦恭一些，表明自己“虽然已经有了另一份工作的录用通知，但还是更想留下，因此想和老板探讨一下如何实现”。不管哪种情况，你都应该考虑在什么时候、用什么方式与老板展开对话。你会不会在明知老板下周一要做一个重要的演讲的情况下，不请自来，选择在周五下午四点半的时候直接冲进老板办公室？或者，你选择在她演讲成功之后的第二天邀请她共进午餐，一边吃着三明治一边聊起这件事？显然，后一种情况属于非正式场合，大家都会比较放松，因此你可以用很多话题作为开场白，比如祝贺老板演讲取得圆满成功，询问演讲过程中的具体细节等。当然，你也不能为了拉近关系在某些问题上表现得过度八卦，比如打听她的先生和孩子，除非你们之间的交情确实够深。

第五步：确定如何构建影响力或实施诱导策略

考虑完“轮廓”以及与兴趣对象现有的交情，接着要确定哪种影响力策略最有可能奏效。虽然不必拘泥于使用某种单一策略，但是这样思考会帮助你大致有个判断，了解哪种可以用，哪种不能用。

如果准备向老板提出涨薪要求，你就不会使用权威性原则（第四章中曾提到），因为如果你要通过会谈达到目的，老板显然才是更具权威的一方，此时好感原则可能会很管用。假如你喜欢这位老板，和他 / 她一起工作也很开心，不妨回忆一下你们曾一起成功完成某个项目的经历，同时高度认可他 / 她的领导能力以及对你的指点。随后就可以进入主题，比方说：“我今天找你聊，其实是因为我得到了一份很诱人的工作录用函，不过这也让我很犹豫，其实我并不想去，因为我喜欢和你共事。可是他们提供的薪酬太优厚了，我实在难以拒绝。”

你也可以选择互惠互利原则，用一种圆融的、不显得咄咄逼人的口吻提醒老板，自己曾经为公司做出了很多贡献，以此作为要求涨薪的铺垫。你可以说：“我真的很喜欢在这里工作。”也可以说：“我曾经为公司服务过最大的几家客户，完成了不少重要项目，我自己也非常享受。我喜欢挑战，也愿意继续为公司贡献力量。”接着，你就可以描述一下自己收到的那份工作邀约，表示愿意与老板一起商量，看能不能找到一个解决方案，让自己继续留在目前这家公司。

如果你想从别人嘴里套取信息，就要好好想想应该采取哪种诱导技巧。比如你打算找一家汽车经销商谈价格，很想知道他们到底能有多少让利空间，或许可以运用第五章中曾经提到的“给定范围技巧”——即主动提出一个价格区间，看看对方能否接受。再比如，当阿玛娅表现不佳，作为父母需要与她对质时，我和妻子会告诉她，她干的那些坏事我们尽皆掌握（这也是实情），还是老实交代为妙。不过我们也不会太强势，不会像美国联邦调查局探员审问犯人那样咄咄逼人，要做到这一点，只需要加上一些肢体语言即可（敞开的腹部、略显忧伤的面部表情等）。

第六步：快速审视、避免操控

当你的社交策划走到这一步，就得留个心眼，不能一不小心将“施加影响力”和“操控对方”混为一谈，偏离了两者间最重要的界限。审视一下，自己接下来的言行举止会不会让兴趣对象害怕不安，不得不照你的意思来，而非发自内心愿意做这件事？比如你坐在老板对面，威胁他/她如果不给你加薪，你就会立马走人，而且在某个重要项目上留下一堆烂摊子——这毫无疑问就是操控型的沟通策略。同样，如果我们夫妻二人一直打苦情牌，长篇大论地强调我们为阿玛娅付出的一切，还有她的所作所为让我们多么失望，从而让女儿背上负罪感。如果她不把内心的想法和盘托出，就是对我们大大的“亏欠”，这毋庸置疑也是操控之术。其实这些场合也需要以诚相待。你得想想，自己的行为究竟会给目标对象带来怎样的影响？话说回来，在某些场合，目标对象可能会遭遇与你毫不相干的恐惧和其他负面情绪，只要这种情况并非由你引起，也不会让你从中获利，那就可以心安理得，不必在意，因为你没有实施任何操控行为。

第七步：发挥非言语表达优势

在设置情境和构建融洽关系的同时，你可以考虑怎样使用非言语表达了，包括着装风格、语音语调、肢体动作等。比方说，你和最要好的朋友闹了点矛盾，想要化解。其实你俩本来是典型的“铁哥们”，经常以相互击拳作为酷酷的打招呼方式，那么这一点就应该记在心上，把它作为冰释前嫌的开端。假如你俩过去一年都在和同一个人约会，彼此争风吃醋，准备一刀两断，那么或许可以在对话之前给对方送上一个友好的拥抱。复习一下第七章的内容，列举出那些会帮助你施加影响力、实现目标的重要非言语表达方式，同时也要列出那些肯定没用的招数。此外，你还要仔细考虑在关键时刻应该表达怎样的基本情绪。如果最近没有练习过，那么在社交活动开始前应该花上几分钟操练一下。

第八步：检验真实性

此时，即将到来的社交活动已渐具雏形，那么它看上去到底有多“真实”呢？以你的性格特征、目标对象对你个性的已有了解以及你们之间的交情深浅为参考系来看，你构建的人设、融洽度、影响力、诱导策略和肢体语言，会不会真的让人深信不疑？你准备的行动或陈述会不会显得杂乱无章、画蛇添足或不合时宜？为了确保万无一失，你可以找某个与此次社交活动毫无关系的人进行一番“彩排”，看看反馈情况。请务必挑选你所信任的人，而且此人的社交技能足以让你信服。如果所有环节都挑不出毛病，那就思考一下，是不是还可以增加或删减某些细节，使这次互动的真实性更加无懈可击？比如，在营造情境过程中，是否还有什么你可能想说的或想做的可以补充进去，从而让你的人设更具可信度？你会不会使用“道具”增加说服力？再或者，你会如何用实际行动默默地、不露痕迹地提升人设，而不是公然作秀？你会不会准备了过多的细节，或是在其中选用了一些虚假信息？立刻着手调整这些问题吧，只有这样，才能在重要的日子来临之时轻松上阵。

第九步：曲突徙薪、未雨绸缪

在起草一份谈话提纲时，要对所了解的信息通盘考虑，并制订出一个能充分利用所有资源的计划，但是任何谈话都不可能从始至终由你一手掌控，你预判的兴趣对象心理状态以及可能反应不一定百分之百正确。有时候因为各种各样的原因，这些预估会出错，令你的言行产生意料不到的负面效果。想想看，如果兴趣对象聊着聊着突然变得焦躁不安，你该如何处理？如果周围环境中的某个环节分散了你或兴趣对象的注意力，或是引起了某种不良情绪，又该如何应对？如果你在谈话中遗漏重要信息该怎么办？如果你笨手笨脚或无意之中打破了原定计划该怎么办？又或者，无论你说什么做什么，对方就是不同意你的请求，你还能拿出什么应对之策？

你无法预估所有问题，但做好准备应对最有可能发生的意外情况总是没错的。如果你收到了另一家公司令人心动的工作邀约，而你的现任老板也愿意给你涨薪，但幅度不大，无法与新公司给出的价码相当，这种情况下你该怎么做？如果你提前考虑过这个问题，就应设定一个可接受的薪水涨幅门槛，并以此为标准引导对话的走向。或者换一种方式，如果老板给你涨薪的幅度在一定区间内，你可以和他商量，看看是否可以提供额外的福利，比如更多假期或更灵活的工作时间安排，这些也可以弥补薪酬的不足。

针对阿玛娅违反家规的问题，我们夫妻二人在准备与她谈话时，其实并没有提前确定某一项具体惩罚措施，因为我们希望能更全面地考虑整件事。也许她这样做情有可原，没有看起来错得那么离谱。于是我们根据错误的严重程度，想出了几种与之相匹配的惩罚手段。在与阿玛娅的交谈中，我们终于了解到了实情，原来是她的朋友偷偷地把她拉进了聊天室。但进去之后她就发现很难离开，因为生怕在朋友面前丢脸。她没有将事情的原委告诉我们，是因为这事儿说起来难以启齿，担心我们会有过激反应。所以，尽管阿玛娅明显违反家规，但并非有意违抗我们。我们当然要处罚她，以示作为长辈的不满，但过于严厉也不合适，所以按照“家庭应急计划”，我们的关注点变成了“帮助她制订策略，以便将来轻松应对同龄人压力，并更好地与家长沟通”。试想，如果我们没有考虑意外情况，而是简单地对其严惩，要求她为错误行为负责并承担后果，那就会失去一个发现隐患、解决问题的机会。

提前考虑各种突发情况并构思应对措施，就能在遇到问题时找到更好的解决方法，保障自身利益，但大家很少会这么做。我曾见过职业黑客在工作中无功而返，就是因为没有对显而易见的可能情况加以考虑。举个例子，有一次我们要假扮成病虫害防控管理员，混进一家公司大楼。通常我们都会随身携带专业的杀虫喷雾装置来增加人设的可信度，但这次因为要乘飞机到一座遥远的城市去执行任务，所以不可能带这玩意儿，于是我们就跑到沃尔玛超市买了几个便宜的喷雾器。但是，如果我们事先做好充分准备，就应该想到会有这样一种可能性：在场可能有保安警惕性很高，还曾观测过除虫流程，那么我们这些临时抱佛脚买来的蹩脚设备就会引起他的警觉。要是事先考虑过的话，我们原本可以准备好一套足以令人信服的说辞，先承认设备不够精良，接着解释这些设备用来干一些小活足够了，专业级的喷雾器要用于复杂的大型作业现场。由于我们事先没有准备好，结果被一个保安问倒了，他起了疑心，拒绝放我们进入。

第十步：巩固战果

除去那些超出掌控的因素，你的对话可以按照原定计划顺利进行，直至最终实现目标。那么，接下来该怎么做呢？最好的做法就是巩固战果。如果老板同意给你加薪，那就让他/她白纸黑字写下来，这样双方都能牢记细节。不过这样做的时候不能过于死板教条，你可以用友好的口吻给老板写一封邮件，将谈话中提到的细节一一列举，同时感谢老板。另外还可以提出，如果你哪里说得不对，请他 / 她不吝指正。如果你在买车的时候砍到了满意的价格，那就立刻签约，千万不能谈好价格就走，因为这样会给经销商重新考虑的机会，甚至可能直接反悔。某些情况下你可能无法与对方达成书面协议，邮件确认也不合适，那么请别忘了，至少你可以一边和对方握手，一边以肯定的口吻再重复一遍双方达成的共识，这样对方就没法不认账了，因为那样会很丢脸。再比如你准备雇一个家庭园艺师，在谈完酬劳之后，可以跟对方说："能找到你们真是太好了，每周 75 美元的锄草费和 150 美元的春季清理费，价格很公道，非常感谢！"你还可以以自己记性不好为由，请园艺师把谈好的价格写在一张名片上或者发短信给你，以免日后忘记。

说干就干

现在你已经明白"谈话提纲"的具体内容了，那就赶紧筹备即将到来的社交会面吧！规划一次对话可能只消 10—15 分钟的时间，多做几次之后花费的时间会更少。为了提升筹备效果，在规划完成之后，再多花几分钟在脑海中将整个会面的过程在脑子里"过一遍"，想象一下届时你和目标对象可能说些什么，做些什么。

还要提醒一句，过犹不及。如果出现下列情况，说明你准备得过了头：制订一个对话提纲需要花上你 15 分钟甚至 20 分钟的时间；在会面前几天，反复修改或调整提纲；过早开始制订提纲（比如说提前几周，而不是几天）。上述行为容易适得其反，因为你会在谈话中让人感觉照本宣科、刻板僵化和虚情假意。而且，如果过于依赖规划，一旦谈话中出现意外，你就很可能乱了阵脚、茫然失措。成功的社交黑客会在二者间获得平衡：一方面他们制订计划、关注细节；另一方面也会留出空间供自己即兴发挥和实时判断。如果 DISC 人格测试显示你属于谨慎型人格，那你就要特别注意了，避免过度规划，因为谨慎型人天性如此。

即便你已经充分考虑到了计划中可能发生的意外情况，对话仍有可能严重偏轨，这种情况很难避免。如果你准备向老板要求涨薪，却发现她泪流满面，因为她刚刚获悉一位家庭成员去世的噩耗，这种情况你该如何处理？如果你满怀希望地坐下来，准备和客户进行一次至关重要的销售会谈，却得知你的主要竞争对手刚刚宣布将同类型产品降价 20%，那该怎么办？再假如，虽然对话开局一切顺利，但任凭你使出浑身解数，最终也无法说服目标对象满足你的需求，此时又当如何应对？

这些麻烦对专业的社交黑客来说是家常便饭，我们总能快速应对、化解危机。是否还记得我曾在第八章提到的一个案例，我们怎样混进一家位于某个发展中国家的银行大楼？尽管那里戒备森严，由手持自动武器、开着摩托的警卫守护，但最终还是被我们成功突破了。一开始的计划是由我和另一名同事主动出面，但当我们到达该国，并实地考察了这栋银行大楼后，这些全副武装的警卫着实让我们大吃一惊。此前没有人告诉我们这些情况，我们在做案头规划时也没有考虑到这些——眼前荷枪实弹的警卫大大增加了我们整个计划的风险。要是一不小心出了差错，没准就要吃子弹。但我们并没有终止计划，而是通过调整计划降低了风险。那儿的居民大多是深色皮肤，而我们则很明显是美国白人的模样。按照最初计划，我们应该大摇大摆地直接走过去，要求保安放行，让我们进入大楼进行技术测试。但情势有变，我们觉得采用更温和、更低调的方式才能保障安全，于是动脑筋想了一招——雇了一个当地人主动上前与保安对话，与此同时我们装作很忙的样子从他们身边匆匆走过，就好像我们本该在此，之前一直在此。

在这个案例中，我们有充足的时间提前调整计划，有些时候，我们则会在谈话过程中，急中生智想到解决方案，及时补救问题。有一次，我们试图悄悄混进一家大型企业 CEO 的办公室，看看是否能搞到一些机密文件。通过查阅社交媒体，我们发现这位 CEO 即将出国与家人共度两周假期。他出发之后，我穿着电脑技工的服装走进办公大楼，自称来帮他维修电脑。我请他的助理让我进入 CEO 办公室，还声称是 CEO 本人提前与我们预约了电脑维修的服务，他希望我们在他返回工作岗位前完成这项工作。

可是不论我怎么好说歹说，她就是不让我进去，这可把我难住了。计划不成功，眼看着就不得不放弃，但随后我心生一计，拿出写字夹板说："好吧，你不让我进去，我完全理解，但要是这单维修完成不了，我也会很麻烦。如果你给我的最终答复还是'不行'，那么我要请你在这张单子上签字，表明拒绝此次维修服务。"这番话一下子给她带来不少压力，要是还不让我进去，她就要冒着得罪老板的风险。我之所以要求她签字，就是要让她陷入进退维谷的两难境地，并在我俩之间形成一种全新的权力差异。作为一种技巧，这么做确实有那么一点轻微的操控之感，其实在日常生活中我也不会这么做。但考虑到我当时在这家公司所面临的处境，这么做也并无不妥。这位助理不想签字，但是我坚持说要么她签，要么其他人签，反正我不能就这样空手而归。最终她妥协了，把我放了进去。这个案例的成功要归功于我当时灵光乍现，虽然过程与我的最初计划稍有偏差，但却得到了令人满意的结果。

在面对不可预知的困难时，有些人天生就比一般人更加机智灵活，但你也可以通过练习，提升自己沉着冷静、随机应变的能力。通常在有压力的情况下，人会变得慌乱，大脑中“战斗 / 逃跑 / 吓傻”的各种反应也会被激活。保持思维灵活的关键在于，你要学会比平常状态下更密切地关注自己的情绪。当你感到害怕或惊慌的时候，尽最大努力抛开这些情绪，这样才能让自己重新平静下来。要做到这一点其实也不难，比如在对话中暂停几秒钟，做几下深呼吸。在别的场合中，你也可以去一下洗手间，给自己 5 到 10 分钟时间冷静下来，想一想可能的解决方法。又或是向对方要求给你一两天时间考虑，随后再继续沟通。在为即将到来的社交活动做准备时，你要不断练习，时刻关注自己的情绪（在社交活动开始之前你一定要提醒自己这样做）。在为谈话做规划时，提前考虑好可以让你短暂脱身的方法，要让自己既能恢复镇静，又不失优雅。

如果你真的需要中途暂停互动，那么重新开始互动之后，需要立即对当时的交流状况进行评估，之前和对方构建的融洽关系是否依然如故，还是受到了一定影响？向目标对象询问几个问题并观察对方的身体语言，以此判断他们的情绪状态。如果融洽关系不再，那就找个体面的方式结束谈话。如果你和对方之间多少还有点交情，那就考虑一下是否可以采用其他策略，或者干脆给自己换一个人设。若是你不想改变人设，那也可以使用一个小窍门，就是与不愿配合的目标对象展开一场“小谈判”，推动他们按照你的意愿行事。在之前的章节中，我曾提到自己混进一座大型仓库的案例，当时保安要求我出示由政府颁发的合法证件，但我没有。当他表明态度，没有证件就不能放行的时候，我坚持说：“哎呀，你看看，我刚刚花了足足十分钟才把前面的安检流程都走完。检查完这里我还有很多地方要去，实在不能回车里去拿证件了，要不用我的工牌作证明吧？”如果他严格按照规章办事，或许会礼貌地拒绝我的请求而不是放行。然而聊到这里，我俩之间已经形成了一个折中方案：我可以实现进入仓库的目标，而他也可以心安理得地认为自己恪尽职守，所以问题迎刃而解。随着谈话的深入，你不可避免地会遇到各种阻力，要提前想好可能采用的“妥协”方式。同时，请注意不能玩得过火，以免成为操控之术。

在实施黑客攻击的过程中，还可能碰上很棘手的情况，此时不如放弃计划，适时收场更好。有一次，我和团队计划混入一座政府大楼。我们假扮成摄影师，请求进入一块戒备森严的区域，然而我们完全不知道刚巧那天有一位高级别的政坛人物正在参观这栋大楼。也就是说，当天这里到处布满各种门类的执法人员，你能想到的应有尽有。乍一看广场上黑压压的一片，肯定不下 150 人。我担心这个时候不适合继续执行计划，但最终还是打消了疑虑，展开了行动。

直到走近警戒线，我和团队成员才发现，除了常规花钱雇来的保安执勤之外，现场还有一位警长。我递给他一张伪造的驾照，想要申请一块允许通行的徽章时，他一眼就认出了这张驾照是假的。要知道，通常情况下雇来的保安可没这个本事。我一再抵赖说驾照是货真价实的，但越是这样，就越发引起警长的怀疑。他一把掏出枪来对准了我，站在周围的其他警员也对我拔枪相向。随后，他们给我们戴上手铐，以擅闯禁地和持有伪造证件的罪名拘捕了我。在了解我们的真正意图之后，警察最终放了我。但到这里，我精心塑造的人设已经轰然崩塌，虽然可以再找机会潜入这栋大楼，但是绝不能再假扮摄影师了，必须转变成另一个角色才能行得通。

强行逼迫对方与你沟通是行不通的，这会大大增加失败的风险。虽然你可能不会像我那样被捉进警局，甚至差点命丧枪口，但是很可能会显得生硬笨拙，无法准确地察言观色，导致对方疏离你或拒绝你的要求。相比之下，如果你能保持耐心，允许自己在另一个时间或换一种方式实现目标，结果就会好得多。就算不得不放弃原定计划，也要记住失败并不可耻，没能发现自己的短板并加以改正，那才丢人！每次遭遇挫折之后，我和团队都会集中探讨和分析为什么我们精心设计的方案无法奏效？问题究竟出在哪里？你也可以自我剖析，问些针对性的问题，比如：

· 我在何时会感到情绪过于激动？

· 我在何时看出局面已经失控？

· 我说的哪一句话让对方无法理解？我怎样说话才能更清晰地表达意图？

· 我是不是说了什么刻薄、讽刺或伤人的话？

· 对方有哪些需求或愿望被我忽略了？

· 有没有其他人能比我处理得更好？

· 我是否有必要重新回顾此次对话，还是最好把它彻底忘记？

· 我是否还能在某些方面做得更好，让对方因为与我的此次相遇而受益？

即便你的计划如愿成功，也要进行总结归纳，哪些方面对你有帮助？哪些地方可以换一种方式操作？这一次的表现与你之前的黑客攻击相比孰优孰劣？你在重要方面是否有所提高？哪些方面仍然难以取得进步？下一次你应该提升哪些具体技能？每一次社交活动都代表着一次宝贵的机会，可以帮助你更好地了解自己、提高黑客技能的熟练程度，将你不断取得的进展都记录下来。随着练习越来越多，你在社交环境中也越来越轻车熟路、成效斐然。你将发现永远都会有提升和改进的空间。作为黑客，训练永不止步。

共情，才能共赢

还有一条建议：借助谈话提纲准备社交会谈时，请务必停下来思考一下，当你在使用这一工具，或者说当你在使用本书介绍的所有黑客原则的时候，自己真正要达到什么目的？之所以要在对话前进行系统性的研究与规划，其实是在敦促自己去多了解他人，多了解自己可以用什么方式与他们沟通。平时在与人打交道时，我们也会自然而然这么做，只不过程度相对不深，应用场景也没有那么正式而已。归根结底，“黑”入人心其实是自我训练的过程，训练自己养成习惯去细致入微地观察他人、考虑他人，并通过行动帮助他人实现需求和愿望，这样别人也能回过头来帮助我们达成所需所想，实现共赢。虽然社交黑客技巧并不完全是利他行为，但的的确确能让你给他人的生活带来巨大变化，而这一切都得益于你在社会交往中变得更加谨慎周到、深思熟虑。如果不学习这门技艺，则很难做到这一点。

请务必谨记，在与他人交往中出现的摩擦其实源于我们对自身行为缺乏了解、不加控制。你可能觉得自己向来与人为善、体贴周到，或许在大部分时间或重要场合下，这的确是实情。但大多数人却在社交互动中茫然失措、跌跌撞撞，对他人的感受一知半解，甚至完全不懂，不知道他人与我们的交往体验如何、他们需要什么、想要什么、对我们有何期待等。平时你的行为——打趣、闲聊、提高嗓门或其他各式各样的做法，在你自己看来合情合理，可能还感觉良好，但你没意识到这有可能会让他人感到不适或厌烦。人一旦头脑发热，分分钟就会被自身情绪所左右，言行都不再受理性支配。

初学者第一次运用社交黑客技术时，会感觉豁然开朗，仿佛以前在人际交往中的疏漏现在一下子全明白了。他们会比以往更关注他人及其感受，也更富同情心，对于他人及其情绪变化更为敏感，因而对自己的行为及其影响也就有了更深的感悟。当意识到自己一旦掌握这门技术，就能远比想象中更好地控制自身行为时，他们便开始精心规划自己的一言一行，以提升他人对自己的认同感。渐渐地，他们训练自己学会了主动观察、为对方着想和控制自身行为。的确如此，了解他人并与之共鸣会引导我们主动采取行动。这正是我在本书中所呈现的社交黑客“超能力”的精要。

有了这种“超能力”，你也可以像那些罪大恶极的黑客罪犯一样用它来为非作歹，但我坚信你不会这样做，因为在本书一开头你已经庄重地签署保证书，相信你不会言而无信，对吧？如果违反了协议，不论有意还是无心，我知道你一定会感到后悔并改过自新。因为一旦像我一样看到操控术所产生的破坏力量，只要你不是个极端变态狂，就必定会感到很难受，而且会尽最大努力坚定地站在正义一方。另一方面，等你体会到利用黑客技能为他人造福带来的成就感时，相信你会千方百计寻找更多机会助人为乐。我见过不少人在初学社交黑客技术之后，身上发生了持续性的改变，他们会从根本上重新定位自己的生活方向，变得热心助人。

拿我的学生道格来说吧，社交黑客技术彻底改变了他。道格是个喜欢骑着单车、四处溜达的大块头。他光头剃得锃亮、挺着啤酒肚、举止粗鲁、脏话连篇、留着长长的白胡子，看上去挺让人害怕的。这就是他第一次出现在我课堂时的模样。要是在一条阴暗的小巷子里看到这副尊容的他正朝你走来，你没准会吓得掉头就跑。课程为期一周，我第一天就在想，他究竟能从我这里学到什么？因为他显然瞧不起我在课堂上所授的内容。没想到，我完完全全误解了他。快到周末时，课程即将结束，道格请求与我单独会面。他告诉我，学习社交黑客技术对他影响很大——完全颠覆了他对自身行为和与他人互动的整体看法。“从现在开始，”他说，“我要保证我遇到的每一个人都会因为与我相遇而受益，我要每天为至少一个人做点好事。”

其实在和我谈话之前，他已经将自己立下的誓言付诸行动了。那天早上他正在酒店餐厅里吃早餐，突然听到另一位客人大声呵斥一位女招待，指责她服务不周。但这名女招待并没有什么过错，平白无故挨了顿臭骂，看上去很郁闷。道格见了顿时产生一股冲动，想要为她做点什么。换作以往，他很可能冲到那位客人面前一通大吼大嚷，痛骂他“混蛋”或别的什么；要么就是走到女招待跟前，好生安慰她一番，大骂那个客人不过是个“死胖子”（再加上几句脏话）。但此时的道格已学会顾及他人的感受——当时餐厅还有其他客人，自己若是满嘴污言秽语，他们也能被动听到。他明白这两种做法都不会让其他客人因为遇见自己而获益。相反，这些充满火药味的交流方式也会打扰到他们，让他们连一顿早餐都吃不好。

思索片刻之后，道格走到女招待跟前，微笑着轻声说：“我只想告诉你，你的服务让我非常满意。”就这么简单。他不带任何自私自利的动机，把一句温暖的赞语当成礼物送给这位女招待，不仅肯定了她的工作，更表达了对她为人的尊重。整整一周课程时间，道格都在专心致志地提高自己的情商，学着培养同理心，认真思考如何与他人更好地建立联系。在课堂上学到的“超能力”令他深深折服，进而内心受到感召：要用“超能力”来积德行善，而不是为非作歹。

俗话说，熟能生巧。当你最终掌握社交黑客的各项技能时，赶紧去尽情施展、为他人谋福利吧。认真考虑对方想要什么，用心感受他们的心情，尽己所能与之构建和谐融洽的关系，运用影响力技巧，让他们心甘情愿地满足你的愿望。同时，要做到真诚以待，尽可能实言相告，即便对方拒绝你的请求，也要优雅回应。社交黑客行为并非总像媒体所描绘的那样邪恶不堪，世上也有很多善良的黑客，他们的努力让这个世界变得更加美好。加入我们吧，要想得偿所愿，最顺畅、最有效、最有成就感的方式就是让他人在你身边获得美好的感觉。正是这种方法让我进入了戒备森严的大楼，破解了固若金汤的 IT 系统。

同样，它也能助你在工作中取得进步，改善家庭内部关系，在任何情况下都应对自如。请记住，永远，永远都要让别人因为遇到你而受益！

共情，才能共赢！

致 谢

如果不是我的朋友乔·纳瓦罗把我介绍给优秀的书刊代理人史蒂夫·罗斯，如果史蒂夫没有拿我押宝，我想自己永远不可能有机会将想法付诸成文。感谢乔和史蒂夫二位。

感谢我的合作人瑟斯·舒曼，谢谢你对文字、思想和情感的非凡驾驭力，经过你的妙手点化，书页上的它们仿佛有了生命。和瑟斯合作既开心，又能学到东西，你是上帝给我的恩赐。

感谢赫里斯·赫姆保奇，谢谢你慧眼识珠，发掘了本项目的潜力。在我写作本书的过程中，你全情投入、有求必应，令我感铭于心。也感谢哈珀·考林斯团队的工作人员和瑟斯的诸位同事，感谢大家帮助我共同调研、核对事实、编辑文字，以及承担许多其他任务。多亏大家不辞辛劳，我才能把这本书做到极致。

本书观点的形成系汲取多人多年经验所得，在此深深感谢保罗·埃克曼博士、罗宾·德里克博士、乔·纳瓦罗博士和瑞恩·道格尔博士。正是由于各位的批评和帮助，我才能不断提升。同时向帮助我共同打造、经营社会工程学组织的核心团队成员一并致谢，他们是吉姆·曼力、克里斯·罗伯茨、比利·波特莱特、维恩·罗纳德孙。当然，还有组员詹密孙·谢尔瑞，是你播撒下第一颗种子，才成就了我们日后的企业。此外，也向多年来参加本公司课程培训的职业安保人员和各位学员表达诚挚的谢意——我们教学相长、互惠互利。

我跟“无辜生命基金会”的因缘对我影响至深。感谢提姆·莫罗尼帮助我开阔眼界，学会体贴他人、顾全他人。还有内尔·法隆，你不仅制作出世界上最优美的音乐，还赋予本书全新的生命力。是你让我记得，要时常站在他人的角度、体会他人的情感。

还有我在这个世界上最好的朋友，尼克·弗纳克斯和克莱尔·弗纳克斯夫妇、本·巴恩斯和赛琳娜·巴恩斯夫妇、卡组尤基·尼士和阿曼达·尼士夫妇、内尔·维泰尔和马瑞琳·维泰尔夫妇、马克·哈曼恩和提安娜·哈曼恩夫妇。感谢你们全程陪伴，我付出的只是点滴，得到的却是满满的回报。

最后，也是很重要的一点，我取得成功的直接动力来自温馨美好的家庭。自我白手起家，成立全世界第一家专营社会工程的公司以来，家人始终给予我坚定不移的支持。爱丽莎、科林，感谢你们帮助我成为更好的丈夫和父亲；阿玛娅，谢谢你让我成为更好的人。感谢所有的朋友，与诸位的相遇让我相信：有你们，真好！

附 录

DISC 速查表——D 型“支配型”人格

<table>
<tr><td colspan="4">D 型人格希望他人能够直截了当、直入主题、开门见山、坦诚相待，
同时专注于结果。</td></tr>
<tr><td colspan="4">如何确定自己可能属于 D 型人格？
别人会用以下这类词语形容你：咄咄逼人、要求苛刻、进攻性强、盛气凌人，但他们也会将你视为一个积极进取、做事有始有终的人。</td></tr>
<tr><td colspan="2">如何识别 D 型人格</td><td colspan="2">如何与 D 型人格相处</td></tr>
<tr><td>言语上</td><td>行动上</td><td>愿意</td><td>做好准备对方会</td></tr>
<tr><td>他们希望了解
事情原委</td><td>目标明确
专注完成任务</td><td>言简意赅，直入主题</td><td>很不客气</td></tr>
<tr><td>更愿意讲述，
而不是询问</td><td>可能缺乏耐心</td><td rowspan="2">尊重对方独立自主
的需求</td><td>缺乏同理心</td></tr>
<tr><td>更愿意倾诉，
而不是聆听</td><td>直来直去</td><td>缺乏敏感度</td></tr>
<tr><td>可能显得粗鲁或
咄咄逼人</td><td>愿意冒险</td><td>清楚表明有何期待</td><td>喜欢短平快
的对话</td></tr>
<tr><td>爱摆权威</td><td>时间观念强</td><td>让对方成为领导者</td><td>点评他人唐突生硬</td></tr>
<tr><td>语速很快</td><td>有取得成功的经历</td><td>表现自己的能力</td><td>独立自主</td></tr>
<tr><td>说话不客气</td><td>依赖直觉</td><td>坚持主题</td><td></td></tr>
<tr><td>先说自己的观点</td><td>不怕麻烦</td><td></td><td></td></tr>
<tr><td colspan="4">如果你想和 D 型人格融洽相处，以下小贴士可供参考</td></tr>
<tr><td colspan="4">为助力他们成长，你可以在以下方面给予帮助：</td></tr>
</table>

与之共情	主动询问	基于理性做决定	适当放松
放慢节奏， 用心聆听	给予赞美	使用更温和的 肢体语言	平易近人
他们需要怎样的回报：			
处于权威地位	不考虑细节	拥有支配权	直截了当的回答
更大的挑战	灵活度	明白无误地表明期待	一定的声望
在社交媒体上，他们常常会：			
言简意赅	关注主题	关注任务的达成	咄咄逼人

DISC 速查表——I 型“影响型”人格

I 型人格希望他人在情感上诚实友好、具有幽默感，最重要的是能认可他们取得的成就。			
如何确定自己可能属于 I 型人格？ 别人会用以下这类词语形容你：性格外向、爱吹牛、有竞争力、浮夸，但他们也认为你很有幽默感，需要他人的认可。			
如何识别 I 型人格		**如何与 I 型人格相处**	
言语上	行动上	愿意	做好准备对方会
更关注谈话对象	多使用面部表情	轻松随意的交流方式	试图对你施加影响
更愿意讲述， 而不是询问	容易心血来潮	放松心态	希望成为关注焦点
更愿意倾诉， 而不是聆听	爱笑	任由他们倾诉情感	自视甚高
容易跑题 / 夸夸其谈	关注一件事的 时间较短	保持话题轻松	自吹自擂
特别喜欢讲故事	看上去很热情	提供书面细节	害怕拒绝
语速很快	或许是个可以交心的 聊天对象	在公开场合予以赞扬	总是试图说服他人

喜欢分享自己的情感	喜欢自夸	表现幽默感	
如果你想和 I 型人格融洽相处，以下小贴士可供参考：			
为助力他们成长，你可以在以下方面给予帮助：			
学会管理时间	有条理	学会分析	培养紧迫感
客观公正	强调结果清晰		
他们需要怎样的回报：			
受人欢迎	公开场合得到赞许	热情友好的关系	无须关注细节
清晰可见的回报	得到认可		
在社交媒体上，他们常常会：			
讲述自己的故事	有一点自吹自擂	关注外表	大量自拍

DISC 速查表——S 型“稳定型”人格

稳定型人格希望他人能与其和睦相处，同心协力，在轻松的状态中对其表示欣赏。			
如何确定自己可能属于 S 型人格？ 别人会用以下这类词汇形容你：漠然处事、顽固不化、慢慢吞吞，但你也能对其他人鼎力相助，是非常棒的聆听者，具有较高的修养。			
如何识别 S 型人格		**如何与 S 型人格相处**	
言语上	行动上	愿意	做好准备对方会
更想了解事情发生的原因	主动询问对方意见	行事有条不紊	表现得很友好
更愿意询问，而不是讲述	喜欢友好的环境	提供安全感	拒绝改变
更愿意聆听，而不是倾诉	喜欢随意的环境	给予对方足够时间做出改变	难以抉择轻重缓急
语速慢但稳重	很有耐心	告诉对方，他们很重要	难以确定最后时限

有所保留	有很好的服务意识	耐心等候对方做出改变	不愿出风头
安静	不会花里胡哨或竭力求得他人认可	真诚相待	
热心	对他人宽容		
如果你想和 S 型人格融洽相处，以下小贴士可供参考：			
为助力他们成长，你可以在以下方面给予帮助：			
勇于改变	学会自夸	获得自信，勇于表达观点	
自我肯定	学会展现自我		
他们需要怎样的回报：			
私下里予以赞扬	平静的人际关系	安全感	拥有足够时间进行调整
友好相处	标准化流程	真诚相待	他人的聆听
在社交媒体上，他们常常会：			
谈论其他团队成员	表现非常诚恳	表达情绪	稳重可靠

DISC 速查表——C 型“谨慎型”人格

谨慎型人格注重细节，也希望他人力求精确、关注细节、尽可能减少与自己的社交频次。			
如何确定自己可能属于 C 型人格？ 别人会用以下这类词语形容你：讲求精准、关注细节、但有时过于苛求、过于消极和吹毛求疵。尽管天生腼腆，但对于亲近的人，却极其珍视。			
如何识别 C 型人格		**如何与 C 型人格相处**	
言语上	行动上	愿意	做好准备对方会
更想了解事情发生的经过	关注手头任务	给出明确的最后期限	不喜欢模糊不清

更愿意询问，而不是讲述	极有条理	显示自己值得依靠	喜欢不断验证事实
更愿意聆听，而不是倾诉	一丝不苟	表现出忠诚度	喜欢单枪匹马
不会反应过度	非常精准	含蓄得体	喜欢做大量调研
语速较慢	时间观念强	讲求精确	谨慎小心
将口头语书面化	难以参透	重视高标准	集中精力
细致入微，力求精准	不喜欢犯错		
如果你想和 C 型人格融洽相处，以下小贴士可供参考：			
为助力他们成长，你可以在以下方面给予帮助：			
更宽容	享受融入集体的感觉	包容他人的弱点	
学会向他人寻求帮助	接受他人意见		
他们需要怎样的回报：			
明确表达对他们有何期待	充分验证事实	发光的机会	清晰的任务提纲
职业精神	非快速改变	个人自主权	
在社交媒体上，他们常常会：			
描述大量细节	确保图片效果完美无缺	更喜欢写长文	陈述大量事实

参考文献

引言：全新超能力

1. Rod Scher, “Is This the Most Dangerous Man in America?,” Computer Power User, July 2011, https://www.social-engineer.org/content/CPU-MostDangerousMan.pdf.
2. Christopher Hadnagy, Social Engineering: The Art of Human Hacking (Indianapolis: Wiley, 2010).
3. Simon Baron-Cohen, The Science of Evil: On Empathy and the Origins of Cruelty (New York: Basic Books, 2011).
4. See, for example, Shahirah Majumdar, “Why Empathy Is Bad,” Vice, December 21, 2016, https://www.vice.com/en_us/article/78bj8a/why-empathy-is-bad; Paul Bloom, Against Empathy: The Case for Rational Compassion (New York: HarperCollins, 2016).

第一章：知己，才能知彼

1. This is based on a true story: Jon Willing, “City Treasurer Was Victim of a ‘Whaling’ Scam, Transferred $100K to Phoney Supplier,” Ottawa Citizen, April 8, 2019, https://ottawacitizen.com/news/local-news/city-treasurer-was-victim-to-a-whaling-scam-transferred-100k-to-phoney-supplier.
2. Andrew Duffy, “Florida Man Named as Suspect in City of Ottawa Fraud Case Faces Trial in U.S. Email Scam,” Ottawa Citizen, April 10, 2019, https://ottawacitizen.com/news/local-news/florida-man-named-as-suspect-in-city-of-ottawa-fraud-case-faces-trial-in-u-s-email-scam/.
3. Dentists, for instance, might use DISC to motivate their patients to floss

regularly and brush their teeth. See Mark Scarbecz, “Using the DISC System to Motivate Dental Patients,” Journal of the American Dental Association 138, no. 3 (March 2007): 381–85, doi:10.14219/jada.archive.2007.0171.

4. One study, for instance, found that using DISC when forming teams improved the creativity of teams and helped people work better together. See Ioanna Lykourentzou et al., “Personality Matters: Balancing for Personality Types Leads to Better Outcomes for Crowd Teams,” Proceedings of the 19th ACM Conference on Computer-Supported Cooperative Work & Social Computing (February 2016): 260–73, https://doi.org/10.1145/2818048.2819979. For what it’s worth, the commercial DISC testing service that my company uses has also provided me with their own research showing that DISC is reliable and beneficial.
5. “Everything DiSC: A Wiley Brand,” Everything DiSC, accessed April 3, 2020, https://www.everythingdisc.com/EverythingDiSC/media/Site Files/Assets/History/Everything-DiSC-resources-historyofdisc-time line.pdf.
6. Stan Phelps, “Five Lessons on Delivering Breakaway CX from Forrester’s CXNYC Conference,” Forbes, July 19, 2017, https://www.forbes.com/sites/stanphelps/2017/07/19/five-lessons-on-delivering-breakaway-cx-from-forresters-cxnyc-conference/#63af4dce4f9d.
7. “Avista Warns of Scammers Continuing to Target Utility Customers,” KHQ-TV, June 18, 2019, https://www.khq.com/news/avista-warns-of-scammers-continuing-to-target-utility-customers/article_ed857844-91df-11e9-a6f2-2b08fc7d4d40.html.

第二章：做更好的自己

1. “100 Funny Jokes and Quotes about Love, Sex and Marriage,” Telegraph, December 14, 2018, https://www.telegraph.co.uk/comedy/comedians/100-funny-jokes-quotes-love-sex-marriage/richard-jeni/.
2. Malcolm Gladwell, Talking to Strangers: What We Should Know about the

People We Don’t Know (New York: Little, Brown, 2019), 73.
3. Ibid.
4. Brittany Taylor, “Scam Caught on Camera: Man Accused of Impersonating West U. Public Works Employee,” KPRC-TV, January 22, 2019, https://www.click2houston.com/news/scam-caught-on-camera-man-accused-of-impersonating-west-u-public-works-employee.
5. Clifford Lo, “Scammers Swindle Hong Kong Man out of HK$430,000 in the Space of Four Hours on WhatsApp,” South China Morning Post, January 17, 2019, https://www.scmp.com/news/hong-kong/law-and-crime/article/2182575/scammers-swindle-hong-kong-man-out-hk430000-space-four.
6. Kathy Bailes, “Two Parents Fall Prey to St. Lawrence College Fees Email Scam,” Isle of Thanet News, January 8, 2019, https://theisle ofthanetnews.com/2019/01/08/two-parents-fall-prey-to-st-lawrence-college-fees-email-scam/.
7. I draw this account of Lustig from “The Most Notorious Financial Frauds in History,” Telegraph, June 6, 2016, https://www.telegraph.co.uk/money/consumer-affairs/the-most-notorious-financial-frauds-in-history/victor-lustig/; and Jeff Maysh, “The Man Who Sold the Eiffel Tower. Twice,” Smithsonian Magazine, March 9, 2016, https://www.smithsonianmag.com/history/man-who-sold-eiffel-tower-twice-180958370/.
8. This reported but unconfirmed quote appears in Maysh, “The Man Who Sold the Eiffel Tower. Twice.”
9. David J. Dance, “Pretexting: A Necessary Means to a Necessary End?” Drake Law Review 56, no. 3 (Spring 2008): 807, https://lawreview drake.files.wordpress.com/2015/06/lrvol56-3_dance.pdf.
10. William Safire, “Pretexting,” New York Times, September 24, 2006, https://www.nytimes.com/2006/09/24/magazine/pretexting.html.
11. See Art Markman, “How Your Personality Shines Through,” Psychology Today, August 5, 2010, https://www.psychologytoday.com/us/blog/ulterior-motives/201008/how-your-personality-shines-through. This article reports on

Ryne A. Sherman, Christopher S. Nave, and David C. Funder, “Situational Similarity and Personality Predict Behavioral Consistency,” Journal of Personality and Social Psychology 99, no. 2 (August 2010): 330–43.

12. Christopher Soto, “Personality Can Change Over a Lifetime, and Usually for the Better,” NPR, June 30, 2016, https://www.npr.org/sections/health-shots/2016/06/30/484053435/personality-can-change-over-a-lifetime-and-usually-for-the-better.
13. I’ve changed certain details in this story to preserve confidentiality.

第三章：锁定方法

1. Something that scholars refer to as “homophily.” For more, please see Alessandro Di Stefano et al., “Quantifying the Role of Homophily in Human Cooperation Using Multiplex Evolutionary Game Theory,” PLOS One 10, no. 10 (2015), doi:10.1371/journal.pone.0140646.
2. Amos Nadler and Paul J. Zak, “Hormones and Economic Decisions,” in Neuroeconomics, ed. Martin Reuter and Christian Montag (Berlin: Springer-Verlag, 2016), 41–66. See also Jorge A. Barraza and Paul J. Zak, “Empathy toward Strangers Triggers Oxytocin Release and Subsequent Generosity,” Annals of the New York Academy of Sciences 1667, no. 1 (June 2009): 182–89, https://doi.org/10.1111/j.1749-6632.2009.04504.x.
3. See, for example, Clint Berge, “Barron Co. Residents Scammed out of $100K as Sheriff Gives Warning,” WQOW News 18, June 24, 2019, https://wqow.com/news/top-stories/2019/06/24/barron-co-residents-scammed-out-of-100k-as-sheriff-gives-warning/.
4. For social engineering’s code of ethics, please see “The Social Engineering Framework,” Security Through Education, accessed November 13, 2019, https://www.social-engineer.org/framework/general-discussion/code-of-ethics/.
5. Ewa Jacewicz et al., “Articulation Rate across Dialect, Age, and

Gender," Language Variation and Change 21, no. 2 (July 2009): 233–56, doi:10.1017/S0954394509990093.

6. Yanan Wang, "These Are the States with the Fastest Talkers (New York Isn't One of Them)," Washington Post, February 4, 2016, https://www.washingtonpost.com/news/morning-mix/wp/2016/02/04/these-are-the-states-with-the-fastest-talkers-new-york-isnt-one-of-them/; Marchex Marketing Team, "America's Speech Patterns Uncovered," Marchex (blog), February 2, 2016, https://www.marchex.com/blog/talkative.
7. David Cox, "Is Your Voice Trustworthy, Engaging or Soothing to Strangers?," Guardian, April 16, 2015, https://www.theguardian.com/science/blog/2015/apr/16/is-your-voice-trustworthy-engaging-or-soothing-to-strangers.
8. The literature on this topic is vast. See, for example, Will Storr, "The Metamorphosis of the Western Soul," New York Times, August 24, 2018, https://www.nytimes.com/2018/08/24/opinion/the-metamorphosis-of-the-western-soul.html.
9. Sidney Kraus, Televised Presidential Debates and Public Policy (New York and London: Routledge, 2000), 66.
10. Thomas R. Zentall, "Reciprocal Altruism in Rats: Why Does It Occur?," Learning & Behavior 44 (March 2016): 7–8, https://doi.org/10.3758/s13420-015-0201-2.
11. Janelle Weaver, "Monkeys Go Out on a Limb to Show Gratitude," Nature, January 12, 2010, https://doi.org/10.1038/news.2010.9.
12. Hajo Adam and Adam D. Galinsky, "Enclothed Cognition," Journal of Experimental Social Psychology 48, no. 4 (July 2012): 918–25, doi:https://doi.org/10.1016/j.jesp.2012.02.008.

第四章：让别人乐意帮你

1. Mathukutty M. Monippally, Business Communication: From Principles to

Practice (New Delhi: McGraw Hill Education, 2013), 137.

2. Robert B. Cialdini, Influence: The Psychology of Persuasion (Melbourne: Business Library, 1984.).

3. Dave Kerpen, The Art of People: 11 Simple People Skills That Will Get You Everything You Want (New York: Crown Business, 2016); Peter Economy, "How the Platinum Rule Trumps the Golden Rule Every Time," Inc., March 17, 2016, https://www.inc.com/peter-economy/how-the-platinum-rule-trumps-the-golden-rule-every-time.html.

4. Mama Donna Henes, "The Universal Golden Rule," Huffington Post, updated December 23, 2012, https://www.huffpost.com/entry/golden-rule_b_2002245; W. Patrick Cunningham, "The Golden Rule as Universal Ethical Norm," Journal of Business Ethics 17, no. 1 (January 1998): 105–9.

5. Jonathan L. Freedman and Scott C. Fraser, "Compliance without Pressure: The Foot-in-the-Door Technique," Journal of Personality and Social Psychology 4, no. 2 (1966): 195–202, https://doi.org/10.1037/h0023552.

6. Michael Lynn, "Scarcity Effects on Value: A Quantitative Review of the Commodity Theory Literature," Psychology & Marketing 8, no. 1 (1991), 43–57; Luigi Mittone and Lucia Savadori, "The Scarcity Bias," Applied Psychology 58, no. 3 (July 2009): 453–68, https://doi.org/10.1111 /j.1464-0597.2009.00401.x.

7. Paul Dunn, "The Importance of Consistency in Establishing CognitiveBased Trust: A Laboratory Experiment," Teaching Business Ethics 4(August 2000): 285–306, https://doi.org/10.1023/A:100987041 7073.

8. Alfonso Pulido, Dorian Stone, and John Strevel, "The Three Cs of Customer Satisfaction: Consistency, Consistency, Consistency," McKinsey & Company, March 2014, https://www.mckinsey.com/industries/retail/our-insights/the-three-cs-of-customer-satisfaction-consistency-consistency-consistency.

9. Robert B. Cialdini et al., "Compliance with a Request in Two Cultures: The Differential Influence of Social Proof and Commitment/Consistency on

Collectivists and Individualists," Personality and Social Psychology Bulletin 25, no. 10 (October 1999): 1242–53, https://doi.org/10.1177/0146167299258006.

10. Stanley Milgram, "Behavioral Study of Obedience," Journal of Abnormal and Social Psychology 67, no. 4 (1963): 376, https://doi.org/10.1037/h0040525.
11. Brandi Vincent, "The Federal Trade Commission Warns That Criminals' 'Favorite Ruse' Is Pretending to Be from a Government Agency," Next Gov, July 2, 2019, https://www.nextgov.com/cio-briefing/2019/07/scammers-are-impersonating-government-agencies-more-ever/158165/.
12. Adam J. Hampton, Amanda N. Fisher Boyd, and Susan Sprecher, "You're Like Me and I Like You: Mediators of the Similarity-Liking Link Assessed before and after a Getting-Acquainted Social Interaction," Journal of Social and Personal Relationships 36, no. 7 (July 2019): 2221–44, https://doi.org/10.1177/0265407518790411.

第五章：激发他人倾诉欲

1. Susan Krauss Whitbourne, professor emerita of psychological and brain sciences at the University of Massachusetts Amherst, describes the general landscape of self-disclosure in the following terms: "One theory of self-disclosure proposes that you tend to reciprocate because you assume that someone who discloses to you likes and trusts you. The more you self-disclose in turn, the more the partner likes and trusts you, and then self-discloses even more. This is the social attraction-trust hypothesis of self-disclosure reciprocity. The second hypothesis is based on social exchange theory, and proposes that we reciprocate self-disclosure in order to keep a balance in the relationship: You disclose, thereforeI disclose" (Susan Krauss Whitbourne, "The Secret to Revealing Your Secrets," Psychology Today, April 1, 2014, https://www.psychology today.com/us/blog/fulfillment-any-age/201404/the-secret-revealing-your-secrets).

Even more fundamentally, scholars have argued that as social creatures, human beings naturally believe others (or "default to truth"). For more on the "truth-default theory" and the consequences of human gullibility, please see Timothy R. Levine Duped: Truth-Default Theory and the Social Science of Lying and Deception (Tuscaloosa: University of Alabama Press, 2020) and Gladwell, Talking to Strangers.

2. Jeff Stone, "LinkedIn Is Becoming China's Go-to Platform for Recruiting Foreign Spies," CyberScoop, March 26, 2019, https://www.cyberscoop.com/linkedin-china-spies-kevin-mallory-ron-hansen/; Anthony Cuthbertson, "China Is Spying on the West Using LinkedIn, Intelligence Agency Claims," Newsweek, December 11, 2017, https://www.newsweek.com/china-spying-west-using-linkedin-743788.
3. This scenario is envisaged in "Elicitation," National Counterintelligence and Security Center, accessed December 16, 2019, https://www.dni.gov/files/NCSC/documents/campaign/Elicitation.pdf.
4. Sharon Stone, "Michigan State Police Tweet Warning Signs for Terrorism," Tri-County Times, April 22, 2019, https://www.tctimes.com/news/michigan-state-police-tweet-warning-signs-for-terrorism/article_65d7c0fc-653c-11e9-904c-bb92d94c6056.html.
5. Sixty-eight percent is a made-up data point. I can't recall the exact statistic here nor the newspaper, but we did use a real statistic we'd found in an actual newspaper article. In case you're interested, in 2010 the Guardian reported that one in five people use a birthday for a PIN (Sceaf Berry, "One in Five Use Birthday as PIN Number," Telegraph, October 27, 2010, https://www.telegraph.co.uk/finance/personal finance/borrowing/creditcards/8089674/One-in-five-use-birthday-as-PIN-number.html), and in 2012 it reported that 10.7 percent of all people use 1234 (Nick Berry, "The Most Common Pin Numbers: Is Your Bank Account Vulnerable?" Guardian, September 28, 2012, https://www.theguardian.com/money/blog/2012/sep/28/debit-cards-currentaccounts).
6. Discussing scholarship on the topic of clarity, correctness, and competition in

persuading others, Art Markman, Annabel Irion WorshamCentennial Professor of Psychology and Marketing at the University of Texas at Austin, says: "Putting this together, then, being certain of your attitude can affect whether you try to convince other people that you are right. In particular, the more strongly you believe that your attitude is the right one, the more you will focus on convincing others" (Art Markman, "Why We Need Everyone to Believe We're Correct," Psychology Today, July 14, 2014, https://www.psychologytoday.com/us/blog/ulterior-motives/201407/why-we-need-everyone-believe-were-correct). Such a tendency is likely exacerbated by what scholars call the "illusion of explanatory depth" (that is, the human propensity to overestimate how much they actually understand): Leonid Rozenblit and Frank Keil, "The Misunderstood Limits of Folk Science: An Illusion of Explanatory Depth," Cognitive Science 26, no. 5 (September 2002): 521–62, https://doi.org/10.1207/s15516709cog2605_1.

7. One of the reasons studies and surveys employ range responses (for income, age, etc.) instead of asking for these figures specifically is that it increases response rates: Joachim K. Winter, "Bracketing Effects in Categorized Survey Questions and the Measurement of Economic Quantities," Sonderforschungsbereich 504, Rationalitätskonzepte, Entscheidungsverhalten und Ökonomische Modellierung/ Universität Mannheim, discussion paper, 2002, 35, https://epub.ub.uni-muenchen.de/19729/.

第六章：防患于未然

1. Justin Bariso, "What Is an Emotional Hijack? How Learning the Answer Made Me a Better Husband, Father, and Worker," Inc., July 11, 2018, accessed April 4, 2020, https://www.inc.com/justin-bariso/what-is-an-emotional-hijack-how-emotional-intelligence-made-me-a-better-husband-father-worker.html.

2. And that's just the beginning. For more on the many ways that casinos manipulate people to gamble more, see Mark Griffiths and Jonathan Parke, "The

Environmental Psychology of Gambling," in Gambling: Who Wins? Who Loses?, ed. Gerda Reith (New York: Prometheus Books, 2003), 277–92.

3. Humayun Khan, "How Retailers Manipulate Sight, Smell, and Sound to Trigger Purchase Behavior in Consumers," Shopify Retail Marketing Blog, April 25, 2016, https://www.shopify.com/retail/119926083-how-retailers-manipulate-sight-smell-and-sound-to-trigger-purchase-behavior-in-consumers.
4. John Leyden, "Romanian 'Ransomware Victim' Hangs Self and 4-YearOld Son—Report," Register, March 18, 2014, https://www.theregister.co.uk/2014/03/18/romania_ransomware_murder_suicide/.
5. J. Stuart Ablon, Changeable: How Collaborative Problem Solving Changes Lives at Home, at School, and at Work (New York: TarcherPerigee, 2018), 119.
6. Stephen Little, "Beware Holiday Villa Scams That Could Cost You £5,000," Moneywise, January 17, 2019, https://www.moneywise.co.uk/news/2019-01-17%E2%80%8C%E2%80%8C/beware-holiday-villa-scams-could-cost-you-ps5000.
7. For more on this scam, see "Virtual Kidnapping Ransom Scam," National Institutes of Health Office of Management, accessed April 4, 2020, https://www.ors.od.nih.gov/News/Pages/Beware-of-Virtual-Kidnapping-Ransom-Scam.aspx.
8. "Terrifying Kidnapping Scam Targets Families with Hoax Calls from Loved Ones' Phones," NBC Chicago 5, March 18, 2019, https://www.nbcchicago.com/news/local/virtual-kidnapping-scam-reported-in-indiana/162372/.
9. " 'Advertisers use sex because it can be very effective,' said researcher Tom Reichert, professor and head of the department of advertising and public relations in the UGA Grady College of Journalism and Mass Communication." But he warned: "Sex is not as effective when selling high-risk, informational products such as banking services, appliances and utility trucks" (April Reese Sorrow, "Magazine Trends Study Finds Increase in Advertisements Using Sex," University of Georgia Today, June 5, 2012, https://news.uga.edu/magazine-trends-study-finds-increase-in-advertisements-using-sex/).

10. After years of tawdry advertisements, CKE Restaurants, which controls fast-food chain Carl's Jr., decided in late 2019 to substitute substance (in their case food) for sex in the burger chain's ads: Tiffany Hsu, "Carl's Jr.'s Marketing Plan: Pitch Burgers, Not Sex," New York Times, November 13, 2019, https://www.nytimes.com/2019/11/13/business/media/new-carls-jr-ads.html.
11. Linda Raftree, cofounder of Regarding Humanity, coined the term "poverty porn" and strongly believes it undermines rather than helpsbolster the aims of most charities: Aimee Meade, "Emotive Charity Advertising—Has the Public Had Enough?," Guardian, September 29, 2014, https://www.theguardian.com/voluntary-sector-network/2014/sep/29/poverty-porn-charity-adverts-emotional-fundraising.
12. Meade, "Emotive Charity Advertising."
13. For this profile, I am indebted to Bruce Grierson, "What if Age Is Nothing but a Mind-Set?," New York Times Magazine, October 22, 2014, https://www.nytimes.com/2014/10/26/magazine/what-if-age-is-nothing-but-a-mind-set.html.
14. Ellen J. Langer, Counter Clockwise: Mindful Health and the Power of Possibility (New York: Ballantine Books, 2009)
15. Carol Rosenberg, "What the C.I.A.'s Torture Program Looked Like to the Tortured," New York Times, December 4, 2019, https://www.nytimes.com/2019/12/04/us/politics/cia-torture-drawings.html.
16. Editorial Board, "Don't Look Away," New York Times, December 5, 2019, https://www.nytimes.com/2019/12/05/opinion/cia-torture-drawings.html; James Risen and Sheri Fink, "Trump Said 'Torture Works.' An Echo Is Feared Worldwide," New York Times, January 5, 2017, https://www.nytimes.com/2017/01/05/us/politics/trump-torture-guantanamo.html.
17. Though anxiety was much more strongly associated than depression and eating disorders: Julie Beck, "How Uncertainty Fuels Anxiety," Atlantic, March 18, 2015, https://www.theatlantic.com/health/archive/2015/03/how-uncertainty-

fuels-anxiety/388066/.

18. Archy O. de Berker et al., “Computations of Uncertainty Mediate Acute Stress Responses in Humans,” Nature Communications 7 (March 2016), https://doi.org/10.1038/ncomms10996. I take my evaluation of this research from neuroscientist Marc Lewis, who suggested this study represented “the most sophisticated experiment ever conceived on the relationship between uncertainty and stress” (Marc Lewis, “Why We’re Hardwired to Hate Uncertainty,” Guardian, April 4, 2016, https://www.theguardian.com/commentisfree/2016/apr/04/uncertainty-stressful-research-neuroscience).
19. Lewis, “Why We’re Hardwired.”
20. Ibid.
21. Ibid.
22. Lewis offers a similar hypothetical about the anxiety an employee feels when driving to work and faced with the possibility of arriving late. Ibid.
23. Susan Weinschenk, “Why Having Choices Makes Us Feel Powerful,” Psychology Today, January 24, 2013, https://www.psychology today.com/us/blog/brain-wise/201301/why-having-choices-makes-us-feel-powerful.
24. Lauren A. Leotti, Sheena S. Iyengar, and Kevin N. Ochsner, “Born to Choose: The Origins and Value of the Need for Control,” Trends in Cognitive Sciences 14, no. 10 (October 2010): 457–63, https://doi.org/10.1016/j.tics.2010.08.001.
25. Ibid.
26. Diane Hoskins, “Employees Perform Better When They Can Control Their Space,” Harvard Business Review, January 16, 2014, https://hbr.org/2014/01/employees-perform-better-when-they-can-control-their-space.
27. Ranjay Gulati, “Structure That’s Not Stifling,” Harvard Business Review, May–June 2018, https://hbr.org/2018/05/structure-thats-not-stifling.
28. For this entire profile on Seligman I am indebted to Maria Konnikova, “Trying to Cure Depression, but Inspiring Torture,” New Yorker, January 14, 2015, https://www.newyorker.com/science/maria-konnikova/theory-psychology-

justified-torture.

29. Michael Shermer, "We've Known for 400 Years That Torture Doesn't Work," Scientific American, May 1, 2017, https://www.scientific american.com/article/we-rsquo-ve-known-for-400-years-that-torture-doesn-rsquo-t-work/.

30. Ibid. For an alternate perspective on the efficacy of judiciously applied torture (or "torture light"), please see Mark Bowden, "The Dark Art of Interrogation," Atlantic, October 2003, https://www.theatlantic.com/magazine/archive/2003/10/the-dark-art-of-interrogation/302791/.

第七章：让身体开口说话

1. Charles Darwin's 1872 book, The Expression of the Emotions in Man and Animals, was one of the first to explore nonverbal communication.2. Works to consult include Paul Ekman, Telling Lies: Clues to Deceit in the Marketplace, Politics, and Marriage, (New York and London: Norton, 2009); Paul Ekman and Wallace V. Friesen, Unmasking the Face: A Guide to Recognizing Emotions from Facial Expressions (Los Altos, CA: Malor Books, 2003); David Matsumoto, Mark G. Frank, and Hyi Sung Hwang, eds., Nonverbal Communication: Science and Applications (Los Angeles: Sage, 2013); Joe Navarro, What Every Body Is Saying: An Ex-FBI Agent's Guide to Speed-Reading People (New York: William Morrow Paperbacks, 2008); Joe Navarro, The Dictionary of Body Language: A Field Guide to Human Behavior (New York: William Morrow Paperbacks, 2018); Daniel Goleman, Emotional Intelligence: 10th Anniversary Edition; Why It Can Matter More Than IQ (New York: Bantam, 2006); Paul J. Zak, The Moral Molecule: The Source of Love and Prosperity (New York: Dutton, 2012); and Amy Cuddy, Presence: Bringing Your Boldest Self to Your Biggest Challenges (New York: Little, Brown Spark, 2015). You might also consult my own title Unmasking the Social Engineer: The Human Element of Security (Indianapolis:

Wiley, 2014).

3. Navarro, What Every Body Is Saying, 88.
4. In addition to macro- and micro-expressions, human beings also mobilize so-called conversational signals, facial expressions and other bodily movements that don't express emotions per se but rather ideas. If you tell me about the mating rituals of your pet African ringneck parakeet, I might signal the idea "I am interested in this" by raising my eyebrows and nodding my head.
5. For studies documenting the mirroring effect, please see Costanza Navarretta, "Mirroring Facial Expressions and Emotions in Dyadic Conversations," conference paper, Language Resources and Evaluation Conference (LREC 2016), Portoroz, Slovenia, vol. 10, 469–74, https://www.researchgate.net/publication/311588919_Mirroring_Facial_Expressions_and_Emotions_in_Dyadic_Conversations; and Robert W. Levenson, Paul Ekman, and Wallace V. Friesen, "Voluntary Facial Action Generates Emotion-Specific Autonomic Nervous System Activity, Psychophysiology 27, no. 4 (1990): 363–84, https://bpl.berkeley.edu/docs/36-Voluntary%20Facial%20Action90.pdf.
6. Sourya Acharya and Samarth Shukla, "Mirror Neurons: Enigma ofthe Metaphysical Modular Brain," Journal of Natural Science, Biology, and Medicine 3, no. 2 (July–December 2012): 118–24, https://doi.org/10.4103/0976-9668.101878.
7. Daniele Marzoli et al., "Sun-Induced Frowning Fosters Aggressive Feelings," Cognition and Emotion 27, no. 8 (May 2013): 1513–21, https://doi.org/10.1080/02699931.2013.801338.
8. Jessica Bennett, "I'm Not Mad. That's Just My RBF," New York Times, August 1, 2015, https://www.nytimes.com/2015/08/02/fashion/im-not-mad-thats-just-my-resting-b-face.html?_r=0&module=ArrowsNav&contentCollection=Fashion%20%26%20Style&action=key press®ion=FixedLeft&pgtype=article.
9. Merriam-Webster, s.v. "contempt."

10. “Throwing Shade: The Science of Resting Bitch Face,” Test Your RBF, accessed April 4, 2020, https://www.testrbf.com/content/throwing-shade-science-resting-bitch-face.

11. Tomas Chamorro-Premuzic, “The Upside to Being Angry at Work,” Fast Company, February 25, 2020, https://www.fastcompany.com/90467448/the-upside-to-being-angry-at-work.

12. Preston Ni, “4 Types of Anger and Their Destructive Impact,” Psychology Today, May 19, 2019, https://www.psychologytoday.com/us/blog/communication-success/201905/4-types-anger-and-their-destructive-impact.

13. L. R. Mujica-Parodi, H. H. Strey, B. Frederick, R. Savoy, D. Cox, et al., “Chemosensory Cues to Conspecific Emotional Stress Activate Amygdala in Humans,” PLoS ONE 4, no. 7 (2009): e6415. doi:10.1371/journal.pone.0006415.

14. Ellie Lisitsa, “The Four Horsemen: Contempt,” Gottman Institute, May 13, 2013, https://www.gottman.com/blog/the-four-horsemen-contempt/?rq=contempt.

第八章：提升整体表现

1. George Lakoff, The All New Don’t Think of an Elephant! Know Your Values and Frame the Debate (White River Junction, VT: Chelsea Green, 2014), xi–xii.

2. Ibid., 1.

3. Quoted in Oliver Burkeman, “This Column Will Change Your Life:The Beauty in Imperfection,” Guardian, April 23, 2010, https://www.theguardian.com/lifeandstyle/2010/apr/24/change-your-life-beauty-imperfection.

4. Sarah Todd, Hanna Kozlowska, and Marc Bain, “ ‘Aspirational Realness,’ the Instagram Cool-Girl Look, Disguises Advertising as Authenticity,” Quartz, October 12, 2019, https://qz.com/quartzy/1722511/how-brands-like-glossier-sell-aspirational-realness-on-instagram/.

推荐读物

1.《影响力：你为什么会说是》

作者：罗伯特·西奥迪尼，哈珀商务出版社（2006）

推荐理由：第一本定义“影响力”并对其进行科学分析的书籍。

2.《姿势决定你是谁：哈佛心理学家教你用身体语言把自卑变自信》

作者：艾米·柯蒂（利特尔和布朗·斯巴克出版社，2015）

推荐理由：本书可以帮助人心黑客更好地理解肢体语言如何在社交过程中让我们放松神经，以及我们如何通过身体姿势提高沟通能力。

3.《我非中心：与任何人迅速构建融洽关系的十大技巧》

作者：罗宾·德里克（罗宾·K·德里克出版社，2011）

推荐理由：德里克以人心黑客身份供职FBI多年，本书是快速与他人建立融洽关系的最佳读物之一。

4.《情绪的解析》纸质第二版

作者：保罗·埃克曼（豪尔特出版社，2007）

推荐理由：埃克曼在非言语沟通这一课题上成就斐然、无人能及。本书聚焦人类情绪及其在面部的呈现方式。

5.《情商：为什么情商比智商更重要》十周年特别版

作者：丹尼尔·戈尔曼（班塔姆出版社，2006）

推荐理由：本书对大脑杏仁体以及它如何影响我们的心理和行为进行了重要研究。

6.《社会工程：安全体系中的人性漏洞》

作者：克里斯·海德纳吉、保罗·F·凯利、保罗·埃克曼博士（威利出版社，2014）

推荐理由：一本深入探讨如何在日常生活中使用非言语沟通技巧的

著作。

7.《专念创造力：学学艺术家的减法创意》

作者：艾琳·J·兰格（百龄坛出版社，2006）

推荐理由：本书聚焦专念的作用，这是一项对任何人心黑客都大有裨益的技能。

8.《FBI教你读心术：看穿肢体动作的真实讯息》

作者：乔·纳瓦罗，威廉·莫罗出版社（2008）

推荐理由：有关肢体语言的最佳读物之一，通篇皆是精华，人心黑客必读。

9.《道德博弈：一场关于人性善恶的科学革命》

作者：保罗·J·扎克（班塔姆出版社，2012）

推荐理由：扎克对于后叶催产素的研究改变了我们对人际交往中信任和建立融洽关系的理解。

作者简介

克里斯托弗·海德纳吉，“社会工程师有限责任公司”创始人兼首席执行官。深耕社会工程领域 16 年，先后创建全世界首个社会工程框架，创办业内首个社会工程播客并推出邮件简讯，撰写四本相关著作。常年致力于在全球范围内巡回演讲和教授社会工程学，服务对象包括五角大楼及其他多家高等级安保机构。作为全球首届“社会工程夺旗赛”创办人，海德纳吉始终活跃于该领域前沿，指导人们规避严重威胁。此外，他还与全球领域内多位顶尖科研人员合作，提升社会工程学的公众认知，并与保罗·埃克曼教授合著一书，专述社会工程师如何运用非言语交际。海德纳吉持有 OSCP（进攻性安全认证专家证书）和 OSWP（攻击性安全无线专业证书），亦系 SEPP（社会工程笔试职业认定测试）和 MLSE(社会工程专家级认证测试）创办人。